小杉礼子・宮本みち子［編著］

下層化する女性たち

労働と家庭からの排除と貧困

勁草書房

はじめに

宮本　みち子

工業化時代に確立した生活構造とそれを支える労働・教育・社会保障システムは、一九九〇年代後半以後の大きな社会経済変動のなかで機能不全に陥った。背景には、グローバル化に伴う労働市場の流動化、あらゆる分野での規制改革、そして国家財政の逼迫があった。このような時代の転換の波をもろに蒙ったのは若年層であった。二〇〇〇年代に入って以降、多くの一般書や研究書が発行され、若年層は社会政策の重要なテーマとなってきた。しかし、雇用問題として若年層が論じられる際には無意識のうちに男性が想定されてきた。

非正規雇用化する若年男性の社会的孤立や貧困問題に関しては多くの議論があったが、実は若年女性の非正規雇用者化は男性を大幅に上回って進み、女性のなかでもとくに不利な状況におかれた女性たちの貧困化と下層化が際立った。しかし、そのような問題は男性の陰に隠れてしまい、社会問題として認識されることなく現在に至っている。日本の子ども（一八歳未満）の六人に一人は貧困状態にあり、ＯＥＣＤ加盟国のなかでも貧困率が高い状態にある。二〇一五年四月には子どもの貧困対策法が実施のはこびとなったが、子どもの貧困は女性の貧困化と表裏一体の現象であり、これ以上進行することを放置できない状態に達している。

本書は、このような問題意識に立って、これまで論じられることが少なかった若い女性たちに焦点を当て、若年男性以上に進む貧困化の現実を問題にしようとしている。

本書の題名のなかの下層という用語について定義しておこう。収入水準などによって人口を上中下に区分した時、最下層に貧困状態にある人々が存在する。その様相は時代により社会により異なる。資本主義の初期段階においては、都市に流入した人々が下層を構成し、その規模はかなり大きかった（青木 2000）。その後、産業化の進展とともに、労働者の分離が生じた。企業組織に包摂され家族生活を構築できる人々と、企業へと組織化されず家族生活を安定的に営むことができなかったり家族そのものを形成することができない人々に分かれた。特に高度経済成長期になると、より一層雇用労働者化が進み、多くの人々は企業において組織化された職業生活と家族生活を営むことが一般化する。性役割分業体制はそのなかで重要な機能を果たした。企業と家族のセットで編成された標準型ライフパターンから外れた人々は下層に位置づけられ、道徳的に劣位であることが社会から刻印され、排除され不可視化されていった。

その後、経済のグローバリゼーションと経済成長率の鈍化、長期不況のもとで、長期失業・半失業・非正規雇用の状態に固定化した労働者が増加し、貧困状態が世代的に継承される傾向がみられるようになった。本書では「下層」をこのような意味で用いる。

日本では長らく貧困問題は不可視化されていて、社会問題としての位置づけから姿を消していた。しかし、一九九〇年代の末頃から非正規雇用で働く人々が若年層を中心に増加した。中でも非正規雇用の若年女性の増加は顕著であった。それと密接につながる子どもの貧困が顕在化して現在に至っている。

本書で焦点を当てようとしているのは、若い女性の生活基盤が脆弱になっていて、とくに低賃金の不安定就業を続けざるをえない貧困な女性たちが増加しているという現象である。このような女性たちの特徴を、「労働と家庭からの排除」ととらえ、本書のタイトルの副題とした。ここでいう家庭からの排除は、結婚（家族形成）からの排除だけではなく、彼女らの出自家族（多くは親のいる実家）のなかでの排除と、出自家族自体の社会からの排除を含んでいる。また、労働からの排除は、人として生計を営むに足りる安定した仕事と収入の世界からの排除を指している。これらをまとめて、社会的排除という用語をあてる。

社会的排除という現象は、家族と密接な関連性をもっている。家族の多様化・個人化・脱制度化など、ポスト工業化社会の家族の特性は、一方で自由を拡大し平等化をもたらしているが、マクロな経済社会の二極化の趨勢を受けて、その逆のベクトルも生み出している。本書は、これらの現象が若年女性の貧困化と下層化をどのようにして進めているのかを示そうとしている。

そもそも日本で貧困層が社会的テーマとして言及されるようになったのは近年のことである。二〇一五年四月から実施される生活困窮者自立支援法や子どもの貧困対策法は、日本において貧困が可視化され、社会政策の対象となった証である。本書は、このような流れを踏まえて、「貧困化する若年女性」をさまざまな角度から論じようとしている。

本書は三部で構成されている。第Ⅰ部は、労働と家族からの排除の現状と課題を扱う。女性労働が抱えてきた問題と今日的な様相を理論的に整理し検討する。また、若者問題における女性に特有な問題がどこにあるのかを論じる。第Ⅱ部は、女性ホームレスや貧困化する女性の実態を取り上げ理論的整理をする。第Ⅲ部は、貧困化する女性の支援活動をしている三つの団体から見た女性たちの実態を紹介し、彼女たちの支援の取り組みを紹介する。

貧困化する女性が増加していく社会は二つの点で大きな危惧を感じざるをえない。一つは、貧困化する母子世帯の増加をもたらしているからである。母親の貧困化は子どもの貧困化と一体であり、子ども期の貧困は生涯にわたってマイナスの影響を及ぼす確率が高い。もう一つは、家族などの身内をもてない低所得で社会的にも孤立する中年期・高齢期の女性の増加につながると予測される。この二つの問題は女性や子どもの人権侵害の問題であり放置することはできない。また放置すれば将来にわたって当人だけでなく社会全体に悪影響を及ぼすであろう。

本書は、工業化時代からポスト工業化の時代の半世紀の間に、日本の社会がどう変わったのかを明らかにする。そして、女性の貧困化がそのことと深く結びついていることを確認し、社会政策の発動が必要であるという問題意識を共有することをめざしている。

また本書は、二〇一三年と二〇一四年に、日本学術会議社会学委員会「社会変動と若者問題分科会」（委員長：小杉礼子、副委員長：宮本みち子）と、独立行政法人労働政策研究・研修機構が共同で開催した「労働政策フォーラム」をもとに書き下ろし出版するものである。執筆は社会学者、哲学者、民間団体の社会活動家が、それぞれの立場から「下層化する若年女性」にアプローチし、日ごろの思いを書き表した。

なお、シンポジウム当日の記録は、労働研究・研修機構の機関誌『ビジネス・レーバー・トレンド』のつぎの号に掲載されている。

「若年女性が直面する自立の危機――取り巻く環境と障壁」『ビジネス・レーバー・トレンド』二〇一三年一〇月号、（独）労働政策研究・研修機構

「アンダークラス化する若年女性 Part 2――支援の現場から」『ビジネス・レーバー・トレンド』二〇一四年一二月号、（独）労働政策研究・研修機構

二回にわたるシンポジウムは予想以上に多数の参加者を得て大変盛会であった。このテーマに関する人々の関心の高さを身をもって感じた関係者のなかから、シンポジウムに終わらせず書籍に記録をとどめようということになった。昨今の出版事情の悪いなかで、このような書籍が日の目を見ることができたことを深く感謝する次第である。

文献

青木秀男（2000）『現代日本の都市下層』明石書店。

下層化する女性たち——労働と家庭からの排除と貧困／目次

目　次

目　次

第Ⅱ部　貧困・下層化する女性

序章　課題の設定
――労働と家庭からの排除と貧困

宮本　みち子

1　欧米における女性の貧困化・下層化

貧困の女性化

貧困化する女性の増加という社会現象は、日本に限らず先進工業国において少なからずみられる。ただし、これらの国々では日本より早い時期にそれを経験し、議論され、社会政策化した。それゆえ、日本の若年女性の貧困化や下層化もポスト工業化社会に特有の現象と位置づけ、広い視野でこの問題に立ち向かう必要がある。そこでまず、欧米の実態とそれに関する研究や政策に関して整理してみたい。

貧困層が固定化し、そのことが可視化された時期が早かったアメリカやイギリスでは、下層階級

（アンダークラス）という用語も登場した。たとえばアメリカでは、一九八〇年代以降に、大都市で製造業が縮小し、慢性的に失業や半失業の状態に置かれる人々が増えた。すると、この人たちに対し、階級外の階級、つまり労働者階級に属さない人々という用語が充てられるようになった。アメリカの場合は、いわゆるゲットーとされるような、一定の空間の中に貧困層が集積していく現象が起きた。産業構造の転換に加えて、新自由主義政策への転換、そして全体としてのコミュニティの弱体化などが背景にあった。

その過程で、貧困が女性のなかに顕著になる「貧困の女性化」が一大特徴となった。その中核は過去三〇年にわたって増加してきたシングルマザーであった。一九七〇年代には一八歳未満の子どものいる家庭の一一%がシングルマザーだったが、一九九〇年代には二四%、四人に一人の子どもの家庭がシングルマザーであった。シングルマザーになる原因の大部分は離婚と非婚であった。アメリカの社会福祉制度のなかでも最大規模のプログラム「要扶養児童家庭扶助（ＡＦＤＣ）」を受給する人々が増加したが、受給者の大半がシングルマザーであった。これらの女性たちは貧困層として滞留するようになるが、これらの女性たちは「福祉に依存している」と批判され、アンダークラス（下層階級）とレッテルが貼られて攻撃された。その後この用語はイギリスに渡り多くの議論を巻き起こした。

しかし時代が転換するなかで、貧困というものが女性（と子ども）に関係して現象する傾向が強まったのはこの二ヵ国に限らなかった。これを貧困の女性化という。一九七〇年代の第一次石油危機以後の経済不況のなかで男性の経済力が低下し、女性が家計の支え手として浮上し、女性の就業率が上昇した。それに加えて、単身化や結婚制度の衰退、離婚率の上昇によって、経済主体として女性の社会的位置づけが大きく変化した。家族を支えてきた男性正社員という働き方が揺らぐなかで、女性が家計を支えるか、女性が自力で生きていかなければならない時代に入ったのである。

経済構造の転換と結婚・家族

アメリカの経済学者レスター・サローは一九九六年の著書『資本主義の未来』で、社会主義崩壊後、資本主義の根底を脅かす五つの地殻変動が始まり、グローバル化のなかで富の分配の不平等が著しくなった実態を描いている。アメリカの中流階級がもっとも豊かだったのは五〇年代後半から六〇年代にかけてだった。ところが、八〇年代には中流の崩壊が始まり、ホワイトカラーのブルーカラー化も進んだ。サローによれば一九七〇年代から八〇年代に「世界中で家庭が崩壊した。離婚と未婚の母が増加しないのは日本だけだ」と描いている。男性の経済力が低下する一方で、子どもの教育費が高騰し、家族を支えるコストは急増する。男性は経済的理由から家族に対する責任から逃れたいと強く思うようになった。サローは、「経済的には父系社会が終わった」と断じている（サロー 1996)。

アラン・ウォルフによれば、戦後アメリカの家族の「模範的ライフパターン」は、誰もが成功の階段を上がっていくことを大前提としていた。家族における性役割分業は深い考えに基づいていたわけではなく、ただ男女ともに結婚以外では得られないメリットがあったから夫と妻の役割を演じていたのである。このような家族のあり方、地域のあり方、男女の性役割分業は一九七〇年代より前の時代の賃金、労働、住宅条件に基づいたものであった。しかし経済構造が変化し、それを支え、それに支えられてきたさまざまな組織や仕組みが崩壊したのである（クーンツ 2003）。

このような変化は子どもの福祉を侵食した。子どもの貧困の最大の原因は親の実質賃金が低下していることに加えて、男女間格差のため母親の賃金が低すぎることだった。また、離婚後の父親の養育費の不払いも原因となった。若い高卒男子の実質賃金が低下し、若者総数の三分の一はもし家族をもったとしても貧困レベルの生活水準を上回る収入は稼げなかった。低所得層の集中する地域出身の若い男性で結婚するゆとりのあるものはどんどん減少し、結婚相手としてふさわしくないと女性から見られるようになった。その結果、結婚制度というものが維持しがたくなる。貧困な夫婦の離婚可能性は二倍と高くなった。また、若い女性の婚外出産が増加したが、その原因は貧困と社会的不平等にあった。

アメリカの家族史・社会史の研究者であるステファニー・クーンツは『家族に何が起きているのか』で、一九八〇年代のアメリカの若い世帯の経済的悪化を描いている（クーンツ 2003）。若い世帯に対する経済的打撃がもっとも大きかったが、そのなかで被害がもっとも大きかったのは経済的にもっとも弱い立場の人々、学歴に恵まれない人々だったという。ただし、クーンツは、若い世帯の生活水準の低下や子どもの貧困率が上昇する根本原因が、ひとり親世帯の増加や崩壊家庭の増加にあるという世間の俗説を否定する。貧しいひとり親世帯の増加や家庭の崩壊現象は、貧困の結果である場合の方が多い。したがって、女性が貧困から抜け出す第一の道は結婚することではなく、男性と同様に安定した仕事を手に入れることだと主張するのである。

家族への社会的支援

一九六〇年代に『女らしさの神話』を著し、ウーマンリブ運動の火付け役となったベティ・フリーダンは、一九九〇年代初頭の失業、貧困、犯罪の増加、とくに女性の暮らしと家族が悪化する状態を見つめ、一九九七年に『ビヨンド・ジェンダー――仕事と家族の新しい政治学』を書いた。フリーダンは、当時のウーマンリブ運動のエネルギーが、中絶、レイプ、ポルノというような男性を敵視する「性の政治学」の問題に集中していき、人々の生活が困難に陥っている状況に無関心であることに異を唱えた。フリーダンがめざしたのは、子どもの養育の場としての家族の安定であったが、それは伝統的家族へ回帰することではなく、コミュニティの役割を重視し、シングルマザーを含む「広い意味での家族」を社会が支援することを想定していた。そして、平等な男女の関係に立って家族と子どもを守る社会を建設するためには、男性を敵にするフェミニズムではなく、男性と協力することを主眼とするパラダイムへとシフトすべきであると主張したのである(1)。

あらためてまとめておこう。アメリカをはじめとする先進工業国で一九八〇年代に貧困が急速に増加し、九〇年代にその傾向がより強まったのには四つの事情があった。①グローバル経済化に伴う競争の激化、②失業、非自発的なパートタイム労働、有期限雇用契約、一時的労働が増加するなどの労働市場の柔軟化と不安定化、③戦後の西欧型社会モデルが弱体化・崩壊し、それまでの雇用保障、所得再分配制度を維持できなくなるなど福祉国家路線の崩壊、④生活保持を国家の責任ではなく自己責任とする論調の台頭、の四点である。

この時期は家族の多様化・脱制度化の時期と重なっており、貧困等の諸問題は、ひとり親世帯、ひとり暮らし（単身）世帯、女性が主な稼ぎ手世帯、稼ぎ手のいない世帯の増加など、家族の変容と密接な関係をもって進行した。

現在OECD加盟国のなかで約一〇％の世帯は、世帯主が労働年齢にあるにもかかわらず、収入のある仕事に就いている者がいない無業世帯である。子どものいる世帯をみると、両親がいる世帯のほぼ五％が無業世帯、ひとり親世帯の約三割が無業世帯である。子どものいる無業世帯は、複合的な不利をもっていることが多く、社会から排除されるリスクが世帯タイプの中で最も高い。但しここで留意すべき点は、無業世帯がかならず貧困世帯であるとはいえないという点である。なぜなら、子どもをもつ無業世帯のなかで貧困といえる世帯の割合は国によって異なっているからである。(2) 子どものいる世帯に対する公的施策の水準によって大きく異なる。

一般的に、先進工業国のなかでも市場経済を重視する国の子どもの貧困率は、北欧諸国のように社会保障による所得再分配を重視する国々より高い傾向がみられる。それはアメリカとイギリスに顕著であるが、イギリスは一九九〇年代末以後の政策によって好転した。その一方、二〇〇〇年代の日本は六人に一人の子どもが貧困の状態にあり、アメリカに近づいている。

2　日本における女性の貧困化・下層化

日本では、一九七〇年代のオイルショックによる打撃が欧米ほど大きくはなく、奇跡的な回復を遂げた後、比較的安定した経済成長と雇用環境を持続した。とくに若年層の雇用状況は良好だった。出生率は低下しつつあったが危機意識は弱かった。婚姻率は低下を始めていたが、それが結婚制度の揺らぎだとは見えなかった。男性労働力が豊富にある状況の下では、女性の就労化を進めるための環境整備をすることが社会政策とはなりにくく、一九八五年の男女雇用機会均等法は、日本型の男性並み労働ができる限られた女性の社会的地位と所得を上げた一方で、その条件に合致しない既婚女性を正規の労働市場から脱落させる結果となった。しかし、非正規雇用で働く女性の数はその後一貫して増加を続けた。

二〇〇〇年代に入るとこれまでの均衡が崩れ、一家の支え手である配偶者を得ることのできない女性が増加した。非婚化は経済格差と一体となって進んだのである。女性雇用者数は、一九九七年から二〇〇七年の一〇年間に二五四万人増加した。ところがその内訳をみると、女性正社員は一二三万人減少する一方で、女性非正社員が三七七万人増加し、非正規労働で働く女性が増加したのである。

その結果、女性雇用者のうち非正社員の割合は、四一％から五五％へ上昇した。既婚者、未婚者別にみると、既婚女性の場合は正社員が四七万人減少する一方で、非正社員が一八三万人増加した。また、未婚女性の場合は、正社員が七六万人減少する一方で、非正社員が一九四万人増加した。日本が欧米諸国と異なるのは、女性の労働市場への参入が拡大した時期が、安定した雇用の減少する時期と重なったことであった。そのため、一気に女性非正規雇用の増加となったのである(3)。

女性雇用労働の非正規化が進んだプロセスを大嶋寧子はつぎのように整理している（大嶋 2011）。まず、女性が正社員として働くことが多かった職業で、正社員から非正社員への置き換えが進んだ。雇用が拡大した職業ではその中身が非正社員主導だった。一九九七年時点では、女性正社員の約七割が事務職、製造業等作業職、販売職であったが、これらの職業では正社員が減少する一方で、これを上回るペースで非正社員が増加した。また、一九九七年の時点で女性正社員の三割を占めていた専門・技術職やサービス職については、正社員が増加する一方、非正社員がこれを上回る勢いで増加し、結果として非正社員主導の雇用拡大となったのである。

男性の賃金や雇用が不安定化した結果として女性の未婚率も上昇している。今後、未婚・既婚にかかわらず働いて生活を支えなければならない女性は確実に増加する。その傾向はとくに、非高学歴女性において顕著だろう。その際、適切な政策が発動しなければ女性の貧困と子どもの貧困が深刻な社会問題となるはずである。

3　労働と家庭からの排除

本書が焦点を当てようとしているのは、若い女性の生活基盤が脆弱になっていて、とくに低賃金の不安定就業を続けざるをえない貧困な女性たちが増加しているという現象である。このような女性たちの特徴を、「労働と家庭からの排除」ととらえ、本書のタイトルの副題とした。ここでいう家庭からの排除は、結婚（家族形成）からの排除だけではなく、彼女らの出自家族（多くは親のいる実家）のなかでの排除と、出自家族の社会からの排除を含んでいる。また、労働からの排除は、人として生計を営むに足りる安定した仕事と収入の世界からの排除を指している。

一九九〇年代以後の社会変化は女性の生活保障の枠組みを大幅に変えた。結婚に関していえば、自由度と選択性が高まる一方で、結婚（家族形成）できない人々が急増した。非婚化は若い男性に顕著であったが、そのことは当然のこととして結婚できない女性たちを生んだ。

女性の生涯未婚率および子なし率は上昇を続けているが、将来経済的に不安定で親族も少ない女性が増加することが懸念される(4)。

就労に関していえば、男女雇用機会均等法施行以後、労働市場の需要の高まりのなかで女性の就労化は進んだが、一握りの恵まれた働く女性たちの対極に、非正規・低賃金の女性労働者が増加したことはすでに見た通りである。貧困化する女性たちはまさしく構造的制約のなかで、セイフティ

図表序－1　社会的排除に至るケース（分析枠組み）

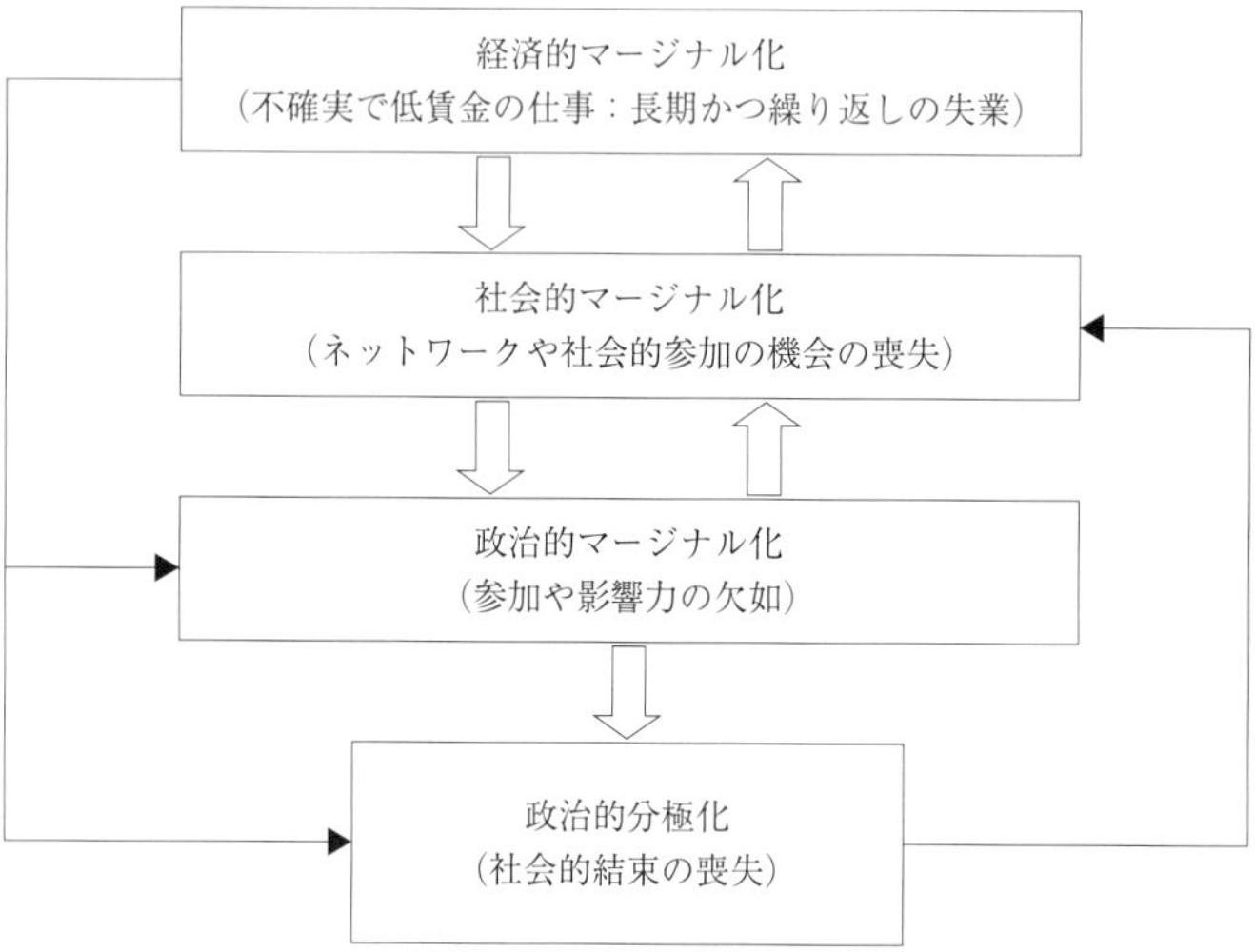

出典：アジット・S・バラ，フレデリック・ラペール 2005, p. 30.

ネットのない状態に落ち込んである。これらの女性たちの状況を理解するうえで、社会的排除という用語を用いたい。「貧困」という概念は、低所得の「状態」を指す傾向が強かったのに対して、社会的排除という概念は、より動的なプロセスに力点が置かれている。つまり、貧困など経済的・社会的困難の最終的な状態よりも、そこに至るダイナミズム（プロセス）を問題とし、そのプロセスとそれを防止する方策を明らかにすることができるからである（岩田 2008）。

　図表序－1は、社会的排除に至るプロセスを図式化したものである。不確実で不安定な低賃金の仕事に従事することによって、経済社会の周辺に追い

図表序－2　社会的排除を把握する指標

① 経済的（長期失業、仕事の不安定、無業世帯、所得貧困）
② 社会的（伝統的家族の解体、十代の妊娠、ホームレス、犯罪、不満を抱いている若者）
③ 政治的（政治的権利の欠落、選挙登録の低さ、投票率の低さ、コミュニティ活動の低さ、政治的過程への信頼の欠如、社会騒乱）
④ 近隣（環境的退廃、住宅ストックの衰退、地域サービスの撤退、サポートネットワークの崩壊）
⑤ 個人的（心身の疾患、低い教育達成・低技能、自信の欠如）
⑥ 空間的（弱者グループの集中や周縁化）
⑦ 集団的（上記の特定グループへの集中、高齢者、障害者、エスニック・マイノリティ）

やられ（経済的マージナル化）、そのことによって社会的ネットワークや社会的参加機会を喪失し、社会の周辺に追いやられ（社会的マージナル化）、さらにその結果として、政治的権利や発言の機会を喪失した状態へと追いやられる（政治的マージナル化）プロセスが、社会的排除である。三つのマージナル化は相互に密接に関連し合っている。このようなマージナル化を放置すれば、社会の結束や統合性は失われ、社会の持続可能性は衰退するであろう。

社会的排除の状態をより具体的に示すと、**図表序－2**のように多様な項目をあげることができる。これらの項目のすべてがジェンダーと密接に関わっている。本書のテーマからいえば、社会的排除に陥る際に、女性であることがどのような影響を及ぼしているのかを明らかにする必要がある。これらの項目は相互に関連していることが多く、その数が増えるほど、社会的排除のリスクは高くなる。

社会的排除という現象は、家族と密接な関連性をもっている。家族の多様化・個人化・脱制度化など、ポスト工業化社会の家族の特性は、一方で自由を拡大し、平等化をもたらすが、マクロな経済社会の二極化の趨勢を受けて、その逆のベクトルも生み出している。たとえば、①不利な諸条件のために結婚できない人々（若年シングル、中高年シングルの増加、その後の身内のない高齢者の増加）、②離婚・家族離散、③放置・遺棄（たとえば養護施設の子ども、遺棄老人）、④家族ではあるが生活保障のユニットとして機能しない家族等の現象である。すでに見てきたように、これらの現象は、欧米先進国では一九八〇年代から、また日本では経済が悪化した一九九〇年代以降の、社会的格差拡大傾向の中に色濃く見られる。本書は、これらの現象が若年女性の貧困化と下層化をどのようにして進めているのかをテーマにしている。

4　女性に対する支配構造

本書で協調したいのは、女性の貧困は経済的困窮だけを問題にしているのではないという点である。下層化する女性に特徴的にみられるのは、さまざまな暴力に晒されていることである。第六章で遠藤氏が、よりそいほっとラインでつながる女性たちに共通するのが「暴力」の存在であると指摘しているのはまさにこのことである。第七章で白水氏は、女性は貧困で複合的な問題を抱える家族（親）関係を断固として断ち切ることができず、家族に絡め取られていると指摘している。

若年女性の労働者・職業人としての自立は複雑である。一方で、労働市場は女性労働を求めるプル要因が働く。ところが稼ぎ手として社会的に承認を受ける男性と違い、女性には常にジェンダー役割が負わされる。家族の世話や介護は、家族の状況のなかで期待されることが多く、女性の自立を阻む。しかも下層にしばしばみられるのは、家族内における娘に対する家父長的支配であり、経済的・非経済的収奪に晒される。さらに職場でも性的ハラスメントやパワーハラスメントの対象となりやすい。

ジョック・ヤング（2007）は、下層の男性たちの男らしさ（マチズモ）に価値を置く文化の構造をつぎのように描いている。安定した職を奪われた単純労務の男性たちは、社会的地位を手に入れる機会や将来の展望を絶たれて、流れにまかせるしかなくなった。生活が安定しないため、「結婚に値する相手」にもなれなくなっていく。社会の表舞台から締め出されながらも、メディアを通じて華やかな消費社会を見せつけられる。現実を認めようとしない若い男性たちは、男らしさ《マチズモ》に価値を置く文化を創造するようになる。男らしさの力を誇示し、仲間から尊敬されることに躍起となり、そうした価値観を中核とする下位文化を作りあげていく（ヤング 2007, p.44）。彼らは、女性差別主義者であり、人種差別主義者であり、露骨なインテリ嫌いになっていく。

ヤングは、女性が暴力に晒される問題をつぎのように描く。女性の労働市場への参入と社会的地位の上昇が、男女間の対立を激化させる。対立が激化するのは、たんに女性の平等への期待が高まったからだけではない。女性たちの期待は男性の先入観に対する挑戦だからである。また、男女間の対立を隠ぺいしようとする男性に対する抵抗でもあるからである（ヤング p.46）。これらの暴力は相対的な剥奪感から、また、平等を求める個人とそれを妨害する個人の対立から生まれる。両方が重なれば暴力はもっと激しくなる。その結果、家庭で暴力が頻発するだけでなく、もっとも激しい場となる。アンソニー・ギデンスの言葉を引用すれば、「そこで脅かされているのは男性支配であり、もはや家父長的支配も国家支配も素直に受け入れられる時代ではなくなっている。支配が崩れつつあるからこそ、暴力が頻発するのであり、支配が安定していれば、そのようなことは起こらない」（ギデンス 1995）。

下層階級の場合がまさにそれにあたる。男性至上主義文化を特徴とする下層階級においては、失業中の若い男性が、低賃金ながらも安定した仕事をもつ女性から平等な関係を求められることで、両者のあいだに激しい対立が生じる。その結果が夫婦別居となり、多くのシングルマザーが生まれるという道筋である。シングルマザーの多くが夫の暴力の被害者であるのは、その結果である（ヤング p.48）。

このことに関係する日本の例を示そう。民間団体が行ったホームレスに関する調査の中で、愛知県の五九歳の男性はつぎのように語っている。

「余りにも仕事がない。つまり、男というだけで死ぬほどの重労働を強いる企業が多すぎ。だから誰も定着しない。「男には厳しく女には優しく」という価値観（まちがった考えだ！）がますます強まり、誰でもできる仕事はみな女性がまかない、男はできもしない荒い仕事しか残っていないからである。最近の流行歌を聞くべし。女性は愛されるだけのいたれりつくせり、男は命がけで働き守る。奴隷のごとく。（中略）残っているのは工場で体を壊すか、いじめ地獄か体力不足でクビ」（「生活保護・稼働年齢世帯の実態」調査報告」『賃金と社会保障』No.1563, 二〇一二年六月上旬号）。

日本の最底辺の労働の現場は多かれ少なかれこういう状態なのであろう。社会の底辺で過酷な労働と低賃金にあえぐ男性が女性と共同生活を始めても暴力が日常的に発生し破綻していくことが容易に想像できる。子どもの貧困や虐待と、貧困の世代間連鎖はそこに生じるのである。男性も女性も、もっと人間的な生活ができるためにはどうしたらいいのかが問われている。

その一方で、夫婦関係が破綻してシングルマザーが増加する現実を前に、シングルマザーと子どもの救済に関して、フィリップ・ブルジョアはつぎのようにいう。「道徳を問題にする人々は、スラム化した都心部における子育てを批判して、そこでは家庭に父親がいないと嘆く。そして父親不在こそは子どもの道徳性を台無しにする元凶であると説く。しかし、シングルマザーの家庭が直面している最大の問題は、貧困なのである……。貧しい男を説得して核家族に戻そうとする政策努力は、方向を誤っている。問題はまさに正反対である。つまり、あまりに多くのひどい父親が、核家族の母親と子どもを恐怖に陥れているのだ。むしろ、女性が子どもを産んでからシングルマザーになるまでに時間がかかりすぎることの方が問題だろう。しばしば、彼女は夫からの想像を絶する暴力に耐えているのである」（ヤング 2007, pp. 394–395）。

しかし、家族という世界に生じる暴力は現代に特有の暗黒ではない。ステファニー・クーンツは、長い歴史のなかに現代家族を据え、そこに起こっていることが現代に固有の短所と見做すのはまちがいだという。「一九五〇年代の家庭や地域の安定は、当時の社会全体を覆っていた女性、ゲイ、反体制活動家、非クリスチャン、少数派民族への差別と、多くの家庭の暗部のシステマティックな隠蔽の上に成り立っていた。自分たちの自由意思で調和を保ち、互いにフェアであることができた家族にとって五〇年代は生きやすい時代だったかもしれないが、不協和音を呈した家庭や、抑圧的な家庭には逃れるすべがほとんどなかった。児童虐待、近親相姦、アルコール依存、夫婦間のレイプ、夫の暴力などの犠牲者たちは六〇年代も半ばになるまで頼る人も逃げ場所もなかった」（クーンツ 2003, p.74）。今や、これらの行為が隠蔽されなくなって表面化しているとみるのが正しい認識である。

顕在化した女性に対する暴力や支配が、本書の第六章や第七章で描かれるような目をふさぎたくなるようなものであっても、見えることによって何をしなければならないかを検討することができるはずである。

5　女性の貧困・子どもの貧困と家族政策

貧困化する若年女性は、貧困の連鎖のなかにある例が少なくない。しかも、出口のないスパイラルダウンに陥っている点に近年の特徴があるといわれている。したがって子どもの貧困対策は貧困な母親（および予備軍）対策と一体化する必要がある。ところが、日本の社会保障制度は、年金・医療・雇用保険が中心で、家族支援は極めて弱体である。その理由はつぎの通りである。

一九六〇年代から七〇年代に成立する日本型の生活保障の特質は、公共事業によって雇用機会を創出し、人々に働く場を与えることで一家のくらしを保障する「雇用レジーム」だった。しかも、高度経済成長による雇用の拡大が生活保障の基盤を作った(5)。雇用レジーム型の生活保障を採用してきた日本では、北欧や西欧諸国のように国家の社会保障制度を通じて所得を再分配する「福祉レジーム」を重視することはなかった（宮本 2008）。

社会保障給付費を国際比較して見れば日本の特徴が明らかとなる。社会保障の項目のうち、高齢者（老齢年金や高齢者福祉関係支出）、保健・医療、その他（生活保護費など）が人生後半期の社会保障であり、家族（児童手当、出産や産休手当など）、積極的労働政策（職業訓練や再雇用補助金など）が人生前半期の社会保障に該当する。スウェーデンなどヨーロッパ諸国では前半期の公的支出が大きいが、日本はアメリカと並んでもっとも小さい。

子どもの養育・教育費は親の責任とされ、賃金からの支払いにゆだねられた制度では、貧困な母子世帯を救済できない。国際的にみると、ＧＤＰに占める日本の公的教育支出の割合は低いため、初等・中等教育では学校教育関係費（教材、通学費、修学旅行費、部活動の費用など）の個人負担部分が重荷となる家庭が増加している。また、学校教育を補う塾や習い事が教育競争に不可欠な条件となり、それが家庭の経済力にゆだねられ、学校教育の成果に影響を及ぼしている。高等教育費の負担は、家計を圧迫する深刻な問題となっているが、近年の厳しい就職事情では、膨大な教育投資に対する投資効果が得られない状態にある。児童手当は未発達のまま現在に至り、二〇〇〇年代の子どもの貧困化の歯止めとはならなかった(6)。

家族政策と並んで若年女性の貧困化を阻止するうえで重要なのは、労働者に対する職業教育・訓練と就職支援などの積極的労働政策である。しかし、これも諸外国と比べ社会保障費に占める比率が小さい。とくに、低学歴の不安定若年労働者に対する施策は弱体で捕捉率も低い。若年女性に対する労働施策はより一層弱体である。雇用も労働者育成も企業に委ねられてきたこれまでの慣行が障害となっている。人生前半期のニーズに応える社会保障制度への転換を図らなければ、労働と家庭から排除される若年女性の貧困化はさらに進むであろう（宮本 2012）。

注

(1) フリーダンが提唱したのは、ジョブ・シェアリング、フレックス・タイムなどの新しい労働形態であった。また、当時の共和党が政府援助を廃止しようとした就学前児童の教育（ヘッド・スタート）、妊婦・母親や幼児のための栄養補給プログラム、子どもの予防注射を支持した。また、クリントンが行った「福祉改革」が貧しい女性と子どもたちを中産階級の経済的不満のスケープゴートにするものとして批判した。

(2)　デンマーク、フィンランド、ノルウェーなど北欧諸国では子どものいる無業世帯の貧困率は25%未満であるのに比して、アイルランド、ポルトガル、アメリカ合衆国では七五%以上と際立って高い。子どものいる無業世帯に対する所得保障、雇用保障その他の公的施策の水準が低いからである。

(3)　欧米諸国においては安定した雇用が豊富にあった時代に女性の労働市場への参入が進み、その後、労働市場の構造変化が生じた際には、男女共通に非正規雇用が問題として論じられた。ところが日本の場合は、女性の労働市場への参入が拡大した時期が、すでに安定した雇用が少なくなっていく時代と同時期だった。そのため、増加したのは非正社員で、それは配偶者のいる女性、配偶者のいない女性のどちらにも共通した。

(4)　若年女性の生涯未婚率と子なし率は高い。一九九〇年生まれの女性の場合、五〇歳の時点で、生涯未婚率は二四・三%、既婚・子なし率は一三・八%(つまり生涯無子割合は三八・一%)になると推計されている。また、二〇〇六年時点で二〇歳より若い世代の女性では、二人に一人は孫以降の直系子孫をもたないだろう(国立社会保障・人口問題研究所「日本の将来推計人口」(二〇〇六年一二月推計)。

(5)　このような構造のなかで、高生産性部門から低生産性部門へ、都市から地方へと所得移転が起こり、日本型の生活保障が実現した。中小企業、農林業、商工自営業などの低生産性部門が経営を維持できたのは国の各種補助金と規制があったからである。

(6)　母子世帯の当初所得による子どもの貧困率よりも、税や社会保障費を加味した後の所得の方が貧困率が悪化しているということは、所得再配分が逆機能となっていることを示している。

文献

青木秀男（2000）『現代日本の都市下層』明石書店。

阿部彩（2008）『子どもの貧困――日本の不公平を考える』岩波書店。

阿部彩（2011）「子ども期の貧困が成人後の生活困難（デプリベーション）に与える影響の分析」『季刊社会保障研究』第四六巻四号。

岩田正美（2008）『社会的排除――参加の欠如・不確かな帰属』有斐閣。

大嶋寧子（2011）『不安家族――働けない転落社会を克服せよ』日本経済新聞出版社。

ギデンス、アンソニー／松尾精文・松川昭子訳（1995）『親密性の変容――近代社会におけるセクシュアリティ、愛情、エロティシズム』而立書房（原書は1992）。

クーンツ、ステファニー／岡村ひとみ訳（2003）『家族に何が起きているのか』筑摩書房（原著は1997）。

サロー、C・レスター／山岡洋一・仁平和夫訳（1996）『資本主義の未来』阪急コミュニケーションズ（原著は1996）。

バラ、アジット・S、ラペール、フレデリック／福原宏幸・中村健吾監訳（2005）『グローバル化と社会的排除――貧困と社会問題への新しいアプローチ』昭和堂（原著初版は1999）。

藤森克彦（2010）『単身急増社会の衝撃』日本経済新聞出版社。

フリーダン、ベティ／女性労働問題研究会労働と福祉部会訳（2003）『ビヨンド・ジェンダー――仕事と家族の新しい政治学』青木書店（原著は1997）。

宮本太郎（2008）『福祉政治――日本の生活保障とデモクラシー』有斐閣。

宮本みち子（2012）『若者が無縁化する――仕事・福祉・コミュニティでつなぐ』筑摩書房。

ヤング、ジョック／青木秀男・伊藤泰郎・岸政彦・村澤真保呂訳（2007）『排除型社会――後期近代における犯罪・雇用・差異』洛北出版（原著は1999）。

第Ⅰ部　労働と家庭からの排除の現状と課題

第一章　女性労働の家族依存モデルの限界

山田　昌弘

1　若年女性をめぐるパラドックス

本章では、家族状況の変化を考慮しながら、若年女性労働の現状と課題を考察していきたい。

まず、現在の若年女性の生活状況を考察する場合、マクロ統計をみる限り、主観的満足度と客観的現実の間に大きなギャップがあることがわかる。

内閣府（旧総理府）は、一九五四年から、『国民生活に関する世論調査』をほぼ毎年継続的に行い、「生活満足度」を調査している。生活満足度を性別、年代別に集計したものをみると、一九八〇年代以降、二〇代女性の満足度が、最も高いものになっている。二〇一二年では、生活に対して満足していると回答したものは、ほぼ四分の三に達し、同年代の男性や他の世代の女性に比べ、際立っ

図表1－1　生活に満足している人の割合（%）

	20代	30代	40代	50代	60代	70代以上
女性	75.2	70.5	60.4	58.9	67.2	69.5
男性	65.9	59.2	55.5	51.1	64.7	70.7

出典：内閣府「国民生活に関する世論調査」2012年10月

て高い数値を示している。階層所属意識でも、上や中の上と回答するものが他の性別年齢グループに比べ高い。仕事満足度に関しても、他の世代や男性に比べて高いものになっている（図表1－1）。

しかし、労働状況や年収に関する客観的現実をみると、現在、最も厳しい立場にあるのが、この若年女性なのである。不安定な低収入の仕事に就いている女性が増え、未婚率も高まっている。そして、貧困状況に陥る女性も増えている。そして、社会問題化の兆候がさまざまなところで見えている。特に、近年、全体でみれば自殺率が低下しているのに、二〇代女性の自殺率が上昇している。

まず、仕事状況を見ていこう。**図表1－2**は出生動向基本調査（国立社会保障・人口問題研究所）のデータを再集計したものである。一九九二年には、女性も未婚者に限れば、正社員率は二〇代から三〇代までほぼ九割となっていた。この頃、宮本みち子放送大学教授、岩上真珠聖心女子大学教授らと、二〇代の親同居未婚者の調査を行った。その後、私が『パラサイトシングルの時代』（1999）で描いたように、一九九〇年代前半の女性未婚者は、一般職であってもほとんどが正社員であった。「自立できるのに」親と同居して基本的生活が提供され、正社員収入のほと

図表１－２　未婚20代の就労状況

未婚者の正社員率・無職率（女性）

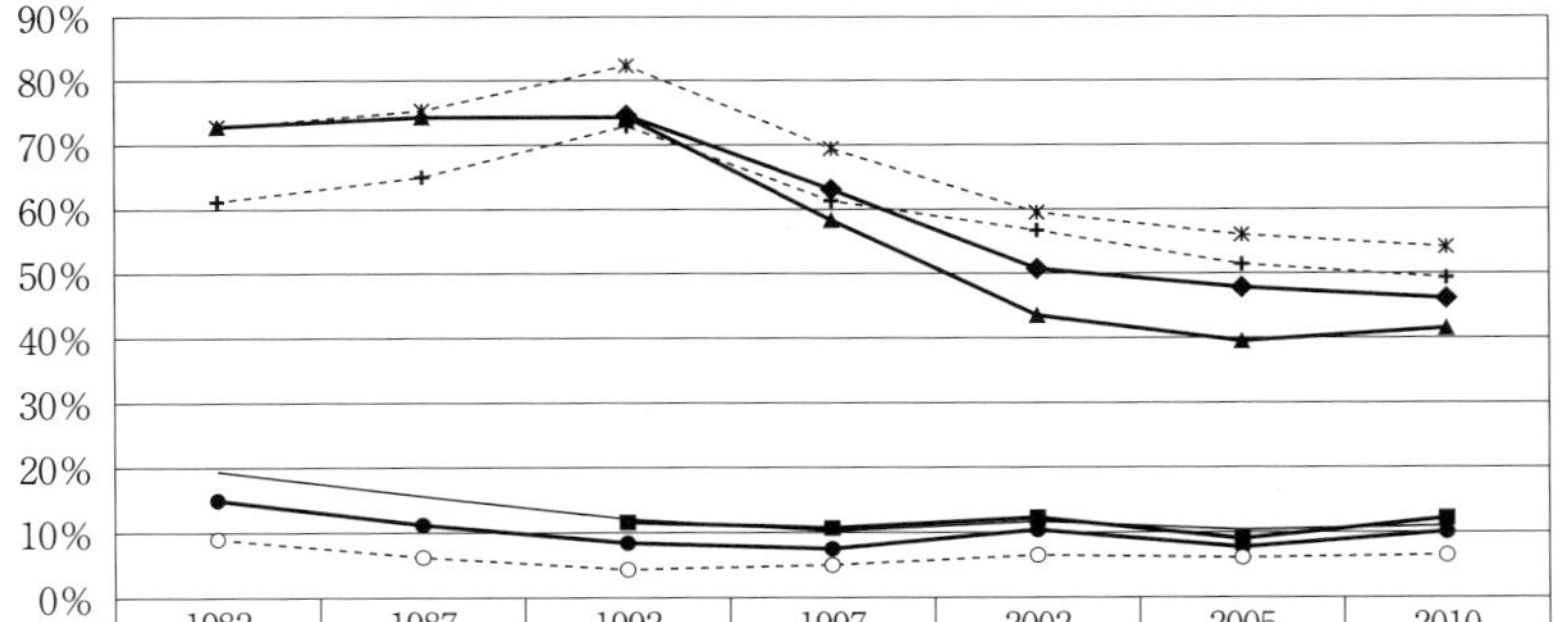

	1982	1987	1992	1997	2002	2005	2010
正社員（20～24歳）	72.8%	74.3%	74.3%	58.3%	43.5%	39.5%	41.5%
正社員（25～29歳）	72.7%	75.3%	82.3%	69.4%	59.5%	56.0%	54.1%
正社員（30～34歳）	61.2%	65.0%	72.9%	61.3%	56.7%	51.4%	49.3%
正社員（35～39歳）			74.6%	63.1%	50.7%	47.8%	46.1%
無職･家事（20～24歳）	9.0%	6.2%	4.3%	5.0%	6.5%	6.1%	6.5%
無職･家事（25～29歳）	15.0%	11.2%	8.4%	7.5%	10.4%	7.7%	10.1%
無職･家事（30～34歳）	19.4%	15.6%	12.1%	10.2%	11.7%	10.4%	11.0%
無職･家事（35～39歳）			11.6%	10.7%	12.3%	9.0%	12.2%

出典：国立社会保障・人口問題研究所　出生動向調査（2010）より作成

んどを小遣いに使える独身者を、パラサイトシングルと名付けたのである。正社員であれば有給休暇も賞与もある。それを背景に高額商品や海外旅行に出かける若年女性が目立っていた。

しかし、そう名付けて言葉が定着する間に、若年未婚女性の正社員率が急速に低下し、非正規社員率や無職率が増え続けた。二〇一〇年では未婚女性の正社員率は五割程度となっている。安定した職業に就く若年女性が減少し、不安定な雇用や仕事をしていない若年女性が増大している。若年女性をめぐる労働状況は大きく悪化しているのである。

さらに、近年（二〇一〇年以降）、貧困状態に陥っている若年女性を調査したルポルタージュが相次いで出版されるようになった。仁藤夢乃氏は、自分の高校時代の仲間で行方不明になった人が多く、また生活のために性的サービス業すれすれのアルバイトをする女子高生が増えていることを描く（仁藤 2013, 2014）。鈴木大介氏は、いわゆる出会い系で稼がざるを得ないようなシングルマザーたちを描いている（鈴木 2010）。中塚久美子氏は、貧困の中で法律違反すれすれのことをしなければ生活できない若年女性たちを（中塚 2012, 2014）、荻上チキ氏は売春（ワリキリ）をせざるを得ない女性の実態を調査している（荻上 2012）。

つまり、社会の中でまともな仕事からも、さらに親や夫という家族からも、そしてさらに社会保障からも排除され、貧困の中で問題のある仕事をせざるを得ない状況に追い込まれている若年女性のルポルタージュが、立て続けに出版されていることは、単にその存在が話題になったというだけでなく、若年女性の生活の質の劣化が、その背景にあると考えている。

つまり、統計的に見ても、事例的に見ても、若年女性をめぐる仕事の状況は悪化しているのにもかかわらず、全体としてみれば、主観的満足度が高い。このパラドックスともみえる状況を手がかりに、若年女性の生活状況を考察していきたい。

2 願望と現実の反転

近年、現実の状況と主観的満足度の間で矛盾したデータが報告されるのと同じように、現実の状況と主観的願望の間の乖離も進行している。

一九九〇年ごろは、一節で述べたように、若年女性の正社員率は高く、若年労働力不足から、望めば正社員就職が可能であった。また、男女雇用機会均等法の成立（一九八五年）もあり、女性の自立志向、仕事志向が高まった。また、未婚男性の正社員率も高く、結婚して夫の収入で暮らすという道もそれほど困難なものではなかった。その中で、企業や結婚など伝統に縛られない生き方がマスメディアなどでもてはやされていた。そういう意味で、若者に対する高い労働力需要の中、若年女性にはさまざまな選択肢が広がっているようにみえた時代だった。現実をみるとは、仕事で自立することも、結婚することも容易に見えたため、それに縛られないという願望を持つことが可能だった。

それから、四半世紀経った現在、この現実と願望が反転してしまったのである。「婚活」という言葉を私が作ったように、結婚に関する関心が高まっている。また、二〇〇〇年以降、若年女性の間で、専業主婦志向が復活してきているという指摘もある（博報堂生活統合研究所 2012 調査」など）。つまり、従来型の性役割分業家族を作りたいという願望が未婚者の間で強まってきている一方、現実には未婚率の上昇が著しく、結婚したくでもできない女性が急増している。また、結婚している若年女性の就労率、それも、正社員ではなくて、非正規雇用での就労率が高まっている。

つまり、主観的には、自立志向、共働き志向の若年女性が減少に転じ、伝統的家族を作り従来型のライフコースを送りたいということを期待する若年女性が増えている。にもかかわらず、現実には、それが実現しないケースが増えている。前節で述べたように、願望が実現するどころか、まともな仕事に就けず、まともな生活も送れない状況に陥る若年女性も増えているのである。

それゆえに、一九九〇年ごろはほとんどの人にとって可能、すなわち現実であった、正社員としての就職、正社員との結婚が難しくなり、それがあこがれの対象となる、つまり、現実が願望に反転したのである。この反転は、若年男性にとっても同様で、山田（2009, 2014）を参照いただきたい。

3　家族に包摂されることが前提の女性労働

戦後の、日本社会における女性労働の位置づけを振り返ってみよう。

戦後日本社会では、女性労働は、女性が属する家族に包摂されていることが前提で組み立てられていた。これを、「女性労働の家族依存モデル」と呼ぼう（ここで、包摂――inclusion は、安定した生活が保障されるという意味で用いる）。

戦前は、農業など自営業が中心の社会であった。そこでは、男女とも農作業などで働くことが一般的だった。家事や育児は片手間に手のすいている人が行うものだった。そういう意味で、男性も女性も、「家業」に依存した労働に従事していたということができる。つまり、「家業」に包摂されていたわけである。職業に関しては、女性は、嫁ぎ先（時には婿をとり自分の親）の家業に従事する以外の選択肢はほとんどなかった。また、結婚までの一時期、奉公として富裕な家の家業手伝い、時には工場労働者として働く期間もあったが、原則として自営業の家族従業者として働いていたのである。日本では、戦後家業としての自営業衰退のスピードはゆっくりだったので、工業化が進行した後も、このモデルの下で自営業の家族従業者として働く女性も多かった（山田 2006）。

戦後、工業化が進行するとともに、男性が主に働き、女性が主に家事をするという性別役割分業の家族が一般化する。そこでは、女性は、家族（男性）によって経済的に包摂されることが前提とされていた。未婚女性であれば、主に父親に扶養される。結婚すれば、夫に扶養される。そして、夫が亡くなれば、サラリーマンの場合は遺族年金、自営業の場合は跡継ぎの息子夫婦が経済的に扶養するという前提である。その結果、女性労働の在り方や社会保障システムは、女性は家族に依存して生活できることを前提として組み立てられた。これは、欧米諸国も同じ状況だった（Esping=Andersen 1999）

その背景には、女性のライフコースが予測可能であること、つまり、大部分の女性が結婚して、離婚しないという前提がある。そして、現実に、戦後高度成長期に若者だった女性の九七％は結婚し、離別割合も一〇％程度だった。さらに、女性を包摂する家族である父親（未婚女性）、夫（既婚女性）が女性を扶養できる収入を得られるということが前提としてあった。そして一九九〇年ごろまでは、男性の大部分は正規雇用者か保護された自営業者であったので、ほとんどの女性が、父か夫の収入に依存して生活していくことが可能だったのである。

女性の労働も、このライフコースを前提に作られた。企業においては、未婚時は正社員であっても結婚退職を前提とした一般職が主であった。一般職は、昇進、昇給がなくとも、結婚までの一時的な「腰かけ」の仕事であれば問題はなかった。そして、多くの一般職未婚女性は、親と同居しながら通勤したので、収入が自立できるほど多くなくてもよかったのである。地方から大都市や工場に働きに出る未婚者に対しては、正社員であるため「社員寮」が用意され、結婚まで生活することが可能であった。「社員寮」は親の代わりとして機能したのである。そして、結婚後は、低賃金だが時間の融通がきくパートタイマーの職が用意された。夫の収入で生活できるため、経済的にはそれでかまわなかったのである。

つまり、このモデルでは、女性が自分の労働によって経済的に自立して生活するということは想定されてこなかった。特に若年の未婚女性は、住居や収入がある親によって基礎的生活条件が用意された。また、若くして離婚した女性も実家に戻る確率が高かった。既婚女性は正社員か自営業者の夫の収入によって生活が維持されるということを前提にしており、女性自身の労働は経済的には補助的なものであった。つまり、女性の包摂先として、未婚時は「家族①（親）」、結婚後は「家族②（夫）」が主に想定されていたのである。

当時は、経済的に自立可能な女性労働は、「例外」とみなされた。当時でも、「公務員」「教師」などの公的職業、「医者」「看護師」などの専門職は、少なくとも雇用上の男女差別が少なく、男性並みに自立した収入を得ることができた。また、旅館の接客業、煙草店など零細自営業、住み込みの介護職など、女性でも自立できる可能性がある職も数少ないながら存在した。いずれにせよ、自立しなければならない女性、独身女性、夫と離別、死別した女性で、親や夫に依存できないケースでは、このような職に就かざるを得ないか、「かわいそうな女性」とみなされて、福祉の対象になることになった。いずれにせよ、職種としては「例外的」「限定的」とみなされたのである。

4　経済・社会構造の大転換と女性労働の変貌

一九九〇年ごろから世界でグローバル化、情報化などと言われ、いわゆる「ニューエコノミー」が日本社会にも浸透してくる。その結果、仕事の二極化が進行する。ロバート・ライシュが言うように、安定した雇用が減少し、不安定で低収入の仕事が増大する（Reich 2000）。そのときに、まず労働による包摂（安定した生活が保障されること）が揺らいでくる。ジグムント・バウマンが言うように、一人の人間がフルタイムで働いても、まともな生活が送れるという保証がない仕事が増えていく（Baumann 1998）。

一方で、家族のほうも揺らいでくる。未婚者や離別者が増大し、家族の包摂力が弱まる。つまり、生活を保障してくれる家族がいない、家族がいても生活を保障する程度の収入が稼げないケースが増大する。日本社会では、九〇年代後半から、労働による包摂力と家族による包摂力、双方が弱体化してくる。

労働による包摂力の弱体化は、特に若い人に大きな影響を与えることになる。欧米諸国では、不安定な低賃金労働は、外国人労働者が担う割合が大きい。それゆえに、外国人労働者問題が起きる。日本では、一九九〇年ごろまでは不安定な低賃金労働は、パートという形で既婚女性が担っていた。しかし、現在では、アルバイト、派遣社員、契約社員といった形で、若者が担うようになっている。日本では、中高年の正社員を解雇しにくい。それゆえ、企業は、減少する正社員のポストを抑制するために、正社員の採用抑制を行い、その代わりに、増大する不安定で低賃金労働者として、アルバイト、派遣等で置き換えようとする。その結果、学校を卒業しても正社員になれない、正社員からドロップアウトして、正社員に戻れない若者が増大していく。それは、私企業だけではなく、公務員の世界でも同様のことが生じている。日本では、正社員の新卒一括採用慣行があるので、一度正社員ルートから外れると、なかなか正社員になるのが難しい。つまり、非正規社員が固定化しやすい状況がある。

この過程は、男女ともに進行した。もちろん、女性は男性に比べ非正規雇用になりやすいが、若年男性も非正規労働化の波を同じように受けたのである。

ここで、日本の女性の雇用労働進出の時期と非正規労働化の時期の問題を簡単に述べておこう。日本では、女性の職場進出のタイミングが欧米（北西ヨーロッパ、英米など）と日本で大きく違ったということが私は大きいと思っている。欧米では女性労働の家族依存モデルからの脱却が先行した後で、経済の構造転換が起きて、労働での包摂というものが難しくなる。欧米で女性解放運動（フェミニズム）が活発化したのが、一九六〇年代後半である。その頃の雇用労働は、フルタイムが一般的であった。だから、女性が労働によって自立して生活できる、自分の仕事によって包摂（経済的自立）をめざすということが六〇年代後半から始まった。

つまり労働による包摂がまだ可能だった時期に、女性の労働による自立がめざされたために、欧米では、女性の家族依存モデルから、男性も女性も労働依存モデルへ移行していった。男であろうが女であろうが、働いて収入を得て自立するというモデルへの転換である。そしてその後、一九九〇年前後に経済の構造転換が起き、労働の包摂力が低下するが、家族依存モデルに戻ることはなく、ニューエコノミーの低賃金不安定労働の増大に対しては、ジェンダーの区別なく社会政策的に対応するということが行われてきた。

しかし日本は、労働での包摂が難しくなる時期に労働での包摂をめざすというたいへん矛盾した状況が九〇年代に起きてしまった。男女雇用機会均等法成立が一九八五年、正社員をめざして、女性も一生自立して働けることを目指す動きが一般化したのが、九〇年代。その女性の労働による自立が始まった、まさにその時期にニューエコノミーが逆行し、非正規化の波が起き、労働状況が悪化した。この事情が、日本の女性労働の位置づけをあいまいにした大きな要因である。

5　労働による包摂の限界

このタイミング、女性が自立をめざそうとした時期に、自立できる仕事が減っていったということが、本章の最初に示した日本の若年女性の矛盾した意識状況を解読する鍵だと考える。

つまり、労働状況が悪化するので、家族依存モデルを残さざるを得なくなる。若年男性の経済力は低下する。平均すれば非正規化が進み、平均収入が落ちていくが、正社員は守られるために、正社員になれた若者はとりあえず経済的に安定できる。つまり、労働によって包摂が可能な状況にある。これは、男性のほうが人数的は多いとはいえ、総合職女性の人数も増える。

しかし、総合職正社員などになり将来的にも経済的に自立することができる若年女性が増える一方で、逆に、不安定雇用で低収入の女性も増えていく。橋木俊詔がいうように「女女格差」も広がるのである（橘木 2008）。

後者の女性は、労働によって将来的に包摂が期待できないので、従来の「家族依存モデル」に依拠し、結婚し夫に経済を依存できる状態を望む。しかし、同時に、若年男性の労働状況も悪化して

図表１－３　未婚女性の結婚相手に望む年収と現実の未婚男性の年収の比較（2010年）

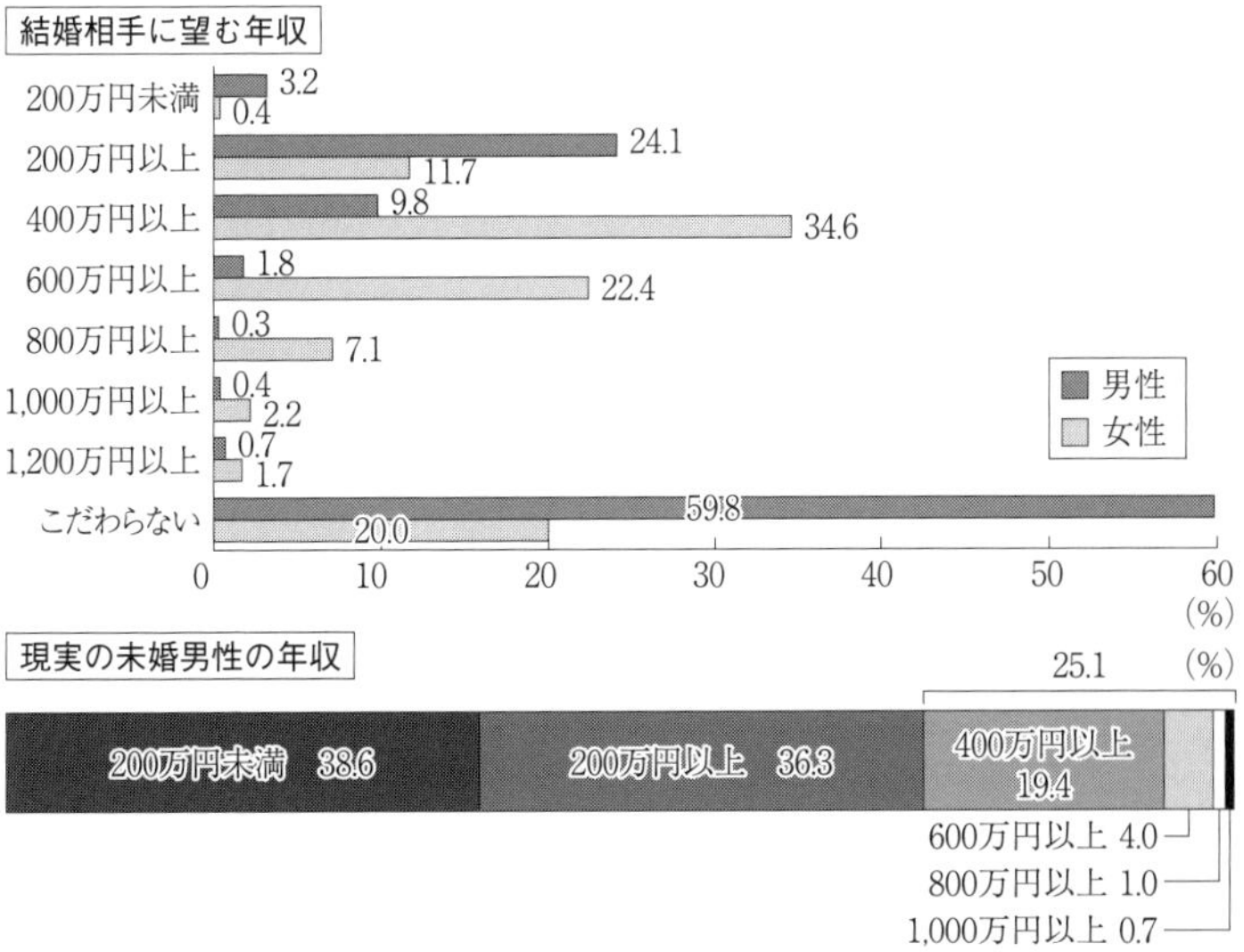

出典：明治安田生活福祉研究所「生活福祉研究」。データは2010年の「結婚に関する調査」
（全国ネット20～39歳，4120名の未婚者が回答）

いる。

私が加わって調査した未婚者対象のデータをみてみよう（明治安田生命生活福祉研究所二〇一〇年調査）。未婚女性の結婚相手に望む年収と、現実の未婚男性の年収を比較しみよう。多くの女性は、結婚相手の男性に年収四〇〇万、六〇〇万、八〇〇万以上の収入を望む。現実には未婚男性（二〇―三九歳）の四割近くは年収二〇〇万未満である。年収四〇〇万円以上稼ぐ未婚男性は四人に一人しかいない状況であるから、その全員が結婚すると仮定すると、年収四〇〇万以上の男性と結婚する確率も四分の一しかない（図表1-3）。

そして、雇用形態別にみても、未婚男性の正社員率は落ちていき、二〇一〇年では未婚男性の正社員率（二〇―三九歳）は、六割前後となっている（国立社会保障人口問題研究所『出生動向調査』より）。

では正社員はどういう働き方をしているかというと、週五〇時間以上働く長時間労働者が男性では四割以上いる。ここで注意したいのは、日本人の女性の長時間労働者も、先進国の中では多い点である。パートタイマーも多いので、平均すれば、それに薄められて世界的には低いほうになるかもしれない。実は女性でも五〇時間以上働く人も十数％おり、ドイツ、スウェーデン、アメリカの男性の長時間労働者よりも比率が高い。つまり、日本の労働システムが、専業主婦が家にいることを前提としているからなのだ。

6　家族による包摂の限界

未婚率が一九九〇年以降、急上昇している。まず、未婚化進展の背景には、未婚男性の経済力低下がある。妻子を養うに足る収入が得られない男性は、結婚相手として選ばれにくい。また、離婚も九〇年以降増大している。この背景にも、若年男性の経済力低下がある。夫の失業や事業失敗などにより、夫が妻子を養えなくなったので、離婚するというケースが増えているのではないかと推

図表1－4　家族類型別　30代の雇用状況

(%)

	家族類型	正規雇用	非正規	自営	無職
①	夫婦家族　男性世帯主	90.7	2.0	6.3	0.9
②	ひとり親　男性	66.7			33.3
③	両親同居　未婚男性	59.0	11.5	9.2	21.4
④	片親同居　未婚男性	58.3	9.7	8.4	23.5
⑤	男性単身者	79.7	8.9	5.9	5.5
⑥	夫婦家族　女性配偶者	15.8	26.3	3.7	53.6
⑦	ひとり親　女性	34.3	48.8	1.2	15.8
⑧	両親同居　未婚女性	50.2	23.7	2.7	22.2
⑨	片親同居　未婚女性	30.9	23.7	5.1	39.9
⑩	女性単身者	72.4	19.9	2.9	4.8

注：正規雇用には役員含む。非正規にはパート派遣その他の計，自営には家族従業者，内職も含む。無職には休職中も含む。
2009年，全国消費実態調査より　出典：山田，苫米地／総務省統計研修所報告会資料 2013年3月

察される。

家族依存モデルから排除される若年女性が増えていることになる。

三〇歳代の生活状況を家族形態別で集計したものをみてみよう（総務省統計研修所と苫米地伸・東京学芸大学准教授との共同研究）。「全国消費実態調査」を使ったものが**図表1－4**である（これは世帯抽出で、一部、再集計できないデータがあるが、状況の把握は可能である）。

まず就労状況をみていこう。男性は三〇代の場合、世帯主となっているものの大部分が、社員か自営業である。これは、逆に言えば、男性は正社員か自営業者でないと、結婚相手として選ばれにくい。男性で一番非正規率が高いのは、親同居世帯である（両親と同居や片親と同居の未婚男性）。この世帯に属する三

図表1－5　家族類型別　30代の家計状況

	家族類型	本人勤務先年収（万円）	世帯年収（万円）	本人月収（円）	世帯月収（円）
①	夫婦家族　男性世帯主	505	591	326,463	396,140
②	ひとり親　男性			216,974	275,138
③	両親同居　未婚男性	305	670		
④	片親同居　未婚男性	278	438		
⑤	男性単身者	430		267,674	
⑥	夫婦家族　女性配偶者	174	623	49,246	402,120
⑦	ひとり親　女性	197	241	130,580	169,269
⑧	両親同居　未婚女性	269	689		
⑨	片親同居　未婚女性	215	421		
⑩	女性単身者	347		245,497	

注：勤務先年収（万円）は勤務先がある人のみ，世帯月収は自営業は0として計算。
2009年，全国消費実態調査より　出所：山田，苫米地／総務省統計研修所報告会資料

〇代男性の無職率は二割に達している。しかし女性をみると、三〇代既婚女性の正社員率は一五・八％、非正規社員率二六・三％、無職が五三・六％となっている。大多数が正規雇用である男性世帯主に包摂されていると考えられる。男性以上に、三〇代女性で親と同居している未婚女性の雇用状況は悪い。片親同居の未婚女性の正社員率はわずか約三〇％、非正規が二三・七％、無職率が約四割となっている。

家計調査は、世帯主とその配偶者以外の個々人の年収や収入の比較が難しい。ただ、三〇代の家計状況（図表1－5）をみていくと、男性は結婚している人の平均収入が高く、勤務先の平均年収が五〇五万円となっている。単身男性でも約四三〇万円である。親と同居している未婚男性の収入は低い。一方、女性

で平均収入が最も高いのは、単身女性である。両親同居の未婚女性、片親同居の未婚女性、ひとり親世帯の女性は、就業率のわりに勤務先年収が少ない。

この結果から言えることは、男性と女性の直面する状況が異なっていることである。男性は、労働による包摂が決定的に重要である。女性に比べ、正社員になりやすく、そうなれば収入も相対的に高く、自立して生活すること、さらに、妻子を扶養して生活することが可能である。反対から見れば、労働によって包摂されなければ、経済生活に関して、将来の見通しがないことになる。現在、若年男性でさえも、非正規や無職で労働による包摂が難しい若者が増えている。そのため、貧困状態に転落するか、親に依存して生活している人々が増えていることが分かる。

一方、女性の場合は、一見、①労働による包摂、②夫（家族1）による包摂、③親（家族2）による包摂――という三つの選択肢があるように見える。正社員等になり、自立して生活ができる収入を確保してもよいし、収入が安定した男性と結婚して、その収入で包摂されながら生活してもよい。さらに、収入がある親に包摂されて生活していてもかまわないと。

しかし、現実には、どの選択肢を選んでも困難が待ち構えている。

つまり仕事に希望を見出そうとしても、若年女性の正規雇用に就く割合が減少している。たとえ、正規雇用に就いたとしても、子供を育てながらその長時間労働には相当の困難が伴う。非正規雇用が増大し、その収入では、自立した生活を成り立たすことは難しいし、雇用が不安定なため、将来にわたっての自立の見通しがない。さらに近年では、零細自営業や、いわゆる女性性を前面に出し

図表1－6　親と同居の壮年未婚者（35～44歳）数の推移
―全国（1980, 1985, 1990, 1995－2010年）

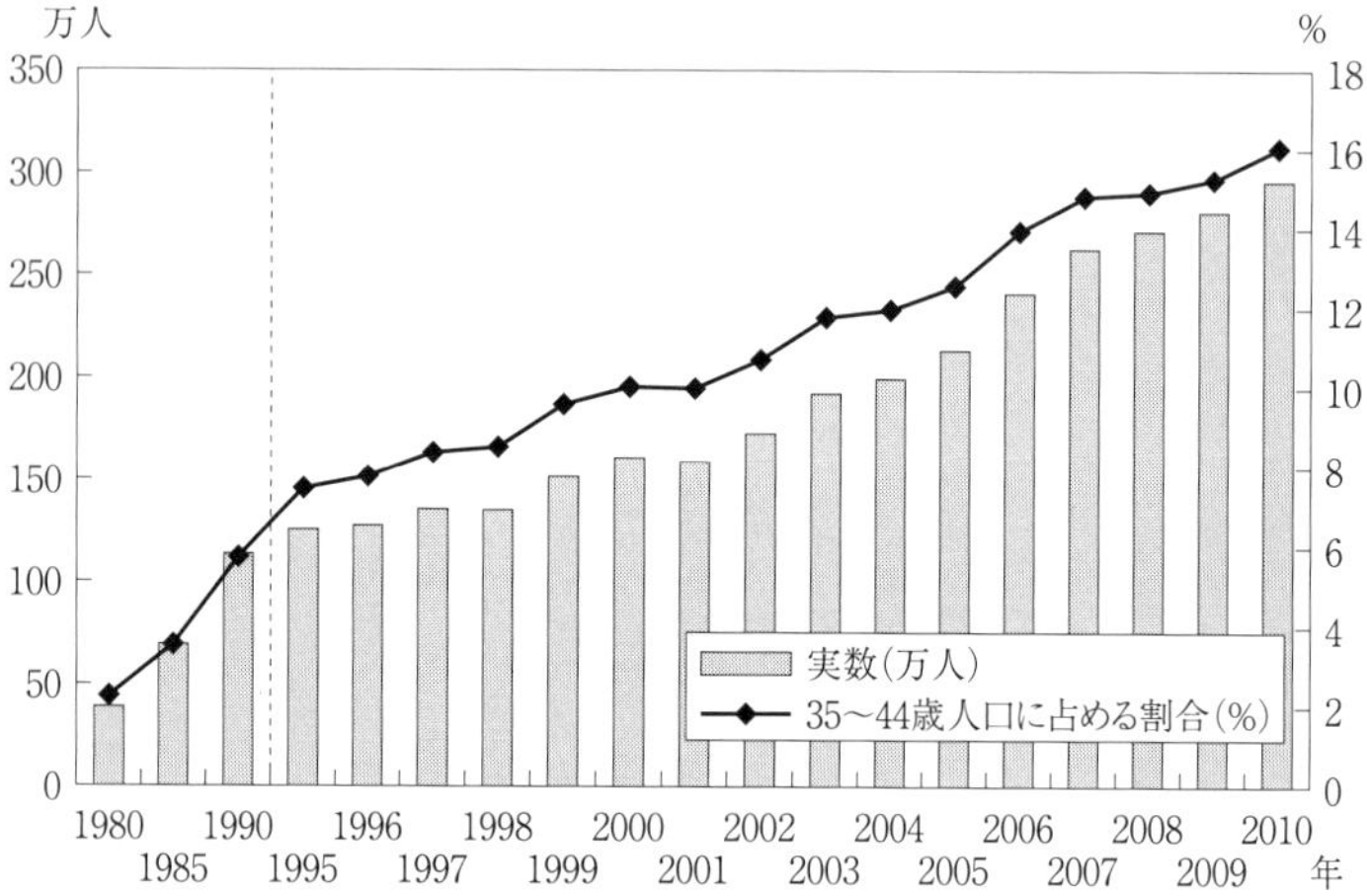

注：上図は各年とも9月の数値である。
　2012年には，305万人（統計研修所・西文彦研究官の分析）

たサービス業、旅館や飲食店、男性に対する性的サービスなどでの接客業等が低収入化しているとの指摘もある。

そして結婚して夫の労働に依存しようとしても、現実に安定収入の未婚男性が不足している。そして、夫の収入も不安定化しているため、結婚したとしても、一生生活が安定というわけにはいかなくなっている。

そして、親による包摂は、一時的であれば問題はないが、こちらにも困難が生じている。平均すれば、若年女性の親世代（五〇代前後）の所得は高く、持ち家など資産も十分である。しかし、近年は、親自体の生活が苦しいケース、そして、さまざまな事情で親に頼れないケースも出てきている。

また、現在親に包摂されていても、通常親は先に亡くなるので、親が亡くなった後の見通しがたたない。

図表1-6は、統計研修所の西文彦研究官が集計した壮年親同居未婚者（中年パラサイトシングル）数の集計である。二〇一二年には、親と同居する三五―四四歳の未婚者が三〇五万人にまで増加しており、彼らの失業率や非正規率は、自立している人に比べ高い。さらに、四五歳以上の親同居未婚者の増加も著しい。

7　貧困化している女性の希望と対策のつけ回し

つまり、若年女性にとって、一九九〇年代までの「家族依存モデル」の包摂先であった、結婚後の「家族1（夫）」が、若年男性の収入低下による未婚化、離婚の増加によって、そこに期待できなくなる女性が増大する。といって、「労働」による包摂を期待しようとしても、ニューエコノミーの影響によって、一部の女性は自立した職に就けるようになったが、その反面として、非正規労働が増え、自立する収入を得られない若年女性が増える。そして、最後の包摂先として残った「家族2（親）」が残り、低収入、未婚者、もしくは離別者、労働にも夫にも包摂されない女性の生活を支えている。しかし、それも、親世代の経済力低下で、親の包摂にも期待できない女性が増える。

さらに、現在、親に包摂されていたとしても、それは、持続可能ではない。「家族2（親）」の包摂力も弱っているのである。

そして、若年女性の包摂先である「労働」と「家族1（夫）」と「家族2（親）」は、各女性にとって独立に存在しているわけではない。親が裕福であれば教育投資によって娘がよい条件の職に就くことが可能であり、また、収入が高い夫に出会う機会が増えるだろう。一方、親に包摂力がなければ、自立できる職に就く機会が減り、そして、収入が安定した男性に出会う機会も減るだろう。つまり労働にも家族にも夫にも親にも恵まれている若年女性もいれば、全てが恵まれない女性もいる。

女性の場合は、男性以上に格差にレバレッジがかかる。女性は労働による格差に加えて、親による格差、夫による格差という三つの格差があって、この三つの格差は相互に関連している。その結果、「労働」、「家族1（夫）」、「家族2（親）」の全てから排除される若年女性が出現してくる。これが、若年貧困女性が出現するロジックなのだ。

社会政策的に言えば、この三つの包摂先から排除されている貧困女性が出現しており、さらに、現在包摂先がある若年女性にとっても、その包摂先がなくなる可能性に直面している。失業する、親が亡くなる、親の経済力自体が低下する、夫の収入が低下する、離婚するなどの可能性が高まっている。つまり、貧困女性予備軍も増えつつある。

若年女性の希望と社会政策上の対策が、この三つの包摂先につけ回しされていると考えている。

私が二〇〇〇年前後に非正規雇用の若年未婚女性を事例調査したときに、「将来は？」と聞くと、九〇％以上の女性は、「将来は収入が安定している男性と結婚したい」というように答えていた（山田 2004）。また、先ほど取り上げたルポルタージュで、シングルマザー、親に頼れない未婚者の中でいわゆる性風俗産業に就く人に将来を聞いた質問がある。すると、「こういうことをやっていても、誰かが私のことを好きになって、この状況から連れ出してくれるに違いない」という記述が多い（鈴木 2010など）。そこにしか希望が持てなくなっている状況があるが、若年男性自身の包摂力が低下している中、その希望が叶う人は少数派である（山田・白河 2013）。

政策的にも、「非正規なら、結婚したらいいだろう」、「親がいるからいいだろう」と言われ、さらに非正規雇用に対しては、「努力して正社員になればいいだろう」と、対策がつけ回されてしまう。つまり労働も家族、親や配偶者候補の男性の経済状況も悪化しているのに、すべての対策が中途半端のまま、放置されている。これが現状であるとすると、問題である。

労働、親の状況、配偶者候補の男性の状況、このすべてを考慮に入れた社会政策を展開することが、若年女性の貧困問題対策として、必要になっている。

文献

Bauman, Zigmunt（1998）*Work, Consumerism and the New Poor.*（伊藤茂訳（2008）『新しい貧困――労働・消費主義・ニュープア』青土社）

Beck, Urlich（1986）*Riskogesellschaft.*（東廉・伊藤美登里訳（1998）『危険社会――新しい近代への道』法政大学出版局）

Esping=Andersen G.（1999）*Social Foundation of Postindustrial Economies.*（渡辺雅男・渡辺景子訳（2000）『ポスト工業社会の社会的基礎――市場・福祉国家・家族の政治学』桜井書店）

Reich, Robert（2000）The Future of Success.（家篤訳（2002）『勝者の代償――ニューエコノミーの深淵と未来』東洋経済新報社）

中塚久美子（2012）『貧困のなかでおとなになる』かもがわ出版。

仁藤夢乃（2013）『難民高校生――絶望社会を生き抜く「私たち」のリアル』英治出版。

――（2014）『女子高生の裏社会――「関係性の貧困」に生きる少女たち』光文社。

荻上チキ（2012）『彼女たちの売春（ワリキリ）――社会からの斥力、出会い系の引力』扶桑社。

鈴木大介（2010）『出会い系のシングルマザーたち――欲望と貧困のはざまで』朝日新聞出版。

――（2014）『最貧困女子』幻冬舎。

橘木俊詔（2008）『女女格差』東洋経済新報社。

山田昌弘（2004）『希望格差社会――「負け組」の絶望感が日本を引き裂く』筑摩書房。

――（2006）『迷走する家族――戦後家族モデルの形成と解体』有斐閣。

――（2007）『少子社会日本――もうひとつの格差のゆくえ』岩波書店。

――（2009）『なぜ若者は保守化するのか――反転する現実と願望』東洋経済新報社（二〇一五年朝日文庫）。

――（2013）『なぜ日本は若者に冷酷なのか――そして下降移動社会が到来する』東洋経済新報社。

――（2014）『「家族」難民――生涯未婚率25%社会の衝撃』朝日新聞出版。

山田昌弘・白河桃子（2013）『「婚活」症候群』ディスカヴァー21。

第二章　見えにくい女性の貧困
――非正規問題とジェンダー

江原　由美子

1　「女性の貧困が見えない」？

本章は「女性の貧困」、特に「若年女性の貧困」という問題が、非常に見えにくい問題であるということを、いくつかの側面から明らかにすることを目的とする。

最初に、「見えにくい」という意味を、明確化しておくことにしよう。既に多くの指摘があるように、非正規労働者の貧困の問題が社会問題化するなかでも、「女性の貧困」特に「若年女性の貧困」という問題は、なかなか社会問題化されなかった（「ＮＨＫ「女性の貧困」取材班　2014, p.22等）。男性の賃金よりも女性の賃金の方が低いこと、他国に比較しても男女間賃金格差が大きいこと等は、よく知られていた。それにもかかわらず、非正規労働者の貧困の問題が社会問題化した時、問題にされたのは、女性ではなく男性の非正規労働者の問題としてであった。

ではどうしてそうなのか？　このことを考えるために、ごく一般的な非正規労働者問題を論じる論じ方を見てみよう。インターネットで非正規労働者問題を検索すると、以下のような指摘が多く見いだせる。「非正規労働者になっている人は、以前のように家計補助的な主婦パートだけでなく、家計の担い手が非正規で働くケースも目立つ」などの指摘である。このような把握では、「家計の担い手＝男性が、非正規労働者になっていること」が「新たに生じた新しい事態」＝「注目に値する問題」なのである。ここでは、主婦パート（＝既婚女性）が非正規労働者であることは、「従来からある事態」＝常態であって、「問題にする」に値しないということが、前提とされている。このような「問題」の受け止め方こそが、「非正規労働者の貧困」が社会問題化された時、それを「女性ではなく男性の問題」にしていったのである。

また、記事の中には、「女性の非正規労働者の増加では問題として取り上げられなかった『働いても生活できない』非正規労働者の問題が、男性の非正規労働者が増えたことで、社会問題になってきた」という指摘も多く存在する。つまり、「働いても生活できないこと」は、（男性であれば問題になるのに）女性では問題にならないと、考えられてきたのである。それゆえ「女性の非正規労働者の増加」は、問題として取り上げられなかったのである。

これらのことから言い得ることは、「女性の貧困化が見えない」ということの意味は、「見えていない」というよりもむしろ、「見えていても社会問題として取り挙げるには値しないと見なされている」という意味であるということである。「女性の非正規労働者が増えていること」や「働いても生活できない女性が増えている」ことは、見えていないのではない。そのことは十分見えているのだ。けれども、それは「社会問題に値しないと」判断された。「女性の貧困が見えない」という意味は、そういうことを意味しているのである。

ではなぜそうなるのか？　以下ではこのことを考察していくことにしよう。

2　社会問題化を阻むもの――「女性労働の家族依存モデル」

なぜ「女性が働いても生活できないこと」は社会問題として取り上げるに値しないと考えられてきたのだろうか？　当然ここには、日本社会が前提としている家族観やジェンダー観が強力に作用している。すなわち、「家計を維持するのは男性の役割、女性は家計維持の責任を負う必要はない」というジェンダー観・性別役割観である。この役割観があるからこそ、「家計の主な担い手である男性が非正規労働者になってしまう事態」は役割達成が果たせない状況として「問題」になり、「家計の主な担い手ではないはずの女性が非正規労働者になる事態」はそもそも家計維持責任がないのであるから「問題ではない」とされるのである。「男性の労働」は、家族の中の主要な家計の担い手（大黒柱）であるけれども、「女性の労働」は、家族の中の副次的働き手として位置づけられているにすぎない。つまり、女性の経済的状況（貧困かどうか）を直接規定するのは家計の担い手である「男性の労働」であり、女性自身の労働ではないと考えられているのである。

男性とは異なるこのような「女性の労働」の意味づけによって生まれる「女性自身の働き方モデル」を、山田は、「女性労働の家族依存モデル」と名付けている（山田 2013）。つまり「女性は家族によって経済的に包摂されている」という前提、「未婚女性だったら父親に包摂され、既婚女性だったら夫に、高齢女性だったら遺族年金か跡継ぎ息子に包摂されている」という前提で、社会保障や女性の労働のあり方を考えるモデルである。このモデルに基づけば、「女性労働」は、自らの労働で生活するために行う活動ではなく、せいぜい家計補助か本人の生き甲斐のために行う活動という位置づけが与えられることになる。このモデルに基づけば、「自分の賃金では生活できない非正規労働者の増加」は、「家族に包摂されていない男性労働者」さらには「家族が生活できるための家計の担い手であるべき男性労働者」の場合には、「大変な問題」であるが、「家族に経済的に包摂されている」はずであるから、「問題ではない」ことになる。このような女性労働の見方＝「女性労働の家族依存モデル」が強固に存在することが、「非正規労働者問題」を、男性の問題として成立させたことは、明らかであろう。

しかし、既にここまでの記述で明らかなごとく、「女性は家計の担い手ではない」という前提、あるいは山田の言うところの「女性労働の家族依存モデル」は、現実なのではなく、単に役割観やモデルであるに過ぎない。確かに「家計の担い手」が非正規労働者であるならば、「家計補助者」がそうであるよりも、生活の苦しさがより深刻になるだろうという推論は、妥当であろう。けれども、すべての男性が「家計の担い手」であるわけではなく、すべての女性が「家計補助者」であるわけではない。「家計の担い手」である女性も大勢いるし、逆もまた成り立つ。また当然のことながら、すべての女性が「未婚期は父親に、結婚したら夫に、高齢になったら遺族年金をもらうか跡取り息子に扶養されるか」して「自分の賃金で食べる必要がない」状態にあるわけでは決してない。

いやむしろ現代生じている事態は、そうした性別役割観やモデルとは全く逆に、「女性も自分で働いて生活を維持する方がよい」という女性の自立意識の高まりであり、さらには、こうした意識変化や世帯人員数の減少や未婚化等によって「家族に包摂されない女性」たちが急速に増加するという事態の進行であろう。こうした変化にもかかわらず、従来の性別役割観を前提にした女性労働観＝「女性労働の家族依存モデル」が強固に維持されていることが、「女性の貧困」を見えにくくしているのである。

3　二つの変化が生み出した「若年女性の貧困化」
――「若年女性の非正規労働者化」と「若年女性の有配偶率の低下」

では、現実の若年女性の状況はどうなのであろうか？　現在、若年女性はどのような経済的状況にあるのだろうか。若年女性のなかで「家族に扶養」されている人はどの程度おり、「自分の労働で生活しなければならない」人はどの程度いるのだろうか？「自分の労働で生活しなければならな

図表２－１　配偶関係，年齢（５歳階級），男女別15歳以上人口の割合－全国（平成２年，12年，22年）

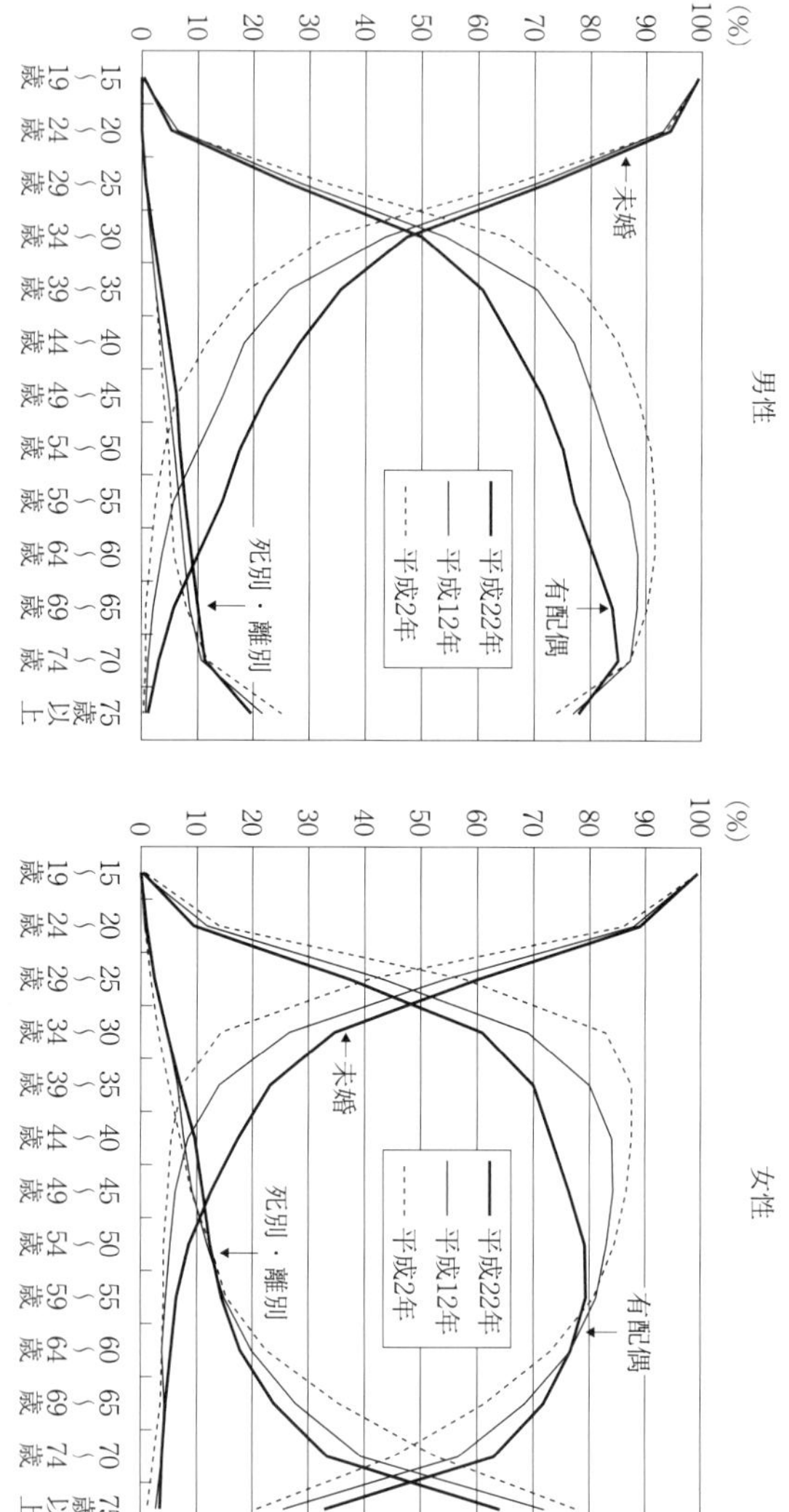

出典：国勢調査より

図表2－2　年齢階級別労働力率の配偶関係別内訳（男女別，2012年）

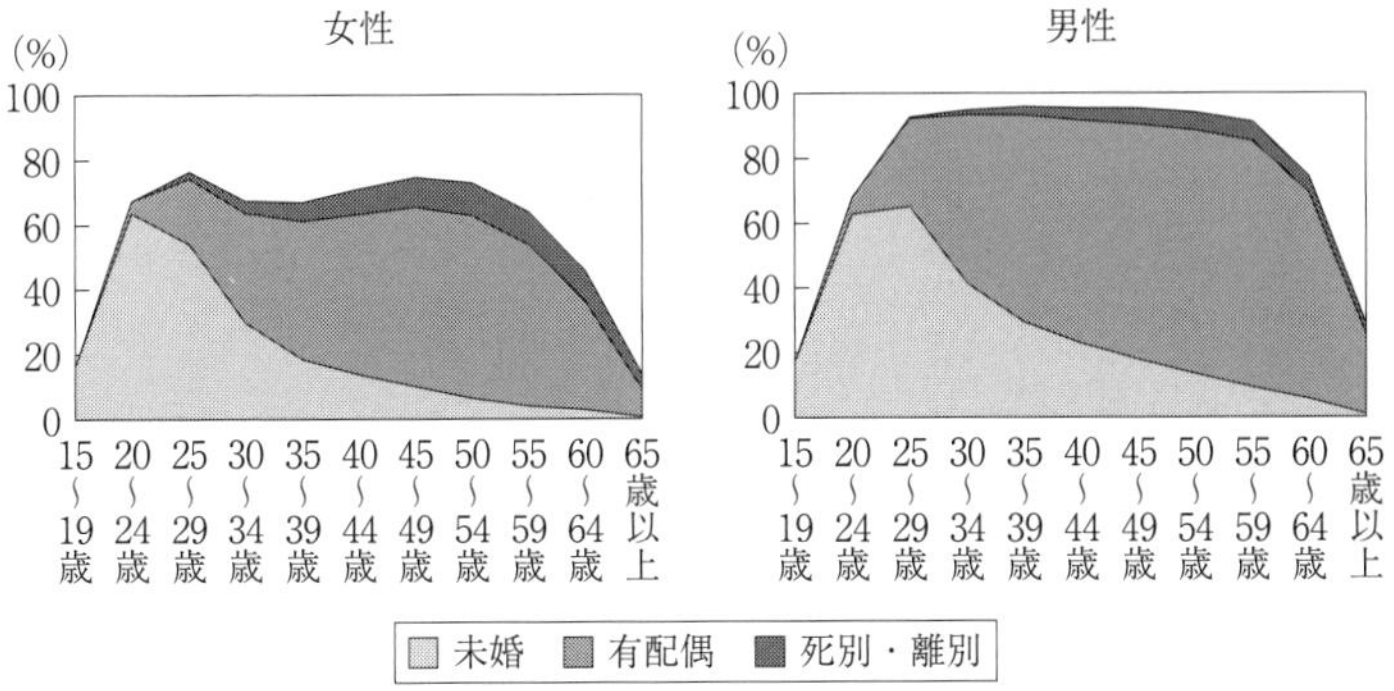

出典：総務省「労働力調査（基本集計）」(2012) より作成

い女性」のなかで、「働いても生活できない」人は、どの程度いるのだろうか？　このような人が増加しているのであれば、それこそまさに「若年女性の貧困化」を示すものと考えられよう。以下ではこのようなことに配慮しつつ、統計資料から女性の全体の状況を概観してみることにしよう。

まず**図表2－1**の年齢階級別配偶関係比率を見てみよう。このグラフは、各年齢層における、未婚・有配偶・離死別の割合のこの二〇年間の変化を示している。男女とも、各年齢層で未婚率が高くなっている。男性では高齢になるまで有配偶者が多いが、女性では七〇歳を超えると離死別の割合が、有配偶の比率よりも高くなっている。ここから、女性がシングルである期間は、若年期と高齢期に高いことが分かる。また近年では女性の三〇代・四〇代における未婚率も離死別比率も高くなっており、中年期の有配偶者比率が低くなっている。

このことは、**図表2－2**の年齢階級別労働力率の配偶関係別内訳からも見て取れる。三〇代〜四〇代の女性で働いている女性のなかには、有配偶者も多いが、未婚・離死別者も多く含まれている。

次に**図表2－3**の女性の配偶関係別年齢階層別就業率を見てみよう。有配偶女性の就業率は、出産・育児期である二〇代後半〜三〇代後半において、大きく低下するが、子育て終了後では女性全体の就業率とほぼ一致する。一九七五年から一九九五年、二〇一二年の変化で見ると、有配偶女性の就業率は著しく上昇しており、有配偶者の就業率が次第に女性全体の就業率に近づいていることが見て取れる。結婚しても働き続ける女性が増えているのである。

では働いている女性の経済的状況はどうなのであろうか？　年収から見てみよう。**図表2－4**は、給与所得者の性別年代別の平均年収である。図からわかるように、男女間の年収差は非常に大きい。男女間でもっとも年収差が大きいのは五〇代あたりである。四〇代から六〇代前半では、女性が男性の半分以下になっている。

次に、非正規雇用者比率の推移を見てみよう（**図表2－5**）。左側の折れ線グラフが女性の非正規労働者の比率、右側が男性である。男性も女性も左から右へとグラフが上がっており、非正規労働者比率が年々高くなっていることが分かる。男性と女性を比べると、女性はあらゆる年齢層で男性よりも非正規労働者比率が高い。男性は、「一五〜二四歳」と「六五歳以上」では非正規労働者比率が高いが、二五歳〜五四歳では二〇％以下なのに比較して、女性は近年では、やや低い「二五歳〜三四歳」年齢層でも三〇％以上であり、他のすべての年齢層では五〇％を超えている。

図表2－3　女性の配偶関係別労働力率

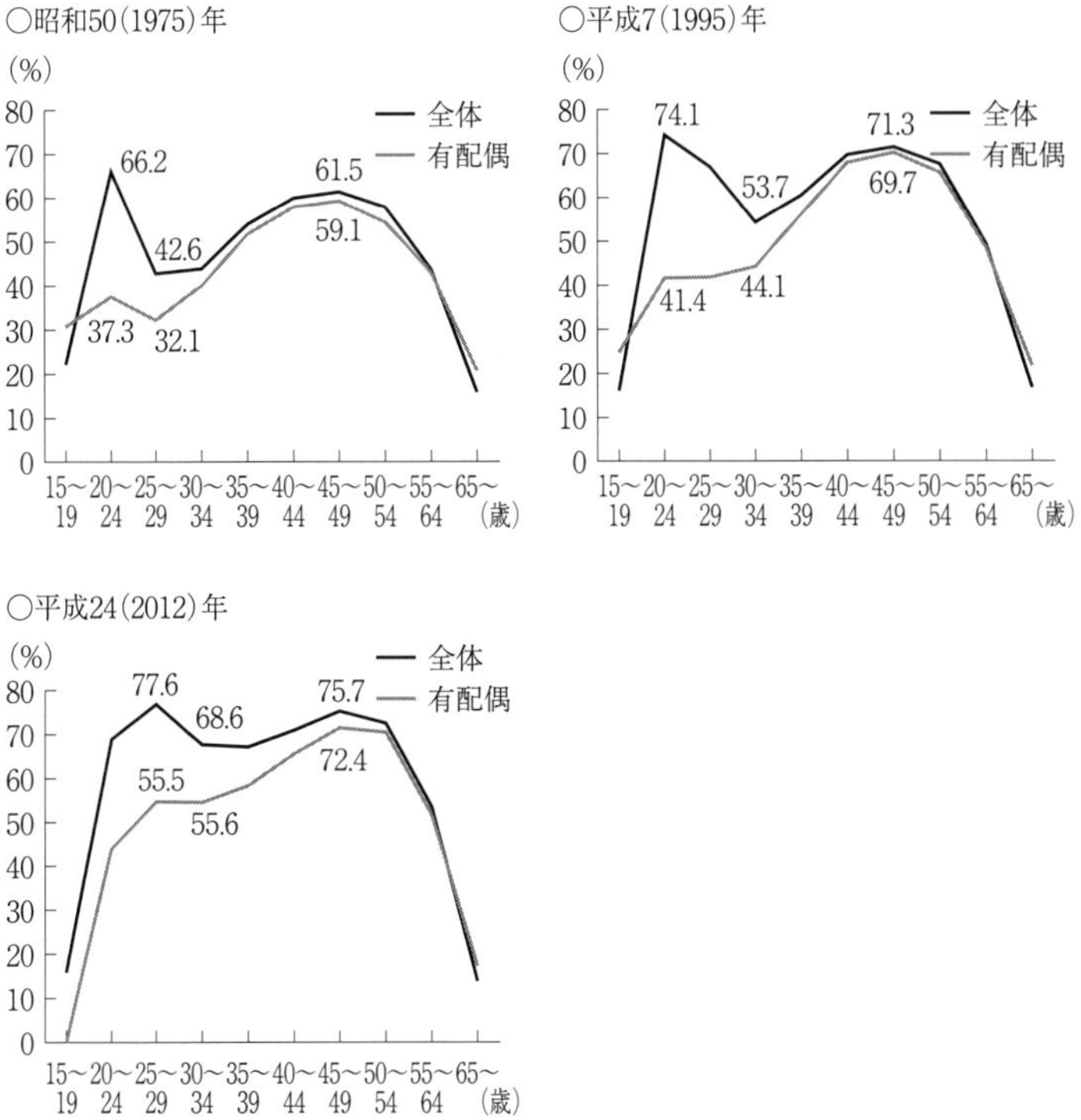

注：「労働力率」は，15歳以上人口に占める労働力人口（就業者＋完全失業者）の割合。
出典：総務省「労働力調査（基本集計）」より

図表２－４　性別年齢階層別年収

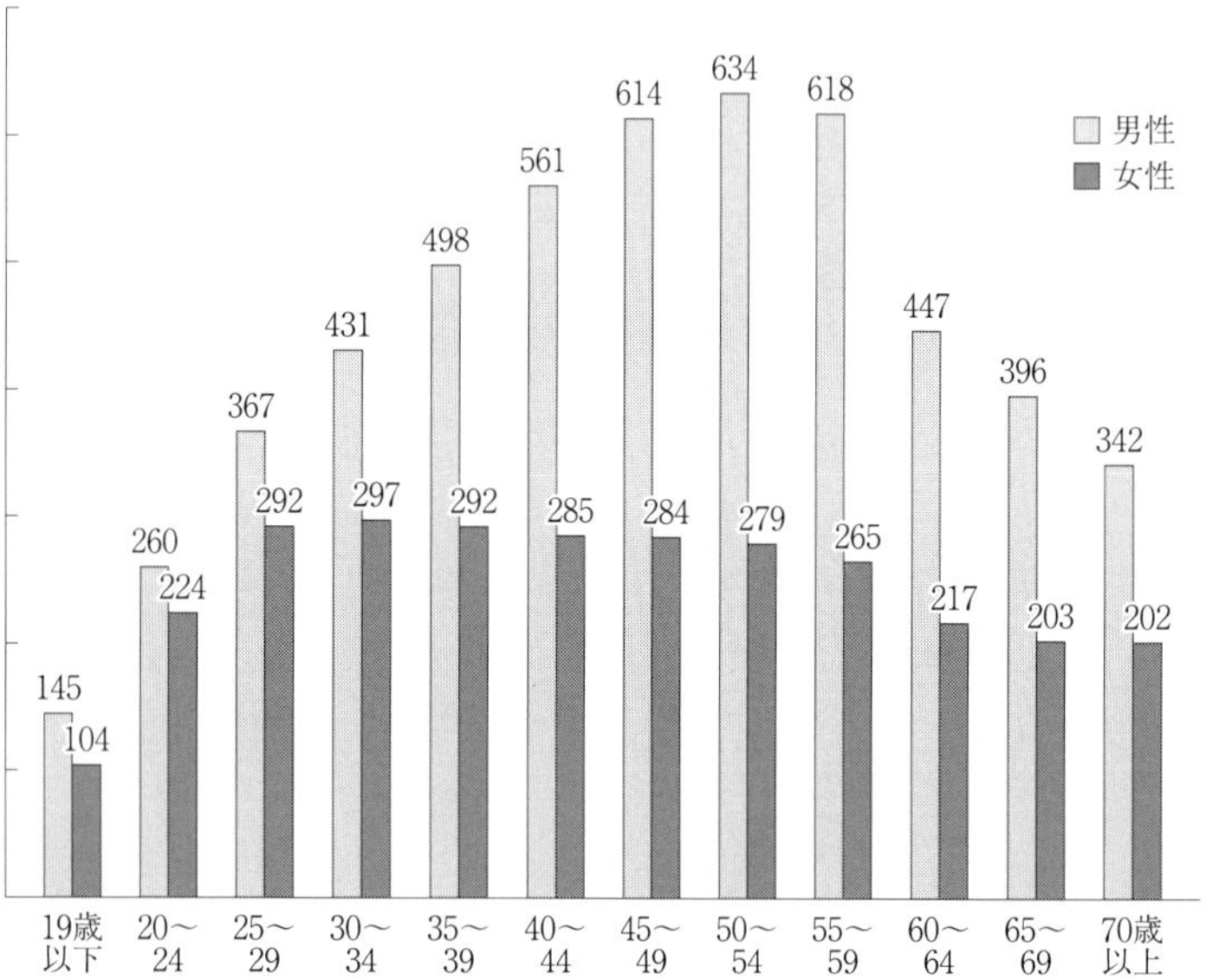

出典：国税庁「平成 24 年分　民間給与実態統計調査」（平成 25 年 9 月）
https://www.nta.go.jp/kohyo/tokei/kokuzeicho/minkan2012/pdf/001.pdf

図表2－5　性別年齢階層別非正規労働者比率の推移

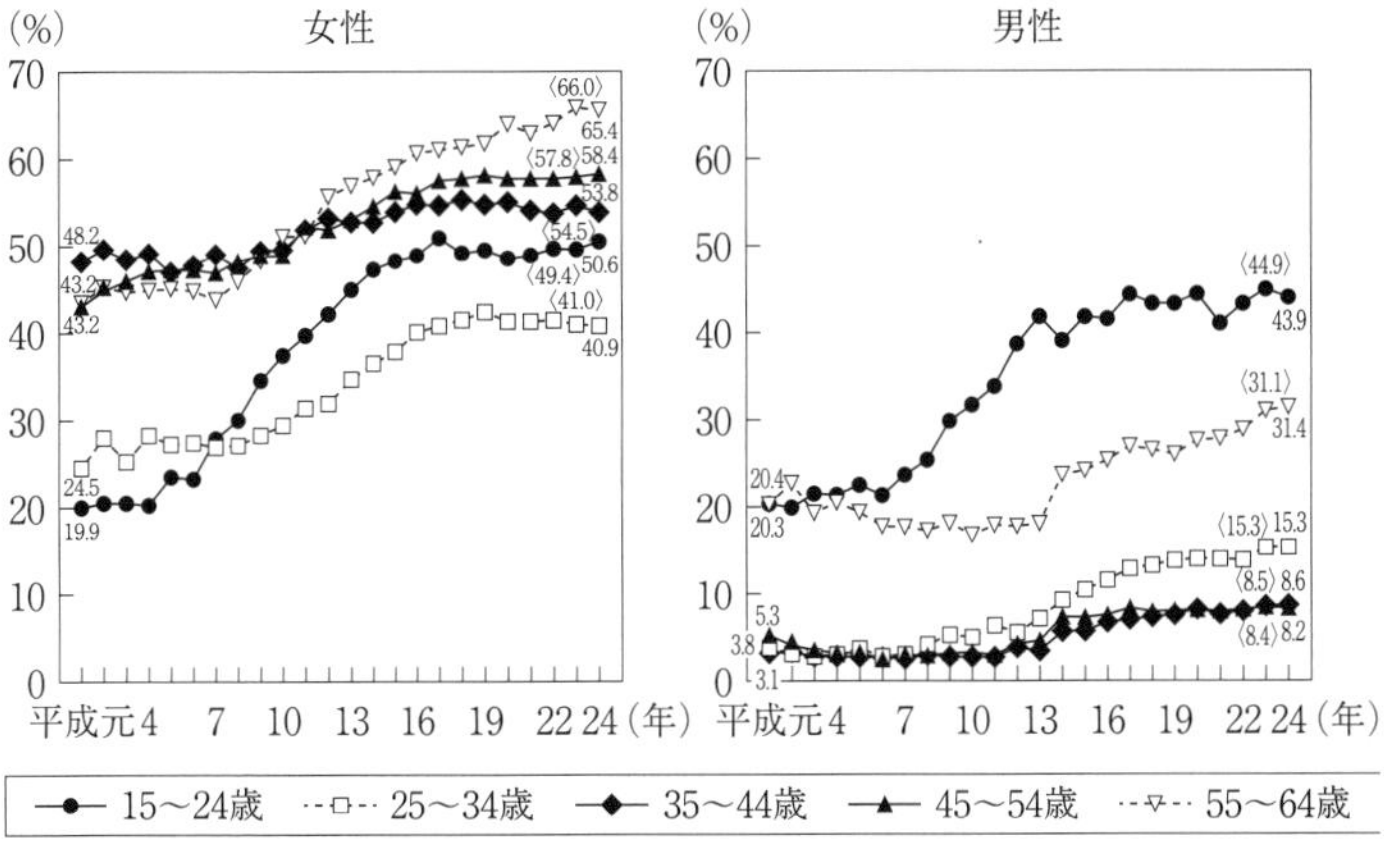

注：1. 総務省「労働力調査（詳細集計）」より。
　　2. 非正規雇用者の割合＝(非正規の職員・従業員)／(正規の職員・従業員＋非正規の職員・従業員)×100。
　　3. 平成13年以前は「労働力調査特別調査」の各年2月の数値，平成14年以降は「労働力調査（詳細集計）」の各年平均の数値により作成。「労働力調査特別調査」と「労働力調査（詳細集計）」とでは，調査方法，調査月等が相違することから，時系列比較には注意を要する。
　　4. 平成23年の〈　〉内の割合は，岩手県，宮城県及び福島県について総務省が補完的に推計した値を用いている。

出典：http://www.gender.go.jp/about_danjo/whitepaper/h25/zentai/html/zuhyo/zuhyo_img/zuhyo01-02-09.gif

図表２－６　正規労働者とパートタイム労働者の賃金格差

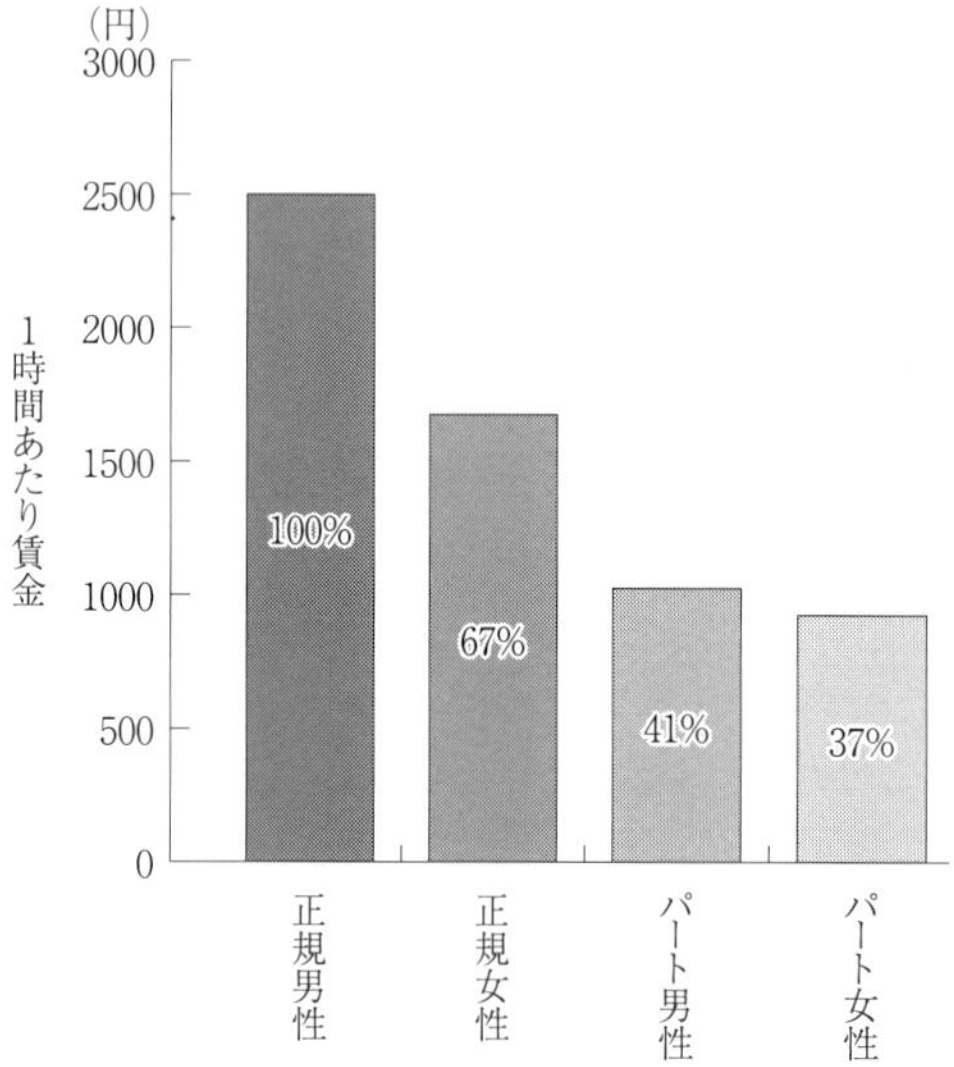

出典：厚生労働省「賃金構造基本統計調査報告」

図表２－６からわかるように、女性非正規労働者の賃金は男性正規労働者の三七％でしかない。非正規労働者比率が高いことは、経済的状況が厳しいことを意味するのである。

図表２－７は、男女別配偶関係別非正規比率である。男性の有配偶者は非正規比率が低く、女性の有配偶者は非正規比率が高い。この点では有配偶者における性別役割分業観に基づく働き方の選択と、整合的である。しかしここで注目するべきは、女性離死別者や女性未婚者も、非正規労働者比率が非常に高いことである。配偶者によって扶養されてはいない女性のなかにも、非正規労働者が多いと言い得る。

図表2－7　男女別配偶関係別非正規労働者比率

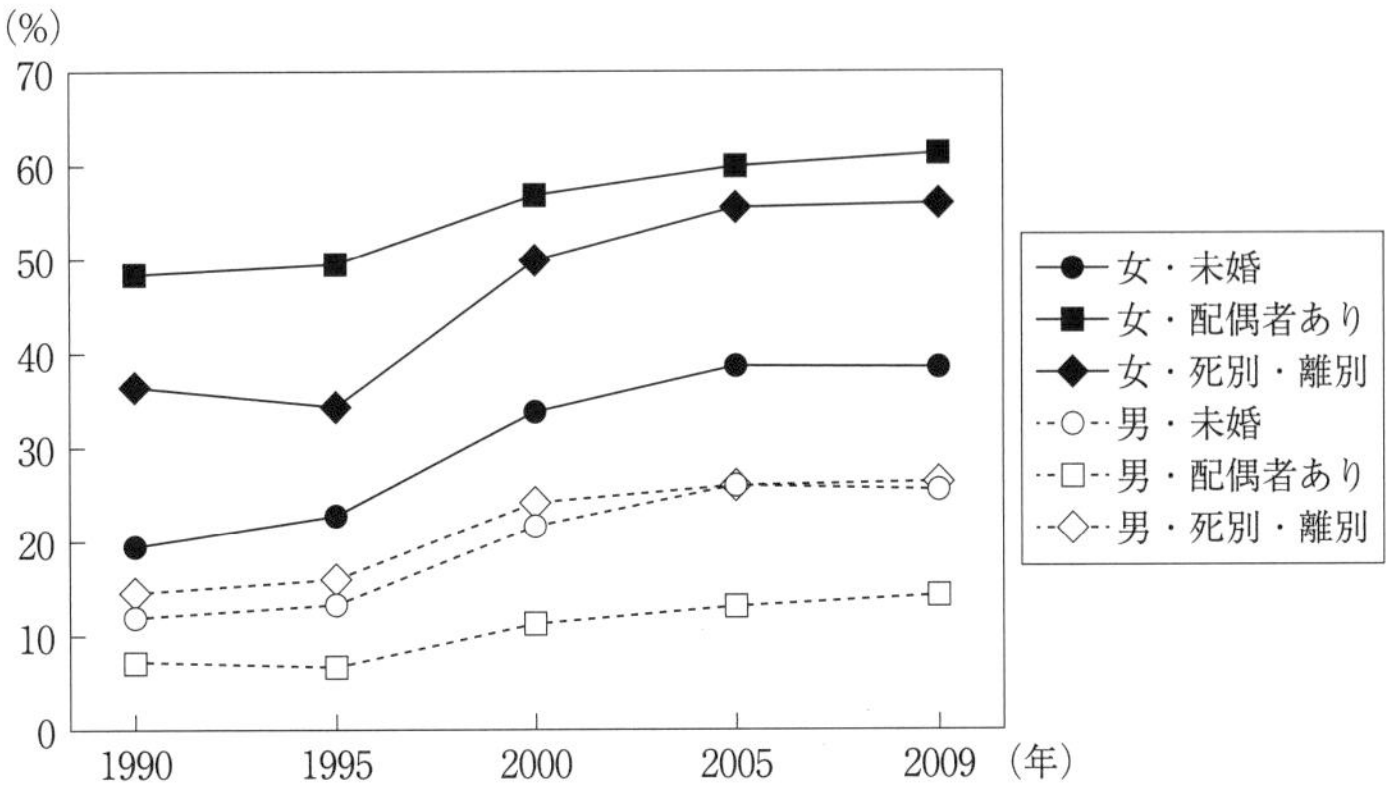

注：1. 総務省「労働力調査」より。
　2. 2001（平成13）年以前は「労働力調査特別調査」の各年2月の数値，2002（平成14）年以降は「労働力調査詳細集計」の各年平均の数値により作成。「労働力調査特別調査」と「労働力調査詳細集計」とでは，調査方法，調査月などが相違することから，時系列比較には注意を要する。
　3. 非農林業の雇用者（役員を除く）に占める比率。非正規職員・従業員には，パート・アルバイト，労働者派遣事業所の派遣社員，契約社員・嘱託，その他を含む。
　4. 65歳以上を含む全年齢。

図表2－8の男女別・年齢階級別相対的貧困率を見ていくと、ほとんどすべての年齢層で、女性のほうが男性より貧困率が高いことが分かる。

　最後に、年代別・世帯類型別相対的貧困率を見ると（**図表2－9**）、女性の貧困率が高いのは、高い順に、母子世帯、高齢単身世帯（六五歳以上）、単身世帯（二〇歳～六四歳）となっている。またあらゆる世帯類型で、女性の貧困率の方が、男性よりも高い。

　以上のデータから、若年女性の状況の変化を概観してみよう。

先述したように、かつてパート

図表2－8　男女別年齢階級別相対的貧困率

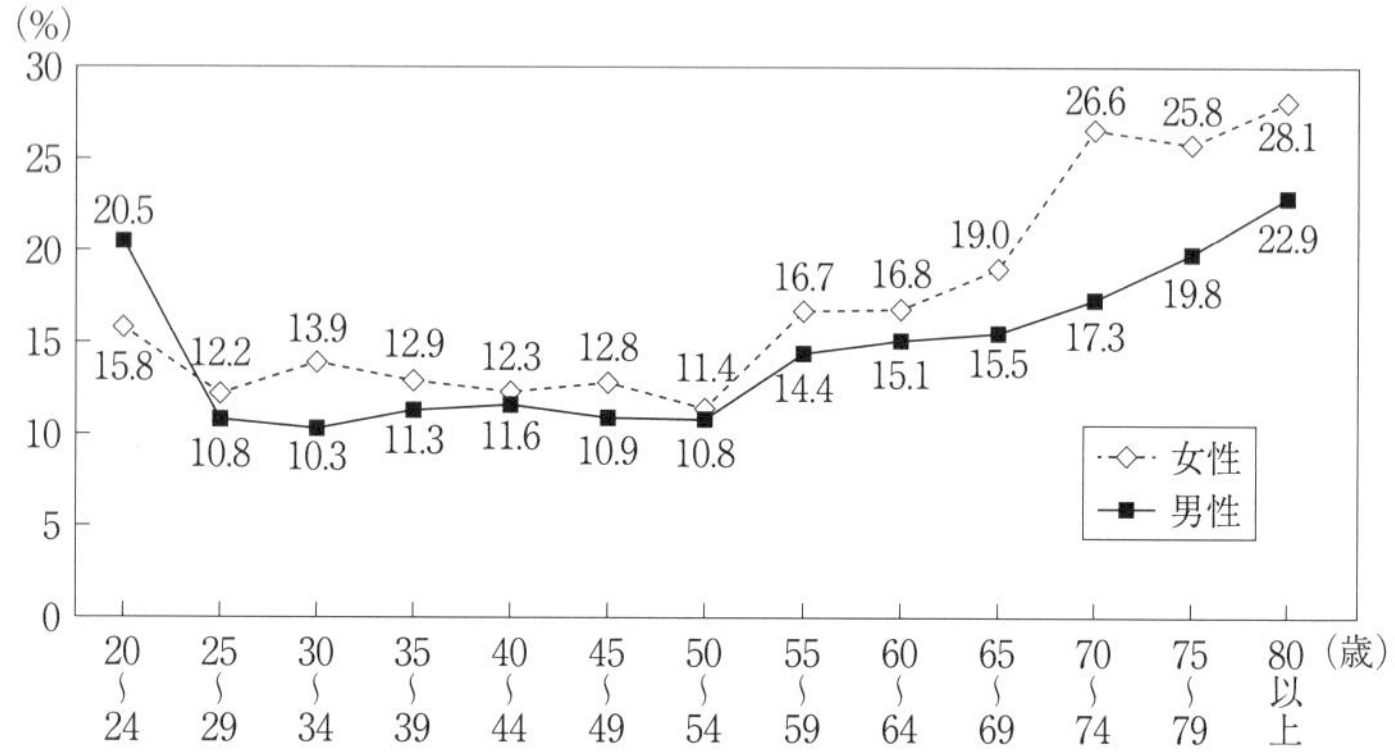

注：厚生労働省「国民生活基礎調査」（平成19年）を基に，内閣府男女共同参画局「生活困難を抱える男女に関する検討会」阿部彩委員の特別集計より作成。
出典：http://www.gender.go.jp/whitepaper/h22/gaiyou/html/honpen/img/zu_23.gif

などの非正規労働は、主に既婚主婦の働き方だった。しかし一九九〇年代以降、若年層にも急速に広がってきている。女性では、「二五歳〜三四歳」の年齢層だけがやや非正規労働者比率が低く、その年齢層でも四〇％を超えている。かつて「夫に扶養されている主婦」向けの働き方だった「パート」等の非正規労働は、若年層を含めたすべての年齢層の女性の働き方に転換している。またよく知られているように、非正規労働から正規労働への転換も、どの年齢層においても男性よりも困難である。確かに「主婦パート」は、日本型雇用慣行における「女性労働の家族依存モデル」に基づいて形成されてきた。しかし現在の女性非正規労働者は、夫に扶養されている主婦だけが就業しているのではない。一九九〇年代

図表2－9　年代別世帯類型別相対的貧困率

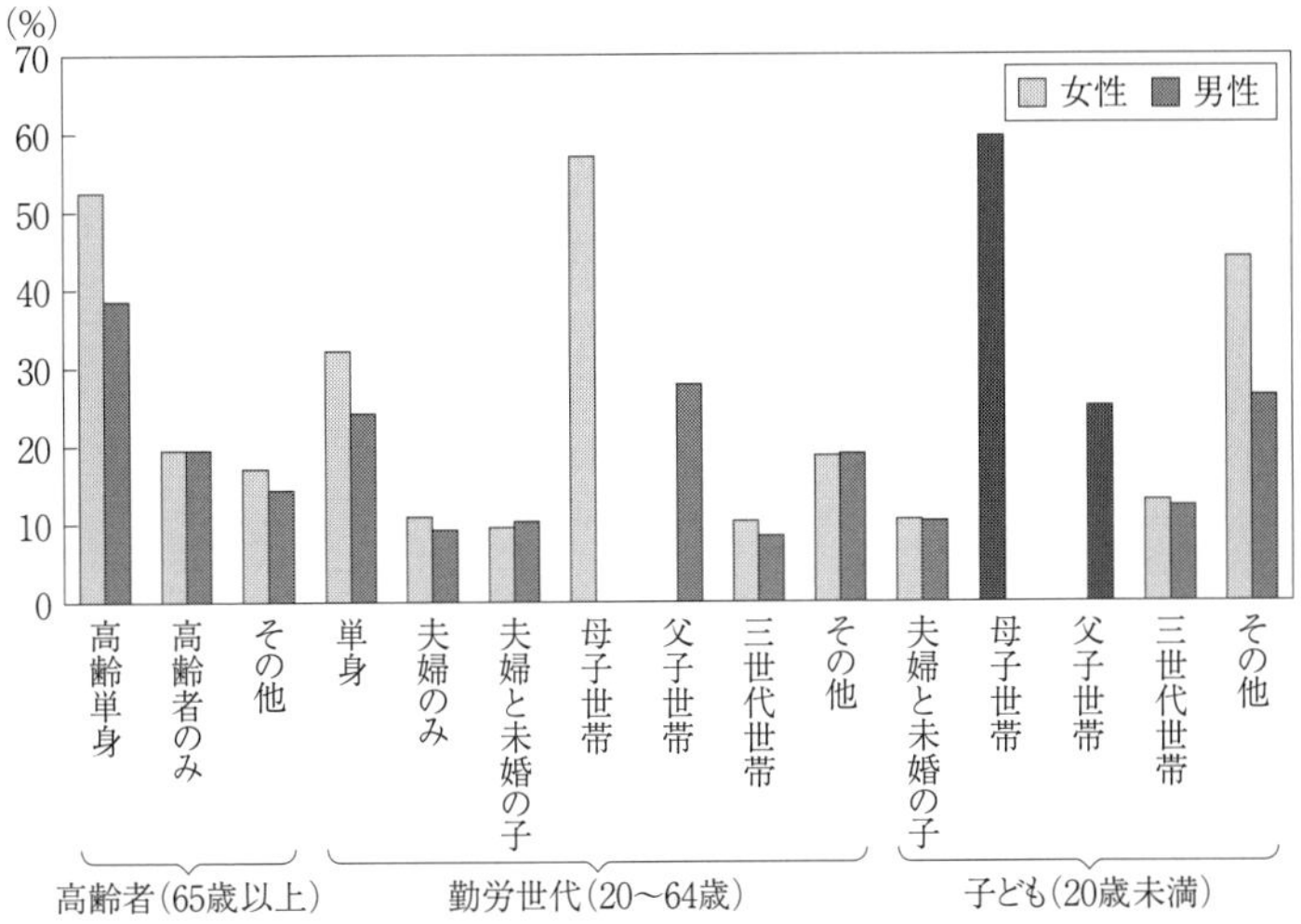

注：1．厚生労働省「国民生活基礎調査」（平成19年）を基に，内閣府男女共同参画局（「生活困難を抱える男女に関する検討会」阿部彩委員の特別集計より作成。
2．父子世帯は客体が少ないため，数値の使用には注意を要する。
3．母子世帯，父子世帯の子ども（20歳未満）は男女別ではなく，男女合計値。
4．高齢者のみ世帯とは，単身高齢者世帯を除く高齢者のみで構成される世帯。

出典：http://www.gender.go.jp/whitepaper/h23/zentai/html/zuhyo/zuhyo_img/zuhyo01-03-09.gif

不況期において新卒労働市場は大きく減少し、正規の職に就職できなかった若者が、非正規労働に就くようになった。二五歳〜三四歳の非正規労働者比率は、男性一八％、女性四〇％と、若い世代でも、非常に高くなっているのだ。

　他方、男女とも未婚率が急上昇し、生涯未婚率も高くなった。年齢階層別配偶関係からわかるように、二五歳〜四四歳の女性の有配偶者比率は、明確に低下している。かつて「一定の年齢になればほとんどの女性は結婚し家庭に入る」と考えられていたが、現在では未婚化が進行し、離死別も増加することによって、「夫がいない」＝「夫によって扶養されない」女性が増加している。「夫に扶養されている既婚主婦向け」のパート労働に、現在では非常に多くの「扶養してくれる夫を持たない」女性たちが就かざるを得なくなっている。この結果、若年の未婚女性や離死別女性が困窮せざるを得ない状況が生まれたのである。

しかし、未婚女性や若年離死別女性であれば、親から経済的に援助されているはずではないのか？「女性労働の家族依存モデル」は、若年未婚期においては、「（父）親による扶養」を前提としていたはずである。若年男性の非正規労働者問題が社会問題化された時、若者の貧困化がどうして見えないのかということが問題視された。そこで言われたのは、「若者は親の庇護下にあるから、見えないのだ」と言われた。二〇代・三〇代未婚者の親との同居率は七割であり、たとえ若者が低賃金でも、「家族が若者に対する責任を果たすべき」であるのだから、彼らの状況を貧困として見るべきではないと。女性の場合も同じように考えられてきた。未婚女性の多くは家族と同居しており（およそ八割の未婚女性は家族と同居）、まず家族が女性に対する責任を果たすべきだという社会規範から考えると、たとえ低収入であっても、貧困であるとは言えないと考えられがちだった。女性の高齢単身者の場合は、ひとり暮らしになる可能性が高いので、若年女性に比較すると、「女性の貧困」はより見えやすい。けれども若年女性の場合は、年収が低くても、親元にいるのだから大丈夫と考えられて、見過ごされがちになってしまうのだ。

けれども、これまでの調査から分かってきていることは、家族と同居していることは必ずしも「家族によって支えられている」ことを意味するわけではないということである。親が未婚女性を経済的に援助することは、未婚化の進行による親の高齢化やひとり親家庭の増加によって、次第に困難になってきている。確かに女性未婚者は、家族との同居比率が男性よりもやや高い。しかもそのうち九割は、親との同居である。しかし同居する親が経済的に豊かであるとは限らない。二〇代未婚女性が同居する親の二割近くはひとり親であり、離婚の増加と共に、この比率は高くなっている。ひとり親家庭の八割以上は母子家庭なので、その場合親自体が経済的に困難を抱えている場合が多い。しかもひとり親と同居する未婚女性の比率は、三〇代後半で三割以上、四〇代前半では四割以上と、年齢が高まると急速に増加する。未婚女性が親と同居していると言っても、「親元でぬくぬくと扶養されている」というよりも、むしろ「ひとりになってしまった母親を置いて別居することはできない」状態の女性も多いのである。近年では壮年期未婚者の親許同居率が急上昇しているが、そうした多くの男女未婚者は、介護の不安を感じている。つまり、親との同居は、親に扶養されていること、今後も扶養され続けられることを、意味しないのだ。女性の未婚率の上昇は、生涯未婚率の上昇をも帰結する。その時、「働いても生活できない」暮らしをしてきた女性たちが、貧困に陥る確率は非常に高いと考えられる。

4 「女性労働の家族依存モデル」と「女性の経済的自立モデル」

ここまで、「女性の貧困」特に「若年女性の貧困」が、なぜ「見えにくい」のかということを、「女性労働の家族依存モデル」を前提に考察してきた。繰り返せば、女性は、「自分の労働で生活する必要はなく家族によって扶養されるはずである」ことが、前提とされてきた。それゆえ女性の非正規労働者が増加し、その多くが働いても生活できない低賃金状態にあることが明らかになっても、そのことは「問題」とはみなされなかった。実際には、若年女性の有配偶率は低下し、ひとり親家庭の増大や親の高齢化によって親の援助に頼ることが困難な女性も増加したにもかかわらず、女性労働へのこのような視線が強固に維持されたことが、「若年女性の貧困」を見えなくしてきたと考えられる。

しかし、「若年女性の貧困化」がなかなか社会問題化されなかったことを、単に「女性労働の家族依存モデル」の存在だけで説明してよいのだろうか？「女性労働の家族依存モデル」がすべての女性にあてはまるわけではないことは、前節でみたとおり、すぐにわかることである。また「女性労働の家族依存モデル」が前提としている「女性は自分の労働で生活する必要がない」という性別役割観・ジェンダー観は、近年では、「女性の自立」を阻む考え方であると批判されるようになってきている。そのことは、社会政策の意識啓発においても繰り返し取り上げられている。そもそも、

「女性の経済的自立」は、一九世紀以来女性解放の主要な目標であったのだ。そうだとすれば、「女性の経済的自立」を求める立場から、「若年女性の貧困化」を社会問題化できてもよかったはずである。なぜそうならなかったのであろうか?

本章ではこのことを明らかにするために、「社会問題の構築」という社会学の枠組を採用することにする。この枠組では、「社会問題は一般に、客観的事象から直ちに社会問題として認識されるのではなく、その客観的事象を問題として申し立てる言説実践によって、社会問題になる」と考える。そのような言説実践を「クレーム申し立て」という。すなわち、社会問題は、「クレーム申し立て」によって構築されると、考えるのである（キッセ&スペクター 1990）。

この枠組を採用すると、「女性労働の家族依存モデル」が「若年女性の貧困化」の社会問題化を抑制したことは、以下のように言いかえることができる。「非正規労働者の賃金が低いこと」や「若年を含めて女性の非正規労働者比率が高いこと」は客観的事象としてよく知られていた。しかし「女性労働の家族依存モデル」に基づくならば、それは「若年女性の貧困化」という「クレーム申し立て」を生み出さなかった、それゆえ、「若年女性の貧困化」は社会問題化されなかったと。

同じように、「女性の経済的自立」という前提に立つ場合を考えてみよう。ここで、さまざまな「クレーム申し立て」において、「女性の経済的自立」という価値観を前提として使用する場合、この価値観を、「女性の経済的自立モデル」と呼ぶことにしよう。先述したように、「女性労働の家族依存モデル」ではなく「女性の経済的自立モデル」に基づく性別役割観や家族観は、近年非常に強く流布されていた。そうであるならば、この前提にたった「クレーム申し立て」がなされ、それが社会的に支持されて、「若年女性の貧困化」の「社会問題化」がなされてもよかったはずである。しかし、実際にはそうはならなかった。それはなぜなのだろうか。

以下では、「クレーム申し立て」という言説実践を行うためには、「問題」である現象を指摘するだけでなく、「クレーム申し立て」が前提としているモデルの妥当性の確保が不可欠だという論点を追加してみよう。前節でみたように、近年の「若年女性の貧困化」を引き起こした社会的要因は、概略的には「若年女性の非正規労働者化」と「若年女性の有配偶比率の低下」の二つからなるものとして把握できる。「女性労働の家族依存モデル」と「女性の経済的自立モデル」それぞれの立場から、この二つの社会的要因は、どのように位置づけられるだろうか?

まず「女性労働の家族依存モデル」を前提にした場合の「クレーム申し立て」を考えよう。このモデルを前提とする限り、何度も述べてきたように、「女性の非正規労働者比率の増大」はなんら「問題ではない」ことになる。二つの社会的要因の中で「問題」としてより認識されやすいのは、「若年女性の有配偶比率の低下」であろう。しかし、もし「若年女性の有配偶率の低下」を「問題化」するならば、それは「女性労働の家族依存モデル」が成立しにくくなっていることを明らかにしてしまうことにもなる。つまりモデルの妥当性に対する疑いを引き起こすような言説実践になるのである。もしそれを避けようとするならば、二つの選択肢しかない。つまり、「非正規労働者化」

だけでなく「有配偶率の低下」をも「問題」とはみなさない（つまり「若年女性の貧困化」の社会問題化という「クレーム申し立て」を行わない）か、あるいは「有配偶率の低下」という社会的要因をモデルの妥当性に疑問を呈さない形で行うか、である。モデルの妥当性に疑問を引き起こさないためにとられる戦略の一つが、社会的要因の「個人化」である。「有配偶率低下」という社会的要因の原因を、「個人の恣意的な選択」に基づくものと規定すれば、モデルの妥当性が問われないように「クレーム申し立て」を行うことも可能である。このことは、次節で論じることにしよう。

では、「女性の経済的自立モデル」を前提にした場合、「女性の有配偶比率の低下」と「女性の非正規労働者比率の増大」という二つの社会的要因は、どのように位置づけられるだろうか。この場合は、「女性労働の家族依存モデル」を前提とする場合とは逆に、「女性の有配偶比率の低下」はなんら「問題」ではないことになる。「結婚しない女性の増大」は、「男性に依存しない生き方をする女性の増大」として、むしろ肯定的に評価されるような変化と位置づけられるだろう。他方「若年女性の非正規労働者化」は、「女性の経済的自立モデル」を前提とすれば、まさに「問題」である。しかしこの「問題化」は、「女性の経済的自立モデル」の妥当性に対して疑義を生じさせる可能性も含んでいる。「女性の経済的自立モデル」という前提自体が、現代社会では実際には実現困難であり、多くの女性は「男性に経済的に依存せざるを得ない」という現実を認めざるを得ないからである。

むろん、「女性の経済的自立モデル」に立ち、「女性の非正規労働者化」を問題にし、女性が「自分の給料で食べる必要がないという前提」に基づいて低賃金で不安定な働き方を強いられてきたこと自体を批判することは、可能である。女性の労働条件を改善し非正規労働者の待遇改善や正規労働者比率の増大こそが求められるべきなのである。本章も、無論、この立場に立つ。

しかし、こうした改善は簡単には可能ではない。この困難さを強調すれば、それは「女性の経済的自立モデル」という前提自体が現代社会では実際にはなかなか実現困難であり、「多くの女性は男性に経済的に依存せざるを得ない」ことを認めざるを得ないことにもなる。それでも「女性の経済的自立モデル」を前提とする価値観を放棄しないのであれば、困難ではあってもあきらめずに「女性の経済的自立」を目指す女性たちを応援することになる。その場合、「現実には難しい」という認識は、応援のために抑制されがちになる。また経済的自立をめざす女性を応援することは、「個人のライフスタイル選択への評価」を含んでいる。「女性の経済的自立」を目指すことが前提である以上、「経済的に自立できない状態」に対して否定的に評価するのは当然であるが、そうした否定的評価は単に「状態」に対してだけではなく、「人」に対してもなされているかのような意味のずらしも、呼び寄せがちである。その時、「女性の経済的自立モデル」は、あたかも「経済的に自立できない非正規労働者女性」を、否定的に評価しているかのような主張に解釈されてしまうことになる。

つまり「女性の経済的自立モデル」は、「若年女性の非正規労働者化」を問題にする「クレーム申し立て」を行うことができるけれども、それは同時に「女性の経済的自立モデル」の現実的妥当性に疑念を生じさせるような主張として解釈される可能性を含んでおり、また「女性が経済的自立できない状態」に対する批判的言説は、「経済的自立をできない女性」自体が問題であるという解釈にずらされることで、「女性非正規労働者の側に立つ」のではなく、真逆の、あたかも「経済的に自立できない女性非正規労働者を責める」解釈をも引き寄せてしまうことにもなるのである。

まとめよう。「女性労働の家族依存モデル」も「女性の経済的自立モデル」も、近年の「若年女性の貧困化」を生み出した「若年女性の非正規労働者化」と「若年女性の有配偶率の低下」という二つの社会的要因のうち、そもそもそのいずれかしか「問題化」できない論理構造をもっていた。しかも、可能な一つを問題化した場合、それはモデルそのものの妥当性への疑問をも引き起こす可能性があった。ここから、「女性労働の家族依存モデル」も「女性の経済的自立モデル」も、近年の「若年女性の貧困化」を構成する二つの社会的要因を同時に「問題」として把握することができず、問題の深刻さに気付くことができなかった、あるいは問題の認識は十分に行えたとしても「クレーム申し立て」を有効に行うことができず、「若年女性の貧困化」の社会問題化を成功させることができなかったのではないかという推論が、可能である。

5　社会構造次元の性別役割分業批判に向けて

仮にこのような推論が成り立つとすれば、「若年女性の貧困化」が「社会問題化」されにくかったのは、女性労働の見方に、「女性労働の家族依存モデル」と「女性の経済的自立モデル」という、二つの対立する立場が存在したからだということもできよう。激しく対立する二つの立場がある場合、そのいずれの立場に基いて「クレーム申し立て」を行うとしても、常に他方の立場からの批判を予想しつつ論じることになり、「クレーム申し立て」が根拠にしている前提自体の不成立を示唆するような立論を、避けがちになると思われるからである。

ではなぜこの二つの立場が真っ向から対立している（ように思われている）のか。それは、この二つの立場が、「個人のライフスタイルの是非」「あるべき女性の生き方」に関わる問題だとされてきたからである。女性はどのように生きるのが良いのか、結婚後は家事育児に専念し職業や社会的活動は一定抑制するのが良い生き方なのか、それとも女性も男性と同様に職業その他の社会的活動に従事し続けるべきなのか、どのライフスタイルを選択するのが、良い生き方なのか。女性労働に対する二つの立場、「女性労働の家族依存モデル」と「女性の経済的自立モデル」という二つの立場の背景には、こうした「個人のライフスタイル選択」「女性のあるべき生き方」をめぐる立場の相違があり、こうした対立が、この二つの立場を非和解的にしてきたのである。

実際、「女性労働」をめぐる議論は、これまでしばしば、「個人のライフスタイル選択の是非」「女性のあるべき生き方」をめぐる議論になりがちであった。例えば、「若年女性の有配偶率低下」という変化要因は、「男性の非正規労働者化その他の要因による男性の扶養能力の低下」や「背景にあるグローバル化」等の社会構造的次元に結び付けられて論じられるだけでなく、「若年女性の未婚の選択」や「安易な離婚の選択」等、「ライフスタイル選択」次元の要因に結びつけられて論じられることが多かった。実際、ネット上などでは、「若年女性が貧困化しているのは、女性が結婚を先送りしたり、離婚したりしているせいだ。女性の経済的自立を主張する風潮に乗ってできもしない自立を求める女性が悪い」等の主張を行う議論が、大量に流通している。このような変化要因の原因を個人に求める議論は、いわゆる「自己責任論」を誘発し、問題の深刻さの認識を抑制してしまうのである。

このように、これまで、「女性労働の家族依存モデル」や「女性の経済的自立モデル」が前提としている「性別役割分業の是非」をめぐる議論は、「ライフスタイル選択の問題」ばかりに焦点が当てられすぎて論じられてきたように思う。あたかも女性が自由に選択できるかのように、「専業主婦でいることがいいのか、働き続けることがいいのか」という選択の問題こそが、「性別役割分業の是非」の問題であるかのように解釈されてきたのである。このような問題設定は、「社会構造次元」の問題を、「個人のライフスタイル選択」の問題として解釈させるものだったと言ってよいだろう。

しかし「若年女性の貧困化」をめぐる現状で見てきたように、「性別役割分業の是非」をめぐる議論で最も重要なことは、労働形態や労働評価等の「社会構造次元」に「女性労働の家族依存モデル」という形で、「性別役割分業」という社会通念が影響を与えており、働き方や労働条件を規定しているという点にこそある。言い換えれば、「性別役割分業」という社会通念は、既に個人の意識の問題を超えて、「短時間労働者を差別する雇用制度」を構造構成しているのである。この社会構造のもとでは、女性がどのようなライフスタイルを選択したとしても、生活困難に陥ることは避けられない。現代若年女性は、「家庭に入る」ことを選択しようが「働き続ける」ことを選択しようが、いずれの場合も、「貧困化」のリスクから逃れることはできないようになってしまったのである。「若年女性の貧困化」とはこのような問題なのだ。

つまり問題は、日本社会における非正規労働者の待遇が、「女性労働の家族依存モデル」を前提にしたものであること、このような性差別的な社会構造が成立していること自体にある。主婦パートについて「低賃金でも人格を踏みにじるようなものではない」という考え方があること、「仕事と家庭の両立を図るということだけで、安い賃金・低い待遇でいいのだと言わんばかりの労働条件がある」（中野 2006）ということ自体が、問題なのだ。非正規労働という雇用制度それ自体が、「性別役割分業」を前提とした構造構成として、成立しているのである。

けれども、非正規労働者をめぐる議論では、この点が見えにくくされ、非正規労働者問題が、性別役割分業問題やジェンダー問題と関連性がないかのような議論の仕方が持続してきた。あるいは逆に、性別役割分業やジェンダー問題に関連させて論じられる場合には、個人のライフスタイル選択次元の議論を含んでいるかのような解釈がなされがちであった。それゆえ、性別役割分業は、非正規労働の労働条件、短時間労働者差別構造を生み出すという社会構造次元の問題の認識が困難になっている。

このことは結果的に、若年男性、若年女性、パート主婦など多様な非正規労働者の連帯を困難にしている。ジェンダーが特定の性別や世代やライフスタイルに立つ人々の生活困難度を全く違うものであるかのように表象するからである。それゆえ、異なる性別・ライフスタイルの人々こそが問題であるかのように主張する議論を、誘発する。ジェンダーによって生み出されている社会問題が、ジェンダーが理由となって、共通の社会問題化を困難にしているのである。

必要なのは、性別役割分業の問題を、単に個人のライフスタイル選択次元の問題ではなく、非正規労働の労働条件を規定している社会構造次元の問題として、把握することである。ジェンダー次元で問題を把握するとは、労働者のなかの、特定の性別・世代・ライフスタイル等の人々の側に立つことを意味するのではなく、現在の非正規労働の労働条件を規定している根本的問題を、解明することである。性別役割分業が非正規労働者の貧困化問題を強化・正当化しているという認識が確立すれば、性別・世代・ライフスタイルを異にする非正規労働者の連帯も、可能になるのではなかろうか。

文献

ＮＨＫ「女性の貧困」取材班（2014）『女性たちの貧困――〝新たな連鎖〟の衝撃』、幻冬社。

中野麻美（2006）『労働ダンピング――雇用の多様化の果てに』、岩波新書。

山田昌弘（2013）「女性労働の家族依存モデルの限界」『ビジネス・レーバー・トレンド』二〇一三年

一〇月号、独立行政法人　労働政策研究・研修機構。

J・I・キツセ、M・B・スペクター（1990）／村上直之翻訳『社会問題の構築――ラベリング理論を越えて』マルジュ社。

第三章　ままならない女性・身体
――働くのが怖い、産むのが怖い、その内面へ

金井　淑子

1　問題への接近回路――言葉や兆候に聴く

「働くのが怖い！」、就職「氷河期世代」の若い女性側からのこの発言をめぐり、団塊世代女性と大激論が展開された場面がある。「均等法」もない時代から高卒で就職し頑張って道をつくり「退職時は女性で課長でした」と若い世代にエールを送る団塊世代（フェミニスト）に、「高学歴・フリーター・独女」を自称する栗田隆子さんが返した「働くのが怖い」の言葉が発端となった論争、これは、「働くこと」をめぐる世代間ギャップとして運動の場面でしばしば再現される対立構図となった。いまそれは、女性活用・登用のアベノミクス旋風の中、さらに少子化対策からは女性に産むことへのさまざまなプレッシャーがかけられる中で、氷河期世代の声は「働くのが怖い、産むのが

怖い」になっている。

本章のテーマの「ままならない女性・身体」とは、現在女性が直面するジレンマに満ちた状況が、近代社会の編成原理にかかわる「労働と産むことどとの間の根源的な矛盾」に起因するものであることに照準して、労働の場に登場した女性たちがどのような経験をしているかを考えていくことにある。格差社会化の進行する現在、この「ままならない女性・身体」にとって状況はさらに厳しさを増している。「育休切り」や「マタニティ・ハラスメント（マタハラ）」の言葉にもそれは明らかだろう（杉浦 2007）。じつはマタハラ問題こそ、女性が生殖以外の場面で力を発揮することへの男性中心社会の恐れの感情（ミソジニー）が、私たちの文化にいかに根深く潜在しているかを映し出すものであり、この現代社会に固有な女性の生きにくさや働きにくさ、産む身体と労働する身体とのジレンマに満ちた状況の背後にあるものではないか。現在女性の周辺での「うつ」やアディクション問題の多様な現われも、それと無関係ではないのではないか。「働くのが怖い、産むのが怖い」若い女性たちのこの内面に一歩でも深く接近するために、本章が中心的に考えようとしているのは、女性たちの周辺での「メンタル的諸兆候」の現れの問題にある。

そのためには女性の心身的な症状・兆候の中に何を聴き取るか、読み解くのかという関心からのアプローチが必要とされるのではないか。さらに女性の周辺にいきかうさまざまなキャッチーな記号化されたコトバやスキャンダラスな問題にさえも目を向けていくべきではないか。

この「言葉や兆候に聴く」という問題へのアプローチは、統計学的数字を背景とする社会学的リアリティのもう一つ奥に問題を抱える当事者への関わりの触手を延ばしていくことにより、当事者の抱える問題のリアリティにより深く近づこうとするものである。日々当事者と向き合う支援者が、「支援者として」の自らの準拠枠としてきたことの変更をも伴うような、当事者への接近とその関係性の取り方には何が問われているのか。このような問題意識のなかで、ナラティヴアプローチの拡張的理解として筆者が近年試行錯誤的に立ててきた手法である。ママカーストやバリキャリ、おひとりさま、女・女格差、等々、女性の周辺に次々と登場する記号化されたコトバやスキャンダラスな事象の中にいわば「女性主体の声の場」を求めるということでもある。

以下、前半は、そうした問題意識から私がこのかん格差社会と若者問題の主題に向き合ってきた中から、格差社会のジェンダー再配置を俯瞰的にとらえるために図示化を試みた数枚の図表に即して、論を進めることになる。「若者問題」のジェンダー非対称性の構図と、「女性の若者問題」の可視化を試み、今日の格差社会のひずみがもっとも惨い形で女性にしわ寄せされている現実を俯瞰的に描き出し、課題を摘記するものである。

後半では、いま社会的包括的支援に問われる、若年女性を対象とするよりきめ細やかな視点について、冒頭の（私自身を含む）団塊世代フェミニストが、現在の氷河期世代の若い女性に向けるまなざしについても厳しい自己参照的な批判的問いを向けることとなる。とりもなおさずそれは、ほとんど就労支援に特化した形で取り組まれてきた、それ故に男性を対象とするものでしかなかった現在までの若者自立支援策のあり方にも課題を投げかけるものでありたい。

2

「若者問題」のジェンダー非対称性——格差社会のジェンダー再配置

いま日本の戦後社会を特徴づけてきた日本型雇用慣行は、経済のグローバル化と格差社会化の進行の中で大きく崩れつつあり、女性を経済活性化の一翼として雇用・労働の場に押し出す圧力は増している。その意味で女性への「追い風」状況にある。しかしそれは、一部の高学歴キャリア志向の女性を上に押し上げる斥力としてははたらいても、女性総体の状況におよぶ追い風ではない。むしろ女性の働き方が「家族依存労働」を前提とする構造を、格差社会の労働編成の正規・非正規の雇用の分断に組み込んで再編・再配置する形をとっている。すなわち従来のM字型モデルのパートの低い時給がさらに切り下げられ「下方での競争」を強いられる中で、女性の非正規化の深刻化する現実が進む一方で、女性の高学歴専門職を経済戦力化する女性のマルチキャリアパス・モデル推進を新たな「新M字型」女性の働き方モデルとして国策的に誘導する動きであるからだ。こうして、日本的家父長制（結婚に包摂されることが女性にとってのセイフティネットであったしくみ）の負の部分が格差社会の中で一挙に女性にしわ寄せされる形で「問題」として見え始めている。何がそこに社会問題として浮上してきているのだろうか。以下に適記したい。

一つには、女性の貧困化である。労働にも結婚・家庭にも包摂されない女性の登場が「女性の貧困化」問題を加速化させている現実である。

二つには、女性内部の働き方や結婚相手やライフスタイルの選択による所得格差のヒエラルキーがもたらす、再生産格差の問題、すなわち子どもの養育・教育さらに老後生活などの格差が「子どもの貧困」の世代間連鎖と固定化という問題につながっていく問題である。

三つには、それらのことが「少子化問題」の解決を長引かせて人口構造のひずみを加速化させ、とくに女性の非正規化と貧困化による女性の無年金層の増加は、将来の生活保護予備軍を抱える次世代の福祉負担となるであろうことにある。

これらの問題が経済景気動向や人口動態さらに雇用・労働市場分析などによって数字的にも明らかになるに至ってようやく「女性の若者問題」への政策対応の関心が向けられ始め、若い女性たちへの自立支援のあり方が模索され始めている。しかしその自立支援策が、現代の若年女性の自立不全や生きがたさ感のもつれが内向化した女性のメンタルヘルス系問題の深刻な事態に届くものでないならば、実際の路上生活者として数字にはあがってこないものの、現在の「女性の貧困化」は「女性のホームレス化」としかいいようのない実態を見失うことになるであろう。

図表３－１は、現在のこの厳しい格差社会の中で起こっていること、見えてきている格差化の圧力やひずみ、問題の現われ方のジェンダー非対称性、また格差を男女軸のジェンダー間問題という視点だけではなく「同一ジェンダー内の格差化」も進行していることを可視化したものである。以下に、図から読みとりたい要点だけいくつか摘記したい。

まず「若者問題」の現われ方のジェンダー非対称性である。端的には、「引きこもり問題」の八

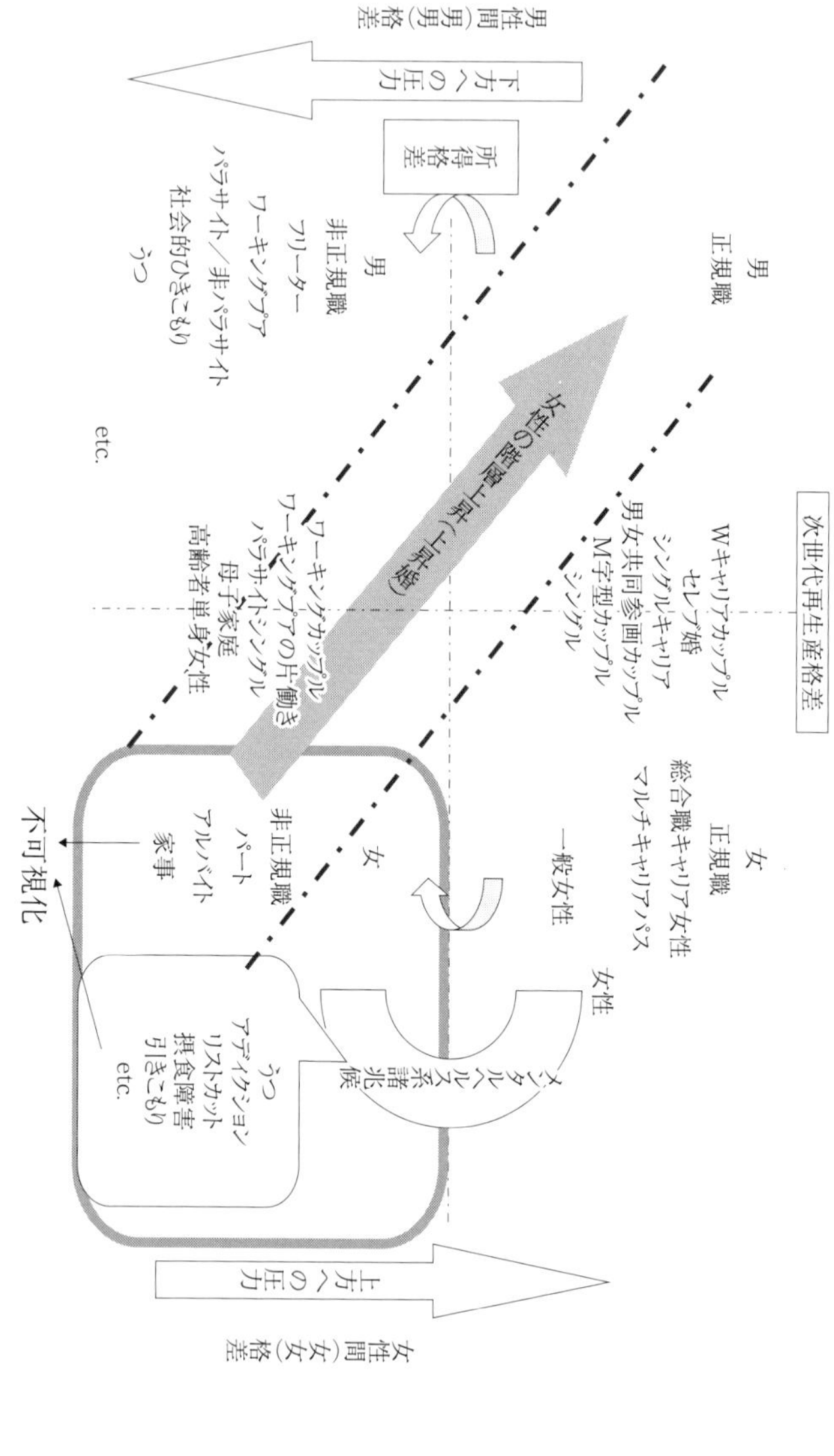

図表3－1　不可視化される女性の「若者問題」

割が男性であるのに対して、「メンタルヘルス系問題」の八割が女性であるともいわれることに示されるような、問題の非対称な構図がある。しかもこの「メンタルヘルス系問題の八割が女性」ということに焦点化してみれば、下層化された女性層からだけでなく、労働にも家庭にも包摂され、一見女性として勝ち組を生きているとも見える女性たちの中からのメンタルヘルス系問題群への参入も少なくない。仕事と子育ての両立不全感に悩む女性や、表向き「バリキャリ」として仕事一途に頑張る女性が秘かにメンタルクリニック通いをしているなどの、いわば上昇圧力で上に押し上げられ労働に過剰に包摂されている（巻き込まれている）女性層の自立不全の姿（重篤な摂食障害やリストカットなど生命の危機にも及びかねない問題）も含まれている。

次に図から見るべきは、現在の格差社会の圧力の働き方のジェンダー非対称性の問題である。現在の社会の格差化が、男性に対しては非正規職へと「下方へ排除する圧力」として、女性には社会的に活用・戦力化する「上方へ押し上げる圧力」として働いていることに特徴づけられる。このジェンダー関係の変化、すなわち男性の下方への排除の圧力が若年労働雇用の悪化を招き、正規職から非正規職への排除として進行している。この上昇圧力・下方圧力が及ぼす影響が、「女・女格差／男・男格差」という新たな格差構造を生み、ジェンダー再配置が生む格差社会化の複雑な構造とその背景がはっきりと浮かび上がる。

現在の格差化は、「女・女格差／男・男格差」による同一ジェンダー内の格差に、カップル関係が相乗されて、カップル間の所得格差のヒエラルキーを作っていること、さらにそれが次世代の再

図表3－2　アンダークラス化する若年女性・その下層部に

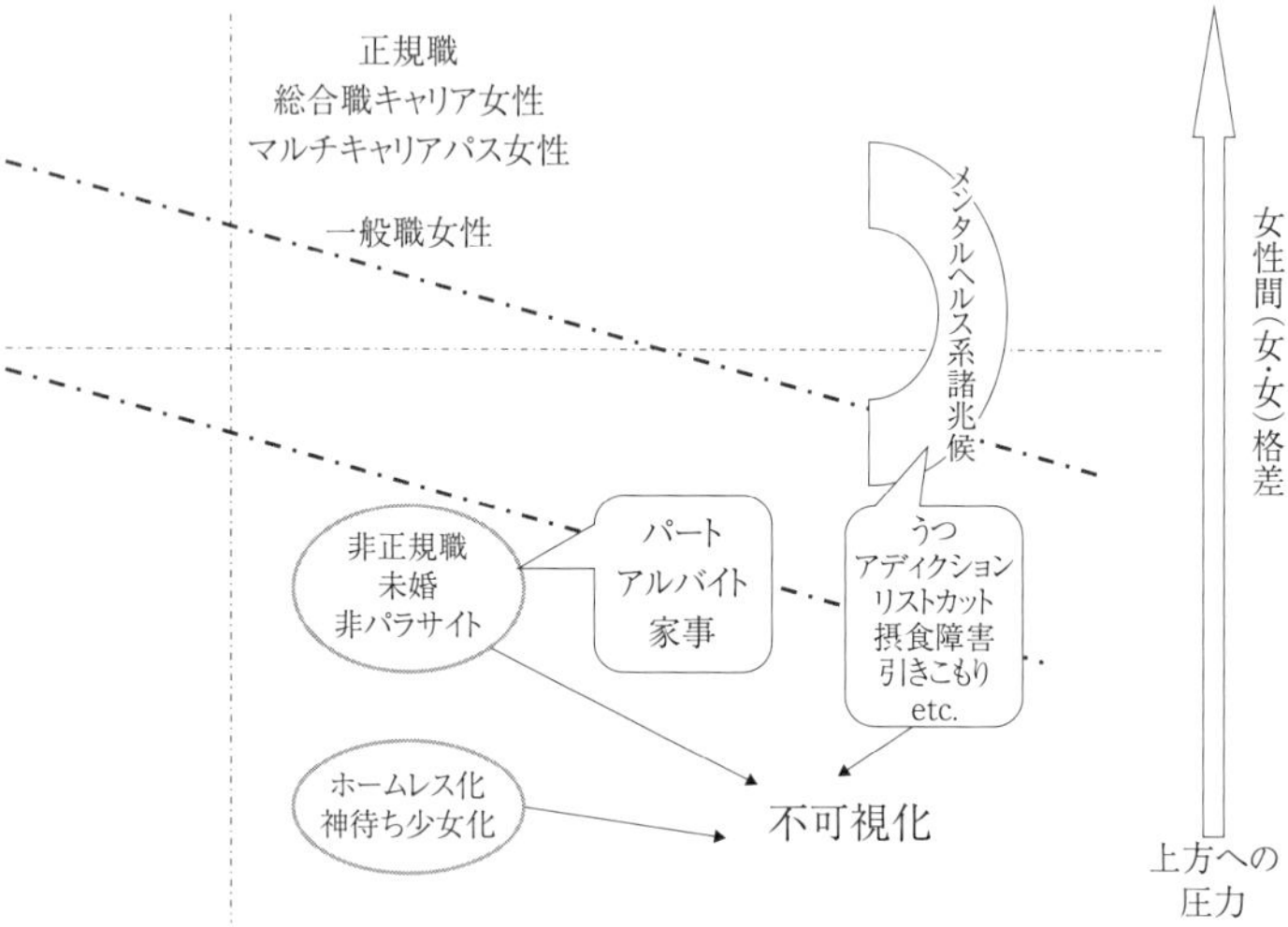

生産コストの格差化を導く形で格差社会が固定化されていく構図として進んでいる。実際、**図表3－1**の右上第Ⅰ象限の縦軸に見られるように、格差社会と女性の階層化に関わって、有職女性として正規職側に位置づけられる女性たちもまた、キャリア職かノンキャリアか、既婚かシングルか、既婚者の場合は夫の収入、子どもの有無などによって、階層化され（**図表3－3**）、この階層化はそのまま子どもの教育費や自らの老後の経済設計など、再生産格差の序列化につながっている。それは**図表3－1**の中心縦軸に示したとおりである。

他方でもう一つ、**図表3－1**で、日本の戦後社会の「女性の上昇婚」の左上方への傾斜を示した矢印の帯の向きが、いま格差社会化の中で急速に水平化しつつあることに留意したい。労働への参入において非正規職のパートやアルバイト的働き方でこの第Ⅳ象限に位置づけられている女性たちも、これまでは結婚によって自らの階層離脱を図ることができた。この「女性の上昇婚・格差婚」が「皆婚規範」とともにいまここにきて大きく崩れていることをうかがわせるものである。本来なら**図表3-1**のこの上昇婚の傾斜の変化を図に盛り込むべきであったかもしれない。図が煩瑣になることを恐れて割愛しているのだが、じつはこの「女性の上昇婚」の傾斜角度の変化にこそ、現在の女性の「労働と家庭からの排除」の問題を生み出している最大の要因をみることができよう。また現在のこの皆婚規範やジェンダー構造の変化の渦中にあって起こっているのは、上昇圧力で上に押し上げられた高学歴キャリア職女性層と、下方圧力で非正規職側に押し出された男性層、それぞれの「結婚難」、「結婚・家庭からの排除」の問題である。とくに後者の男性の問題は、その層の厚みからしてそのまま女性の結婚・家庭からの排除と連動する問題となっている。

以上、図から読み取れることを摘記すれば、「若者問題の現われ方のジェンダー非対称性」であり、「格差社会の圧力の働き方のジェンダー非対称性」であり、さらにそこから生まれる「女・女格差／男・男格差」であった。この女性内部の格差化から女性の所得格差が導かれ、「再生産格差の世代間連鎖とその固定化」が生まれることも読み取れた。そして「女性の格差婚・上昇婚の水平化」が確認されたのであった。

現在この次世代再生産格差のところで進んでいる日本社会の格差化は、これまでの日本社会の女性たちの経験とは違った形の働き方や子育ての困難をもたらしていることが予想される。子育ての場面に登場している「ママ友地獄」や「ママカースト化する社会」といった言葉にはそれが映し出されている。

いずれにしても、若い女性たちのメンタルヘルス系のさまざまな諸兆候、「うつ」やアディクション、リストカットや摂食障害、引きこもりなどの問題、また、「女・女格差」や上方への圧力のなかでの、働く女性も含めて問題が多層化、多様化していることが浮かび出ているであろう。私が女性の若者問題でメンタルヘルス系の問題にもっと光を当てるべきだと考えてきた一つの理由は、この上に押し上げられている女性たちのアイデンティティ・クライシスの問題への着目がある（**図表3－2**）。雇用機会均等法後、総合職で頑張ってきて仕事の上での自己実現感も収入も伴った生活をしているけれど、このまま行ったら女としては結婚や出産・子育てを断念しなければならないかもしれないという個人の内部での深い葛藤、降りられない不安が、この女性たちをメンタルヘルス系の問題に追いやっている現実もあろう。メンタルヘルス問題を抱えてクリニックに通いながら会社では総合職としての仕事をこなしているという姿や、女性のアルコール依存症などの問題がつとにクローズアップされてきていたからである。

その一方で、上に押し出される、押し上げられる女性の階層化という問題も座視するわけにはいかない。それを可視化しようとしたのが**図表3－3**になる。ばりばりキャリアで仕事をこなしている女性、おひとりさまでキャリア職、セレブ婚主婦（主婦といっても夫の収入や社会的階層が高偏差

図表3－3　格差社会と女性の階層化アッパークラス女性
降りられない不安，ママ友関係の憂鬱

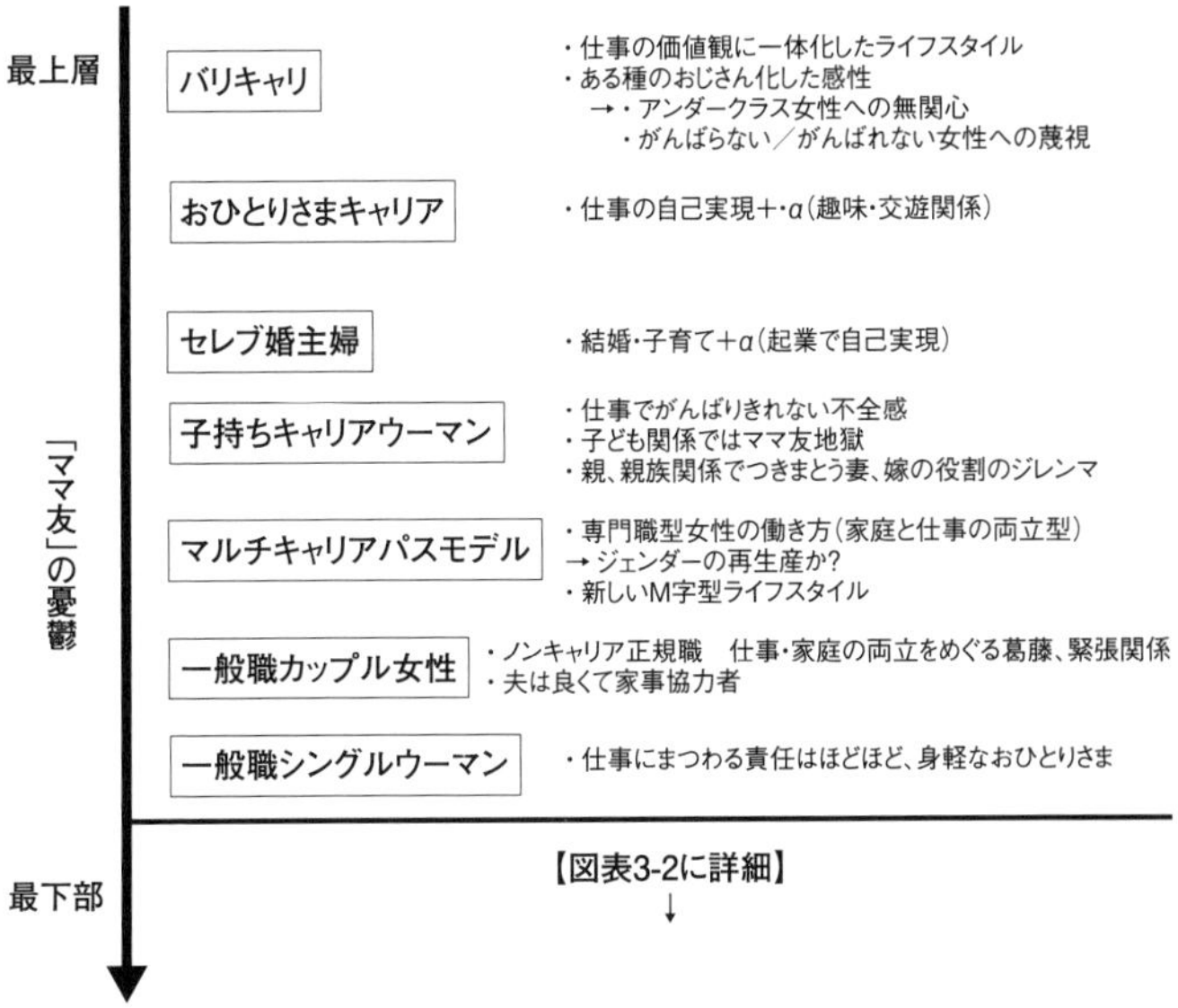

値婚、子育ても十分楽しみいずれ子どもの手が離れれば夫のサポートで自分の起業をすることも可能というような女性）も登場している。

子持ちキャリアウーマン、マルチキャリアパス・モデル女性などは、いま現在の日本社会が国策として進めている育成政策の対象となっている層である。さらに従来型の一般職で働く共働きカップル、一般職シングル女性など、働く女性内部もこれだけ格差化・序列化が進んでいることを可視化した図である。

さらにこの図が示すのは、どんなにばりばり仕事をしている女性でも、子供の幼稚園や保育園つながりでは「ママ友」という立場になる。「言葉や兆候に聴く」という本稿のアプローチからは、「ママカースト社会」の「ママ友地獄」を生きる女性たちの悩みもまた決して看過することはできない。格差社会の見えにくい排除やいじめの構造がこのような場面にも滑り込んでいるということ、「ママカーストの呪縛」は現代女性の新たな女性問題とみるべきなのではないかと考えるからだ。一見、労働にも家庭・結婚にも包摂されたまさに「勝ち組」とみられる女性たちの現実にもけっこう厳しいものがあるのだ。その意味で、『格付けしあう女たち』の著者白河桃子が伝える「女子カースト」の実態は、女性学やフェミニズムのメッセージがこの女性たちに届くためには、これまでの性差別や抑圧の捉え方の書き直しを迫る内容であると見なければならないであろう（白河 2013）。

3　「全身○活」時代、「氷河期世代」の生き難さ

いま日本社会は、格差化社会の進行と日本型福祉のセイフティネットとしての機能の弱体化の中で、「女性・身体の脆弱性」が全面的に露呈している。女性政策の場面には一九七五年以来の性差別撤廃条約に基づく「国連女性年」の四〇年にも及ぶ「女性の人権政策」の取り組みがあり、一九八五年の「男女雇用機会均等法」（以下「均等法」）の制定、さらに一九九九年世紀末には「男女共同参画社会推進基本法」（以下「基本法」）の策定にも至っている。それなのになぜに「女性・身体

の脆弱性」が全面的に露呈しているとされるような状況にあるのか。これらの法はなぜに格差社会に対抗する女性たちにとっての防波堤の役割を果たしえていないのか。

戦後七〇年のいま日本女性がどのような地点に立っているかについて、女性を取り巻く法制度的背景としてターニング・ポイントとなった「基本法」と「均等法」をめぐる問題について、日本社会の現在の女性の状況に照らして、この二つの法の意味を問いかえすべき地点にあるのではないか。ごく俯瞰的な確認をしておきたい。

現在、日本社会は、戦後五五年体制的な家族や労働の在り方から大きく離床しつつある。それを法で根拠づける「基本法」が、二一世紀への最後の世紀末にようやくにして――しかし本来「平等法」であるべき法の名称や目的が換骨奪胎された形であるのだが――ともかくも「基本法」は制定をみた。この「基本法の後」の労働や再生産の状況をどう見るかであるが、それについては、経済社会のグローバル化の進展に完全に「基本法」の取り組みが遅れをとっているとしか言いようのない現実にある。

アベノミクス旋風の女性活用や女性の戦力化の下で、女性の働き方やライフスタイルの多様化が推し進められたかに見えるものの、「基本法」の理念とするワークライフバランスや女性の登用促進がまさに現在の格差社会化の下で進む「女・女間格差」を補完する形で進んでいるからだ。さらにこの「女・女格差」が「次世代再生産格差の固定化」を生んでいる。経済活性化の要に位置づけられ労働力として女性を戦力化する動きと、少子化対策からは産む／産ませることへの圧力、この二つの相容れないダブルバインド的な攻勢を受けて、女性主体の内面は深いジレンマをため込んでいる。現代社会の女性をめぐる状況の閉塞感、女性全体に覆いかぶさる「圧迫感」となっているのではないか。

「基本法」に先行して日本社会の戦後的体制へのターニング・ポイントとなった一九八六年施行の「均等法」に遡及して、「均等法」から三〇年の女性の現在地点を省みれば、そこには「均等法」の女性にとっての「毒まんじゅう」の側面がはっきりと見えてきてしまったという現実がある（大内・竹信 2014）。少なくともバブルがはじける前までの日本社会は、八〇年代「女の時代」の風を受けた「元気印の女」たちの登場があり、その女性たちを母世代とする娘たち世代の前には、雇用均等法がスタート、総合職に夢を託して頑張る女性には青天井のキャリアの道も拓かれたという幻想が生きていた。一般職を選ぶ女性の前にも、生き方の自由度や選択肢が一定程度広がったかに見えた。

しかし周知のように、「均等法」は労働法における女子保護規定撤廃と主婦年金制度と同時に進められ、まさにこの三点セットの法制度改革が、日本型雇用の温存強化、女性の働き方の複線化、主婦パート的働き方の政策誘導による日本の戦後体制を再編強化し延命させることに寄与した元凶であることが次第に明らかになってきている。「均等法」から三〇年を経て数次にわたる均等法改定やワークライフ・バランス政策を通っても、経済の急速にグローバル化する世界のもたらす圧倒的な力が格差化社会を推し進め、均等法も基本法もその効果を女性登用の恩恵を受け得た「勝ち組」だけが上澄み的にさらったただけで、多くの女性は下方での競争を強いられた。さらにその下層部には福祉のセイフティネットの網の目からこぼれ落ち、その脆弱性を一身に晒している。

ところが親たち世代はと言えば、このような状況においてもなお、だからこそなのであろうが、自分の息子・娘たちが落ちこぼれることへの強い危機意識から、なんとしても「当たり前の就職・結婚」に滑り込ませようとやっきになっている。格差社会を生き抜くための自助努力の競争に駆り立てているというのだ。大学のキャリアサポートセンター（キャリセン）も一体となってというべきであろうが、若者を駆り立て追い込んでいる。いまや社会全体が、「就活・婚活」に加えて「保活」までの三点セットがすべてビジネス化される、まさに「全身〇活」時代の状況に人の生き方が丸ごと飲み込まれていく状況が現出している。このあたりの事情については、前出の大内・竹信（2014）が、「就活・婚活・保活」から見る社会論として、一連の「〇活」の根底には「正社員なら大丈夫」という幻想がまだ依然として根深くあり、終身雇用と年功序列を前提とする「男は仕事、女は家庭」という固定観念が息づいていることを鋭く析出している。

労働や結婚・家庭についての「団塊世代」と「氷河期世代」との間の深刻な「世代間断絶」ともいうべき問題がそこには映し出されている。子ども世代の現在の若者たちが肌身に感じている世間で言う「まともな仕事と結婚」に包摂されることの怖さ――それこそ「全身〇活」時代状況の丸ごと飲み込まれなければ手にしえないすさまじい競争を忌避しようとしている――その彼らの内面を読みそこない、さらに深く彼らを追い込むことになることを深く警告する発言となっている。親世代の我が子だけは負け犬になってほしくない思いからの娘や息子にかける親心、「まともな仕事」や「まともな結婚」への圧力が、それがいま新たな「若者問題」をつくっていることに気づくべきだと。じつに深く傾聴すべき指摘であろう。

4　「彼女たち」を見失わないために

重ねて留意したいのは、女性登用の数値目標だけが独り歩きして、男女共同参画推進の総合政策としての多様な施策展開から取り落とされてしまう問題を生んではならないということである。とりわけ、「女性の貧困化」問題が深刻さを増している現在、男女共同参画の女性政策に求められる課題はさらに厳しさを増している。女性登用でキャリア上昇を図る女性層の問題に対応しているだけでは、現在の、むしろ格差社会の底辺部に押しやられた女性たちの問題は見えなくされてしまうだろう。もはや格差問題はジェンダー差別としてだけではなく、同一ジェンダー内の「女・女格差」「男・男格差」を生み、格差は複雑化し、さらにそれが次世代に引き継がれ格差は固定化され再生産されていく。そうした中でいま格差と貧困の問題が若年女性に大きくしわ寄せされているという この深刻な現実に、「基本法」を担保として、「女性・身体の労働と産むこととの間の根源的な矛盾」を真に調停しうる思想や理念、さらに制度を作っていくかが問われている。「女性問題」は格差社会と切っても切り離せない問題として露呈している。その際たる問題こそ、女性の貧困とセイフティネットの問題であろう。

行政対応の場面で、「生活保護」を求めて福祉の窓口に相談にいく女性たちが後を絶たない。しかし福祉の窓口をたたいた女性たちも福祉のセイフティネットの恩恵には与かれずはじかれてしまう現実がある。ＮＨＫが二〇一四年の初めに放映した「クローズアップ現代・女性の貧困化」の番組では、日本の女性たちの貧困の実態が想像以上に深刻化していることを伝える内容であった。子どもを抱えたシングルマザーが福祉に頼れず（頼ってもつながれず）、「寮つき・保育つきの明日からでも働ける風俗」の仕事に最後のセイフティネットを求めているというもの、「福祉が風俗に敗北した」といわれる現実。さらにその続編番組では、離婚して母子家庭となった現代の家族の脆弱性、母と娘二人が生活苦の末に流れ着いた先がネットカフェであり、ネットカフェの一畳スペースのブースに三人別々に定住して二年半に及ぶという貧困の現実であった。一四歳の娘は学校に通っておらず、上の姉と母二人が働いても、ネットカフェ生活からの脱出は図れない。ただその日一日を生き延びるのが精いっぱい、将来への希望はまったく見えてこないという。

最貧困層にある母子家庭やシングルマザーなど「ひとり親」家族がなぜ福祉のセイフティネットの網の目からこぼれてしまうのか？　「女性登用加速化政策」の陰で、じつは日本の格差社会の最底辺には、福祉にもつながれず風俗やネットカフェを生存の最後のセイフティネットとせざるをえない女性たちがいる。「福祉が風俗に敗北」といったこのような現代の見えにくい女性の貧困問題を取りこぼしたままで、「男女共同参画社会推進」は語れるはずもない。「女性登用加速化政策」の光の部分とまさに隣あわせのこの影の部分に、サイレント・プアの「女性の貧困」層を生み出している現実を不問視しておくことはできない。少なくともこのサイレント・プア層の貧困問題は、そのまま「女性を家族依存的存在」と位置づけてきた日本型福祉の負がこの女性たちの貧困問題としてもっともリスキーな形で出ていると見るべきであるのだから、これは即刻セイフティネットの手が差し伸べられなければならない問題としてある。

図表3－1の第Ⅳ象限は、アンダークラス化する女性たちのその最下層部に、あるいは勝ち組・負け組の境界部分で、不可視化されがちな女性たちの存在の女性たちに目を向けている。労働にも家族・結婚にも包摂されにくい女性たちの、いわゆるメンタルヘルス系問題を抱えた層と、現代の若者問題の社会的排除を特徴づける「五重の排除」（湯浅 2008）の女性版のともいうべきホームレス予備軍の「ネットカフェ・ファミレス難民化」する層の可視化を試みた（**図表3－4**）。二つの女性層は一部重なってもいるであろうが、若年女性の貧困化の状況の深刻さが見えづらくかつ深刻であるのは、彼女たちがホームレス化の一歩手前で性産業に一部吸収されていることを予想させる、**図表3－5**の下の部分にある「ホームレス化」、あるいは「神待ち少女化」といった言葉に映し出される女性たちの現実がある。若い男性たちのネットカフェ難民化と同様、神待ち少女（黒羽 2010）も、「ワリキリ」の女性たち（荻上 2011）も広義の意味での「女性のホームレス化」として捉えられるべき存在であろう。彼女たちの多くがメンタルな問題を抱えていることも少なくない（横浜女性協会 2013）。彼女たちの生きづらさ、その内面には排除・孤立・承認欲求・関係性への飢えとい

図表3－4　格差社会と女性の階層化アンダークラス女性

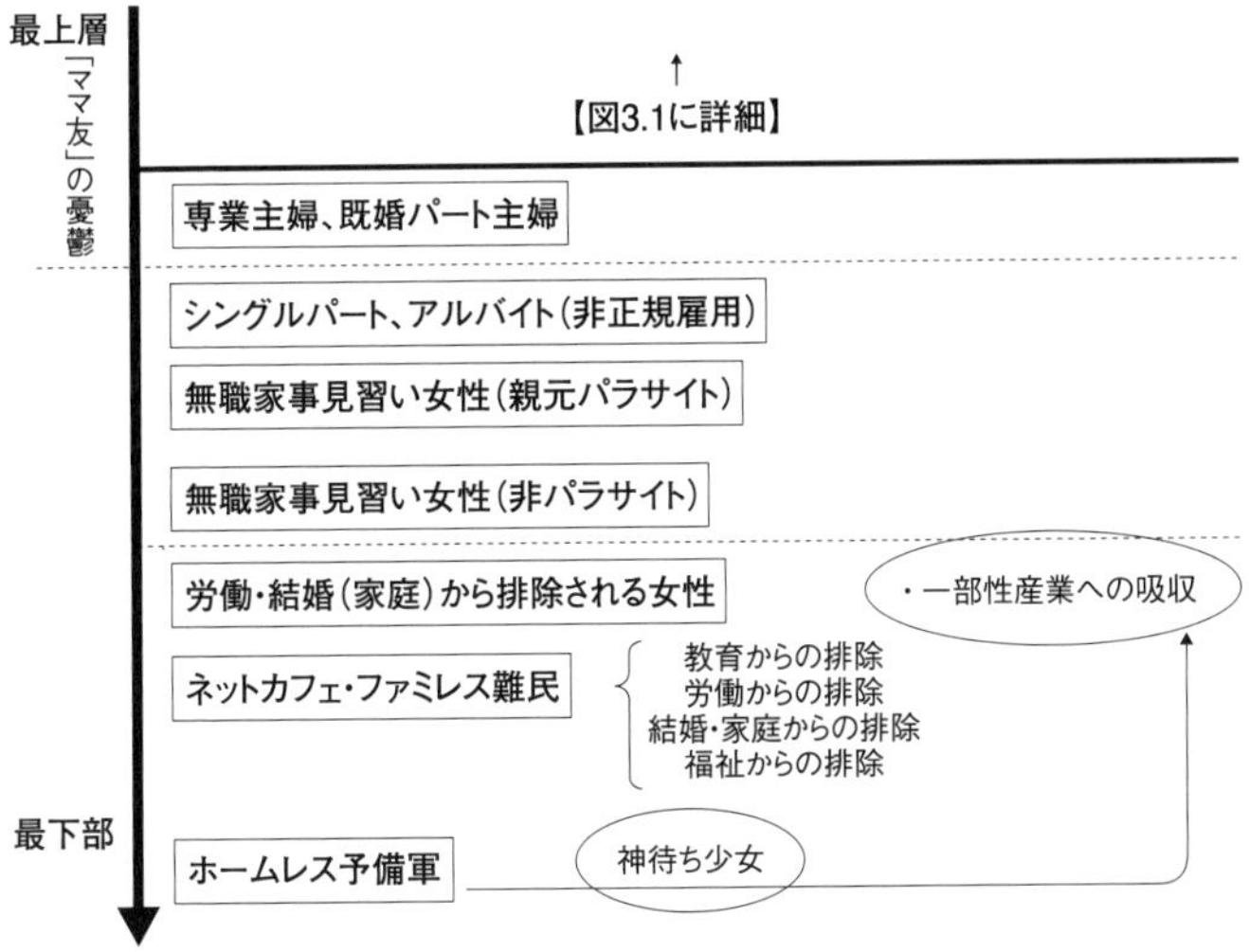

った問題が混在錯綜し、メンタルヘルス問題を抱えるに至っている。そうした状態にあるそれぞれの個別の事情も多様である。彼女たちの居場所・漂流先がデフレ化する性産業への吸収であるという現実、「女子高生」というブランドが商品化され「ＪＫビジネス」が性産業のすそ野を広げている現在、彼女らの存在はもっとも脆弱でリスキーな存在でありながら、ますます巧妙な形で広がる「裏社会」に不可視化されてしまう（仁藤 2013）。

どういう支援のあり方が問われているのか。彼女たち自身が支援の窓口につながっていくことなどは考えにくい。とすれば、まず若い人にどうつながるのかが問われよう。アウトリーチ方式の支援を呼びかけ、自らも女子高生サポートセン

図表３－５　女性の路上生活者　ホームレス化は少ないのか
どこにいるのか

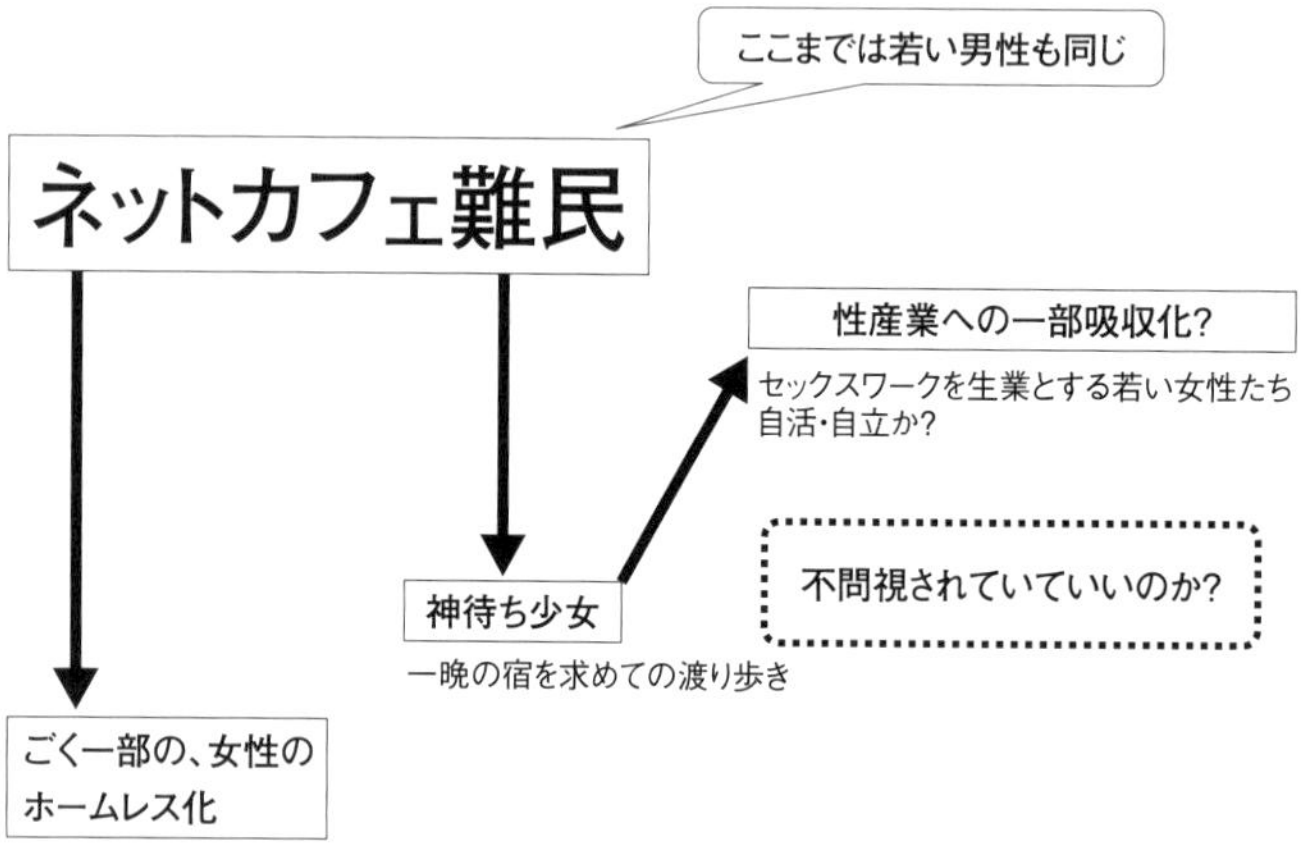

ターを立ち上げ彼女たちに衣食住の場を作り支援を行う仁藤の言葉は、傾聴すべき多々示唆に富む発言であろう。仁藤はこの現代の新しい難民・高校生難民を「関係性の貧困を生きる少女たち」と捉える。その上で、まずつながりと場所を作って丁寧につながりを作っていく。その関係性の中で、少女たち自身が、自らのやっていることの意味（それがウリであること）を自覚していく。社会に支援の側にそういう関わり方の呼びかけをしているのである。

「スティグマを貼らない眼差し」と「包括的でパーソナルなよりそいの支援」、それをどう創っていくかという課題として受け止めたい。そうでなければ、「裏社会」に不可視化されかけている「彼女たち」を私たちの社会は見失うことになってしまう。

社会的・包括的支援に、よりきめ細やかな視点が切に問われよう。

女性学・フェミニズムの場面にあって、団塊世代の女性の主婦病から、その娘世代の現在の氷河期世代のママ友地獄や女子カーストさらに女子高生難民の姿までをみてきて、その私の関心からは、「今こそ、新・女性学」をということを切に提案せずにはおれない。母世代の「主婦病」ではとらえきれない、現在の女性たちに固有な「生き難さ」（仁藤 2014）に届く、女性論、フェミニズム論を作ることといってもいい。それは、ウーマンリブの編みだした女性の意識高揚（ＣＲ）実践を踏まえて、さらに問題の現場に出ていくアウトリーチやアクションリサーチの手法をとって、かぎりなく当事者目線に立ちそこに寄りそう、包括的でパーソナルな支援につながっていく、女性のエンパワーメントに資する新・女性学（論）である。そうした女性学の視点に立つ女性支援のあり方において課題となるだろう諸点を箇条的に記しておきたい。

- メンタルヘルスケアの観点を踏まえた施策・支援策の展開
- 「就活」対策の実学・資格教育に偏したキャリアデザイン教育への対抗視点
- 女子の教育・雇用の対応関係の視点からの、女性のライフデザイン教育あるいはエンパワーメント教育
- 労働・就労への自立課題としてだけでなく、自らの性と身体に対する自己尊重感を育む教育
- 身体とセクシュアリティ教育、リプロダクティブライツ教育
- 「全身〇活」時代に対抗する視点に、「働くことの意味を問うこと」や「自己尊重感の回復」を

・「包括的支援」と「パーソナル・サポート」の両輪で

5　「身体の再領土化」に抗する思想を

若者たちの働かない、働けない、ひきこもる、若い女性たちの自立の戸惑い、深いアイデンティティ・クライシスが浮かび出てきた。それを彼／彼女らの個人の怠慢や病理に帰責する問題のとらえ方の限界はもう見えてきている。格差化社会のなかで生存のセイフティネットが脆弱化している現実は「日本社会の人生前半期の福祉の不在」の問題を大きく浮かび上がらせた。グローバル化する世界の社会的変動激しい時代にあって人々の価値観は多様化し、おひとりさまやシングルマザー、ひとり親家庭、さらに同性カップル婚など生き方の選択も多様化している。「標準家族モデル」を前提とする福祉が、福祉の支援が届けられるべき人に届かない現実となっている。

「日本社会の人生前半期の福祉」という課題を突き付けたこの「若者問題」の取り組みを突破口として、日本の福祉の制度設計の根底的な立て直しを図り弱さを包摂する社会へ、回復力あるレジリエント（強靭）な社会の構築が問われているというべき時にある（大沢 2013）。おそらくはそこで根底におくべきは、人の生き方も価値観も多様化する現実を「是」としたうえで、その「アイデンティティの多様性の承認」と、他との「ことなり」（性別、年齢、出身、障害の有無などによって）ゆえにその「生の脆弱性」を負わされる人への「再配分の正義」を実現することとの、この二つの

視点であろう

「ままならない女性・身体」からは何を提起すべきなのか。「働くのが怖い」のこの感情の根っこにもっとセンシティブな目を向けるならば、そこにはネオリベ・男女共同参画相乗りで進められる女性の戦力化への深い違和感が潜在し、それは今日の日本社会の少子化問題とされる女性たちの「再生産からの撤退」、「子どもを産むのが怖い」という感覚とも無関係ではないことが見えてこよう。

女性身体が経験しているこの怖さの感覚は、ポストコロニアル批評家スピィヴァクの言葉を借りて表現すれば、女性身体の「再領土化」「巻き込まれ」への危機感と見るべきであろう。家父長制資本主義の支配下からの自立を志向した女性たちの社会へ流れ出た身体が、いままた再生産・生産もろともに、グローバル化する世界資本主義の帝国主義的欲望の渦にまきこまれシステムに組み込まれてしまうかもしれない怖さ。その力の不気味さは、生殖テクノロジー・科学技術による次世代再生産への優生学的介入を通しての女性身体の完全なる管理・支配にも及んでいる。おそらくは女性身体が感じ取っているこの「怖さ」を突き詰めていくことが、「帝国主義」を感知することにつながるであろう。グローバル化する資本主義のポストコロニアルな帝国主義的欲望が世界を一元的に支配している現実に向けた、身体の再領土化に抗する主体像への、フェミニズムの深いまなざしが問われている。それはどこまでも臨床的なミクロなまなざしから「別の諸世界」を見ようとする意志の中にある。フェミニズムが描くオルタナティブな社会の構想は、このグローバル資本主義の毛穴に巣くう「かすかな抵抗の声」をどの深さにおいて聞き取ることができるかにかかっている（金井 2015）。

文献

阿部真大（2007）『働きすぎる若者たち――「自分探し」の果てに』日本放送出版協会。

池上正樹（2014）『大人のひきこもり――本当は「外に出る理由」を探している人たち』講談社。

大内裕和・竹信三恵子（2014）『「全身○活」時代――就活・婚活・保活からみる社会論』青土社。

大沢真理（2014）『生活保障のガバナンス Governance of Livelihood Security ――ジェンダーとお金の流れで読み解く』有斐閣。

大理奈穂子・栗田隆子・大野左紀子・水月昭道（2014）『高学歴女子の貧困――女子は学歴で「幸せ」になれるか?』光文社。

荻上チキ（2011）『彼女たちの売春（ワリキリ）――社会からの斥力、出会い系の引力』扶桑社。

金井淑子（1997）『女性学の挑戦――家父長制・ジェンダー・身体性へ』明石書店。

――（2008）『異なっていられる社会を――女性学/ジェンダー研究の視座』明石書店。

――（2013）『倫理学とフェミニズム――ジェンダー・身体・他者をめぐるジレンマ』ナカニシヤ出版。

――（2015）「〈哲学とミソジニー〉、という問題――女性のハラスメント経験の『痛み』の感覚からのアプローチ」立正大学哲学会紀要第一〇号。

黒羽幸宏（2010）『神待ち少女』双葉社。

白河桃子（2013）『格付けしあう女たち——「女子カースト」の実態』ポプラ社。

杉浦浩美（2009）『働く女性とマタニティ・ハラスメント——「労働する身体」と「産む身体」を生きる』大月書店。

鈴木涼美（2013）『「AV女優」の社会学——なぜ彼女たちは饒舌に自らを語るのか』青土社。

鈴木大介（2014）『最貧困女子』幻冬舎。

竹信三恵子（2014）『家事労働ハラスメント——生きづらさの根にあるもの』岩波書店。

「マザー・ゲーム——彼女たちの階級」二〇一五年四月～七月放送、TBSテレビ。

仁藤夢乃（2013）『難民高校生——絶望社会を生き抜く「私たち」のリアル』英治出版。

——（2014）『女子高生の裏社会——「関係性の貧困」に生きる少女たち』光文社。

フレイザー・N（2013）『正義の秤（スケール）——グローバル化する世界で政治空間を再想像すること』（向山 恭一訳）法政大学出版局。

本田由紀（2014）『もじれる社会——戦後日本型循環モデルを超えて』筑摩書房。

三浦展・柳内圭雄（2008）『女はなぜキャバクラ嬢になりたいのか?——「承認されたい自分」の時代』光文社。

水無田気流（2014）『シングルマザーの貧困』光文社。

——（2014）『無頼化した女たち』亜紀書房。

宮本みち子（2002）『若者が《社会的弱者》に転落する』洋泉社。

湯浅誠（2008）『反貧困——「すべり台社会」からの脱出』岩波書店。

横浜女性協会（2013）『〝ガールズ〟自立支援ハンドブック』全国女性会館協議会発行。

コラム1　中高年女性が貧困に陥るプロセス

直井　道子

1　未婚女性はどのようなプロセスを経て中高年に貧困に陥りやすいか

もう四〇年近く前のことであるが、私は研究所の仲間と「中高年無配偶女性の老後不安」という調査（対象は四五―五四歳の離婚・死別・未婚女性　これを調査1と呼ぶ）を一九七五年に実施した[1]。無配偶女性は低所得になりやすく、老後不安が強いだろう、と感じ、またその不安は老後になる前の中高年期に強いのではないかと思ったからである。

その結果として、中高年の離婚・死別女性の貧困が明らかになったが、その理由は、①女性の賃金が一般に男性より低いこと、②結婚時に一度仕事を辞めていて、その後の再就職が不利であったこと、③子どもの世話と職業の両立という課題があってパートなどになりやすく、低所得になったこと、であった。これらは想定されたことであったが、未婚女性もほとんど死別者や離別者並みに低所得であったことは意外であった。未婚女性は結婚や出産によって職業を中断するというリスクがないのだから、男性並みの経済力を持つ人がいても不思議ではないのに、そのような人はほんの一握りであった。未婚女性自身も周囲も、いずれ結婚するものと考え、初職を早々にやめたり、家族の介護をしたりしていたからである。この調査の対象者が最初に就職をしたのは戦争中から戦後間もないころであるから、当時の強固なジェンダー意識から見ればこれも当然のことであったろう。

その後、中高年未婚女性の貧困はどの程度改善されたのか、という疑問を抱き続けた中で二〇〇六年に再び未婚女性を対象とした調査(2)（対象は全国の四〇—五〇歳代女性　これを調査2とよぶ）に参加することができた。本稿ではこの調査と、同時に実施したインタヴュー調査をもとに、「どのようなプロセスを経て中高年未婚女性は貧困に陥りやすいか(3)」を見ていく。そして最後に、二〇一〇年に行われた未婚女性と有配偶女性についての調査（調査2と同名。これを調査3とよぶ）も利用して、「未婚女性が貧困に陥りやすい状況はどの程度変化したのか」を論じていきたいと思う。

2　未婚女性と仕事

まず、調査2の未婚女性の職歴の中から、中高年の貧困につながった要因をあげる。

(1) 職歴の全体的イメージ——安定職から不安定職へ

職歴の全体的イメージは調査1の結果と大きくは異ならない。最初の就職から現在の仕事までの職歴は、①多くが正規従業員として最初の仕事に就く。②過半数が「五年未満」でその仕事を辞める。③その後、多くは知人の紹介などで別な仕事に就くが、何度も転職する人も多い。④その間に何らかの空白期間（健康上の理由、海外滞在、親の介護など）がある場合も少なくない。⑤これらの結果として現職で正規従業員は約五割、勤続年数は五年未満が三割を超えている。これらの結果、最初の安定した職業を辞めてしだいに不安定な仕事に転職していくという道筋が見えてくる。

インタヴューから、これに当てはまるケースをあげてみよう。

Aさん　美大を出て、中学の美術教員となったが校内が荒れていて大変で、東京の不動産会社に転職。親の病気で郷里に戻りデザイン学校の非常勤をかけもち。しかし、最近は非常勤で働く学校も減ってきた。

Ｂさん　五〇歳になると年金がもらえるという商社に三〇年くらい勤めて辞めた。一年くらいリフレッシュして、その後の仕事としてヘルパーを選び資格をとった。介護ビジネスをやりたい友人の事務所に就職したが週に一回くらいしか仕事がない。あまりに不安定なので菓子店でアルバイトもしている。

次にその「不安定な職」の内容をもう少し詳しく見よう。

（２）小規模の不安定な職やアルバイト

職歴の中に、小規模な販売など不安定な勤務先が混ざっている人が多い。また働き方もアルバイトなどで週数日の仕事が長期にわたっていたりする。

Ｃさん　大学を出てから同窓会の事務で週三日間働き、並行してお花を教えてきた。

Ｄさん　通信制の美容学校に入りながら美容室に勤め、国家試験に通るまで勤めた。何か違うことをやりたくなって、ブライダル関係にパートで勤めた。ブライダルが洋装化して人手が多くは不要になり、電気屋のレジに転職。

（3）実家や親類、友人の自営業手伝い

ある意味で（2）にも含まれるのだが、職歴の途中で実家や親類などの自営業の手伝いを経験した者が少なくない。周囲も「結婚までの仕事だから」と気安くやめさせるところがあるが、未婚女性の側にもそれを転機としたい気持ちもある。その多くは最終的には閉店になり、その後の就職に苦労している。

Eさん　会社には一二年間勤め、事務・経理をしたが、母が他界し、実家の店を七年間手伝った。その店も閉店になり、不動産業の事務所（社長夫婦と自分だけ）に勤務。

Fさん　おととしまで会社に勤めていたが、友人がインターネットで輸入品を販売する会社を作ったので手伝っている。最初はすごく売れて、これなら生活していけるかと思ったが、最近は売れない。売り上げの一定比率で報酬はもらっているが、決まった額の給料をもらっていないので不安。

（4）職歴の中断と無職期間

長く勤めてもいつまでも同じ仕事をやらされ、発展性がない。「いくつになっても、その女の子、これやって、という感じ」「男尊女卑」。そこから「やることはやったという感じ」や「ちがうことがやりたくなった」「リフレッシュしたかった」「海外に行きたかっ

た」などの気持ちにつながり、仕事を辞めてとりあえず無職になるケースも少なくない。
Gさん　上場会社に五年勤め、給料もよかったが「男性社会で自分なりの仕事をしたという満足感は感じられなかった」。父の死を転機に会社を辞め、「そのあとアルバイトをしたり、運転免許を取ったり、しばらくは自分探しみたいだった」
Hさん　学校を出てから八年間金融会社に勤めたが、自分はこの仕事に向いていないという気持ちがつのってきてやめた。そのあと資格を取ろうとバイトをしながら学校に通い、三〇代はバイトでつないだ。三〇代半ばに契約社員で働き始めたが、事業縮小のため他の会社に転職。
Iさん　一六年勤めた金融会社を「あと一〇年この会社に縛られて送るのかと思い、三年間は自由に暮らそうと三年分の生活費をプールしてやめた」　その後ホームヘルパーの資格をとったが、実際にやってみて挫折。時々アルバイトしながら三年を過ごす予定。

(5) 親の介護

親の介護、あるいは見守りなどが未婚女性の職歴の中断や転職のきっかけとなっていることはかなりある。量的調査では、およそ四分の一が過去に家に介護や援助が必要な人がいたとしているが、「介護のために仕事を辞めた」は一六％で必ずしも多くはない。しかし、インタヴューからみると、「ちょうど仕事を辞めた時に親族の介護を頼まれ、それが数年に及んだ」「病気がちの親のそばに誰かがいたほうがいいと思って非常勤の職に代わってそばに住んだ」なども あり、介護や見守りの影響を受けている人はもっと多いかもしれない。

Jさん　外資に就職して、仕事の内容も好きで満足していたが、やはり「ガラスの天井」はあり、ちょっと行き詰まった感じの時に遠い郷里の母が倒れ、退職して看病した。母が回復したので郷里で仕事を探したが、まったくなく、東京に戻って派遣社員として就職した。ただ、母親がもう七五歳となり、いつ呼び戻されるかわからない。

Kさん　母が何度も死にかけたので、非常勤の仕事は折り合いが付けられてたいへんありがたかった。今はすでに母もなくなり、父は元気で食事まで作ってくれている。他県に行けば正社員の仕事もあるかと思うが父のことがネックで断っている。

以上五つにわけてみてきたが、これらは相互に深い関連があることが見て取れるだろう。あまり面白くない仕事にうんざりしてリフレッシュを期待して仕事を辞めたり、親しい人の自営業の手伝いをしたりしているうちに結局所得が低い職業に就くようになる。あるいは、親の介護をしたりしてそれがより不安定な仕事につながったり、職歴の中断につながったりしている。このような人たちがおおざっぱにみて半数程度はいるようだ。

3　四〇―五〇代の未婚女性の住まい

所得が低い場合、住居をどうするかは重要な問題となる。四〇―五〇代の未婚女性の住まいについて調査2をみると、親の家に同居が三割、自分の持家が三割弱、他は賃貸住宅であった。ひとり暮らしの人以外の同居者（複数回答）では親が七七％、兄弟姉妹は二五％ほどだった。

住まいのタイプ別にそれぞれに異なった課題がある。自分の持家の人は一見一番安定しているように見えるが、経済的に無理して購入している場合が多く、老後にローンが残るなどの不安のある人も多い。たとえばこんな例もある。

Lさん　中古マンションを買ったが、途中でローンが払えなくなり、知り合いの名義にしてそこから借りている形にしている。

他方、親の家に同居している人は現状では経済的メリットが大きい。だが、これは将来ずっと継続可能だろうか。将来、親に依存できなくなることに不安を感じることになる。

Mさん　親が自宅をアパートに改造して収入を得ている。しかし、弟と二人でこれを相続すると相続の時に税金が払えるか、兄弟とどうわけあうのか心配。また、老朽化しているので、建て直しが必須だが、そのお金はない。

賃貸住宅に住む未婚女性は、中高年になるとひとり暮らし女性は住宅を借りにくい、そこで住宅を購入しようとするとローンが借りられないと述べている。

4　年金と老後不安

すでに述べたように、未婚女性は職場が小規模な場合、アルバイト的な働き方の場合、親の介護その他の中断が多いなどの事情から、年金保険料を二五年間納付できなかった人もいる。

Nさん　会社にいた時は保険料を払っていたが、それ以外は払っていない。つい最近、二五年払わないと全く受給できないと知ってショックだった。少しはもらえると思っていた。

Oさん　時給で働いているから保険は何もかけていない。

誰でも老後はある程度不安だと言えるのかもしれないが、未婚女性の老後不安にはまた特別なものがある。「老後が心配で飛び降りて死んでしまったら楽だと思ったことがある」「キリギリスタイプです。その時はその時で考えます」「これからは年金制度も変わるでしょうし、考えた通りにはならないと思うので、考えないようにしています」「父が、女が外で働くのはよくないという考えで、私一人くらい何とかなる、と自立させなかった。でも最近では父がお金のことを相談するようになってきてとても不安」「日本は死になさいとは言わない国だとわかってきた。生活保護でもまあ普通の生活ができる、と思ったらすごく楽になった」などのことばからそれがわかるだろう。

5　未婚女性をめぐる時代的変化の考察

さて、ここまでは調査2を中心に未婚女性が中高年に貧困に陥りやすい要因を見てきたがこのような状況はどのように変化してきたのか、考察してみたい。三つの調査は対象地域も、年齢層も調査方法も異なっていて、厳密な意味での比較はできない。しかし、それぞれが国勢調査などのデータとすり合わせをして何とか標本の偏りを修正しようとしており、それらを比較して大まかな傾向を読み取っても、大きな間違いはないだろう。

（1）あまり変化しなかった点

第一に、未婚女性が最初は正規従業員で入っても、親類の自営業の手伝い・親の介護・無職期間などを経て、しだいにより所得の低い職への転職につながっていく人が多い点は四〇年たっても大きくは変化していないか、むしろ悪化している。現職が正規従業員である比率は調査1から順に五五・七、四九・七、三三・四％である。現職の継続期間も五年未満が調査1から順に二二・七、三三・五、三九・一％で、類似した傾向だといえよう。未婚女性が長く勤めても仕事の内容はあまり変化せず、賃金も上がらない傾向、そしてそのために年金にあまり期待できない傾向はまだ続いているか、むしろ職業全体の非正規化によって増えていくだろう。それに伴って住宅ローンが借りにくい傾向もあまり変化していないだろう。

一方で、個々人には切羽つまった事情があるかもしれず、一概に他人がとやかくいうことはできないにしても、インタヴューを通して「仕事を簡単にやめるなあ」という印象はぬぐいきれなかった。仕事を継続することの意味をあまり考えないで、身内の都合のために仕事をやめるのは、周囲にも本人にも「いずれ結婚するのだし……」という未来の夫への経済的依存期待があったのではないだろうか。この点はあまり時代によって変化しておらず、これからの若い女性にはよく考えてほしい点である。

（2）変化してきた点

一方で明るい方向に変化してきた点もある。未婚者への偏見は四〇年前にはひどく、からかいの対象であり、自己卑下につながることもあったと思われる。ところが最近の未婚者の語りには「自由」という言葉が頻出する。自分の時間を自由に使い、友人と交流し、多様な趣味に没頭することを謳歌している人が多い。

また仕事の面でも調査1の当時は女性が就く仕事は限定されていたが、最近は女性も多種多様な仕事に就けるようになってきた。仕事上の夢が語られる頻度は増していると感じた。これが安易な転職などにつながることもありがちではあるが、仕事に生きがいを感じる方向に変化し、キャリアアップにつながっていく可能性もある。

（3）結論

かつて私は未婚女性のライフコースにはハードルと落とし穴があると述べた(4)。ハードルはつまらない仕事や介護など飛び越えなくてはいけない障害物、落とし穴は家族への依存など、一見良い条件だがそれがいつの間にか不利な条件につながる場合である。落とし穴や障害物によって、女性はその後のキャリア形成を真剣に考えることなく職を辞め、キャリアの継続性がないことがその後の長い一生の貧困につながっている。職業環境やジェンダー意識が変化するのには時間がかかり、それがまた女性の長い一生にまで影響する。

しかし、一方で女性の人生は以前より「自由」になり、夢もあるように変化してきている。これで雇用の男女均等や同一労働同一賃金の原則が実現されたならば、そして女性も仕事に生きがいを感じ、キャリアの継続性を真剣に考えるようになったら、これからの未婚女性は貧困に陥ることなく、もう少し明るい老後が期待できるようになるだろう。

注

(1) 調査1　東京都老人総合研究所「中高年女性の生活と老後——未婚・死別・離別の場合」(1978) ならびにそのケーススタディの報告書　東京都老人総合研究所「中高年女性の生活と老後——有配偶の場合」(1980)。いずれも無作為抽出標本である。

(2) 調査2 (旧)シニアプラン開発機構「第2回独身女性 (四〇—五〇代) を中心とした女性の老後生活設計ニーズに関する調査」(2006)。調査会社の全国のモニターの郵送調査。別に三つの都市でインタヴューを行った。

(3) 調査3　年金シニアプラン総合研究機構 (2010) 第2回と同名の第3回調査。国勢調査の人口構造に合わせてサンプリングしたインターネット調査。

(4) 直井道子 (2006)「独身女性の老後生活——落とし穴とハードルと」(調査2報告書) 一〇三—一〇九頁。

第Ⅱ部　貧困・下層化する女性

第四章　女性ホームレスの問題から
——女性の貧困問題の構造

丸山　里美

私はこれまで一〇年以上にわたって、路上生活をしている女性と、福祉施設に一時的に滞在する広い意味でのホームレスの女性を対象に、支援活動をしながら調査を続けてきた。本章では、女性の貧困を生む構造と、私がこれまで見てきたホームレスの女性たちの事例から、女性の貧困の特徴を考えていきたい。

1　なぜ女性は貧困なのか

最近、女性の貧困について、メディアで取り上げられることが増えている。実際、男女別で貧困率を測定したグラフを見ると、ほとんどすべての年代で、女性は男性より貧困であることがわかる（第二章　図表2－8参照）。

ではなぜ女性は貧困なのだろうか。これに一言で答えるとすれば、性別役割分業が社会システムの中に組み込まれているからということに尽きる。本書の他の章でも共通して指摘されているとおり、労働や社会保障のあり方が、男性が稼ぎ主で女性は家事をおもにする標準的な家族を前提にしており、それゆえ女性の労働は不安定で低賃金なものがほとんどになってきたこと、これが女性の貧困問題の核心である。

第一章で山田昌弘が指摘するとおり、戦後日本の社会では、家族内には男性稼ぎ主がおり、未婚女性は父親に、既婚女性は夫に扶養されているのが標準的な家族の形であった。それゆえ女性が自らの労働によって経済的に自立することはほとんど想定されておらず、未婚女性の場合は基本的な生活の条件は親が整え、既婚女性の場合は正社員もしくは自営業の夫の収入によって、生活基盤は維持されていると考えられていた。社会保障制度もこの前提に立って設計され、妻が夫に扶養される形の標準的な家族が優遇されてきていた。そしてこうした優遇策である所得税の配偶者控除（「一〇三万円の壁」）や、社会保険料の被扶養者（「一三〇万円の壁」）などが、この制度にあうように女性の働き方を制限するという現実も生み出してきたのである。

その結果、一五歳から六四歳の人口の就労率は、男性は八一・六パーセントであるのに対して女性は六四・四パーセントと低く、そのうち非正規雇用者の割合は、男性は二二・三パーセントであるのに対して女性は五七・二パーセントと、女性は働いていたとしても、より不安定な雇用形態であることがわかる（総務省 2014）。また賃金は、男性の一般労働者を一〇〇としたとき、女性の一

図表4－1　世帯類型別の女性の貧困率

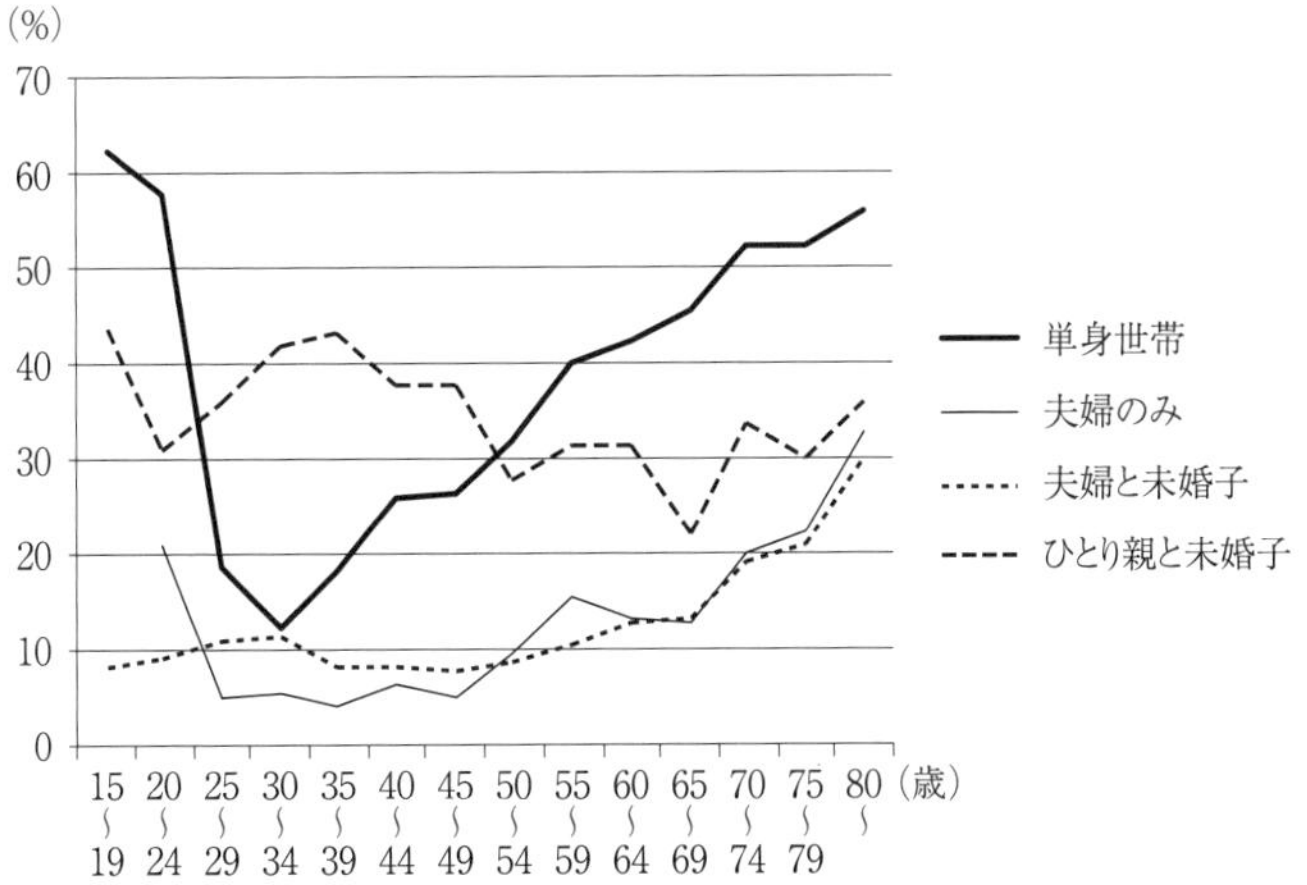

出典：内閣府『生活困難を抱える男女に関する検討会報告書』(2010) より作成

般労働者で七〇・九、女性の短時間労働者だと五〇・五である(厚生労働省 2012a)。つまり女性の賃金は低く、女性の労働者の約半数を占める短時間労働者だと、男性のほとんどを占める一般労働者の半分の賃金しかないことになる。

このようななかで、女性には基本的には三つの道があると考えられてきた。労働によって自立するという道、夫に扶養される道、父親に扶養される道である。したがってそうした標準的な道のいずれにも乗っていない者が貧困になりやすいということになる。それは具体的には、母子世帯、未婚単身女性、離死別によって単身となった女性である。実際、世帯類型別に貧困率を見ると、母子世帯が六〇パーセントともっとも高く、次いで女性の単身世帯となっており（第二章　図表2－9参照）、家族に男性稼ぎ主を持たない女性の貧困率が高いことがわかる。また女性だけをとり出して、その世帯類型別・年代別に貧困率を見ると、貧困が顕著なのは、「ひとり親と未婚子」つまり母子世帯と、単身世帯では若年層と五〇代以上になっている（図表4－1）。

2　見えにくい女性の貧困

以上で見てきたように、女性は男性に比べて貧困に陥りやすい構造があることがわかる。しかし街で見かけるホームレスの人はほとんどが男性である。厚生労働省が行っている野宿者調査によれば、全国の野宿者六三二九人のうち女性は二六六人で、その割合は四・二パーセントと、非常に少ないことがわかる（厚生労働省 2013）。ではなぜ、女性は貧困に陥りやすいにもかかわらず、女性のホームレスは少ないのだろうか。

それを検討する前に、まずホームレスの定義を見ておかなければならないだろう。日本ではホームレスというと、野宿者のことを指すのが一般的である。二〇〇二年に制定された「ホームレスの自立の支援等に関する特別措置法」でも、ホームレスは「都市公園、河川、道路、駅舎その他の施設を故なく起居の場所とし、日常生活を営んでいる者」、つまり路上で生活する野宿者と定義されている。しかし欧米の先進国では、ホームレスは、野宿者だけではなく広く家がない状態の人を指すのが一般的である。たとえばイギリスでは、ホームレスというと、野宿者にくわえて、短期シェルターや簡易宿泊所、精神病院等に一時的に入院している人、知人宅に居候している人なども含むことが多い。

最近は日本でも、「ネットカフェ難民」をはじめとして、こうした広い意味でのホームレスの存在が知られるようになってきている。実際、野宿をしている人でも、仕事のあるときには職場の寮、失業するとネットカフェに泊まったり、一時的に施設に入ったり、友人宅に居候するなど、ときどきの経済状態や人間関係に応じてさまざまなところを行き来している場合は少なくなく、野宿とそれ以外の広い意味でのホームレスの状態は、それほど明瞭に区別できるわけではない。

そして本章において重要なのは、ホームレスをこのように広い意味でとらえると、そこに女性がより多く含まれてくるということである。こうした広い意味でのホームレスの人々をとらえようとした調査として、①「ネットカフェ難民」についての調査（厚生労働省 2007）、② ホームレス支援団体が運営する施設等の入所者調査、③ 福祉事務所において生活保護の開始決定したホームレス状態の人の調査（ホームレス支援全国ネットワーク 2011）などがある。そしてそれぞれの調査における女性の割合は、①が一七・二パーセント、②が六・五パーセント、③が一一・九パーセントであった（ホームレス支援全国ネットワーク 2011）。このことから、広い意味でのホームレスのなかでの女性の割合は、野宿者の四・二パーセントと比べて、①②③のいずれの場合にも高くなっていることがわかる。つまり女性は、広い意味でのホームレスのなかでは、野宿という目に見える形で存在

図表4－2　先進国の全世帯数に占める女性が世帯主の世帯の割合

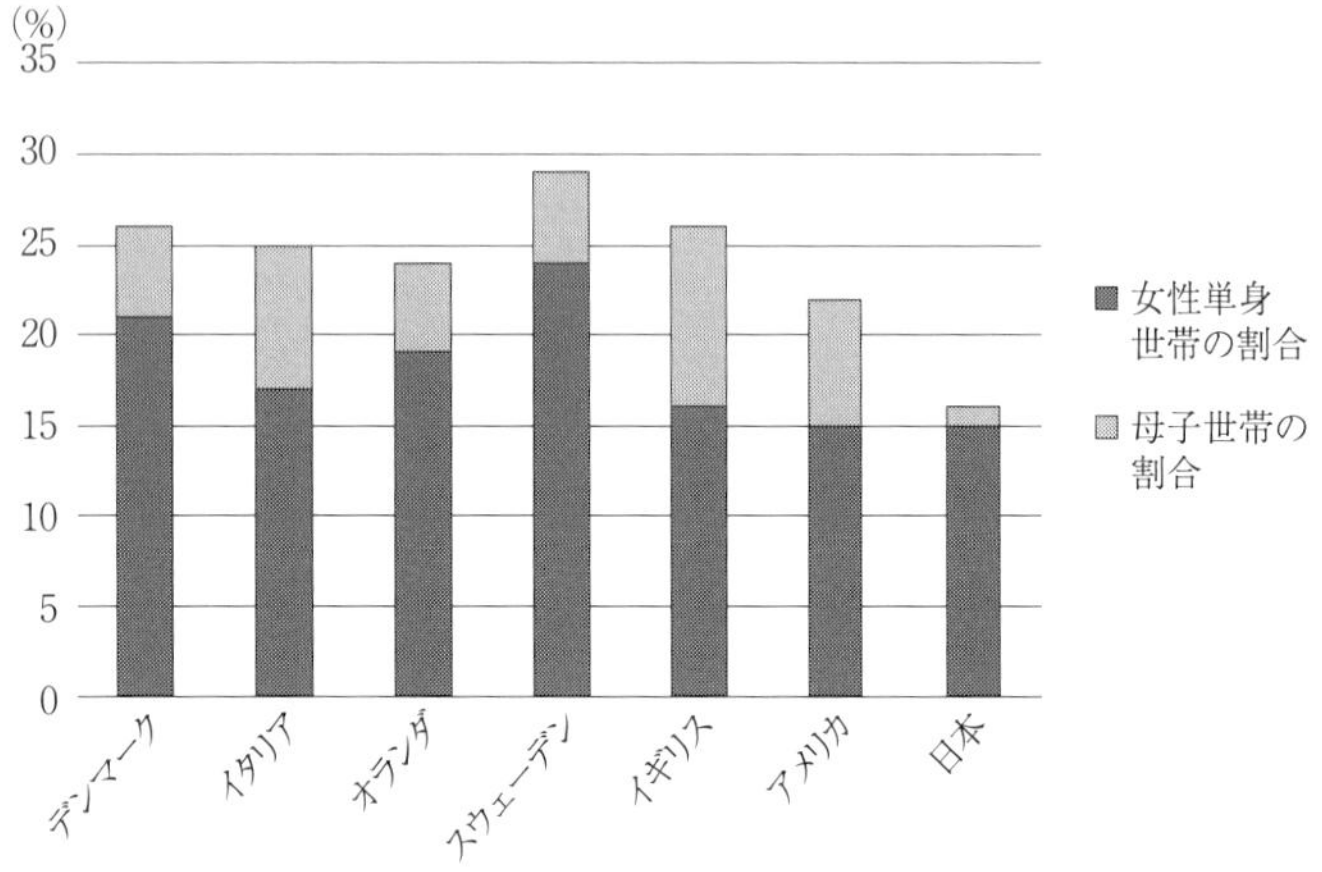

出典：United Nations Economic Commission for Europe, Statistical Database 2010, 総務省「平成22年国勢調査」より作成

するより、ネットカフェや施設にいるなど、「隠れたホームレス」になりやすいのである。

では、なぜホームレスに女性が少ないのか。それにはおもに二つの理由があるだろう。一つは、女性の貧困が世帯の中に隠されており、そもそも女性が世帯主の世帯が形成されにくいことがある。日本は、貧困の女性化（貧困世帯のなかで女性が世帯主の世帯が半数以上を占めることで、一九六〇年代以降、アメリカをはじめ、先進諸国で見られる現象）が見られない「特殊なケース」だといわれているが、このことをジューン・アクシンは、「日本の女性は貧困の女性化を達成するほど自立していない」と、皮肉な形で述べている（Axinn 1990）。つまり日本では女性の経済的・社会的地位が低いために、女性が家から出て独立した世帯を営むことが難しいのである。この研究が発表された一九九〇年以降、日本の女性をとりまく状況は大きく変化しているが、依然として女性世帯が形成されにくいことは変わっていない。図表４－２は、先進諸国において、全世帯のなかで女性が世帯主の世帯が占める割合を示したものであるが、他国と比べて日本では女性が世帯主の世帯は少なく、特に母子世帯が少ないことがわかる。

ホームレスに女性が少ないもう一つの理由として、女性は男性と比較して生活保護などの福祉制度を利用しやすく、それが路上に出る一歩手前で、女性を受けとめていることがあげられる。男性の場合、福祉制度の利用に際して稼働能力の有無が問われ、働けると判断されると仕事がなくても制度の利用から排除されがちになるのに対し、女性はそもそも生活保護水準を超える賃金を得られる仕事が男性と比べて少ないこともあって、より保護的に扱われる傾向にあるといえるだろう。[1]また女性の場合には、生活保護以外にも、母子世帯を対象にした制度や、ＤＶ防止法、婦人保護事業など、利用できる福祉的な選択肢は男性より多い。ただしこれは、女性が優遇されているということではない。男性は正社員として働くことが多いため、雇用保険や年金など、拠出に応じて給付される権利としての保険を受給しやすいのに対して、女性は正社員の職に就きにくく、こうした保険からは排除されている。その結果、失業や病気、高齢になるなどして生活に困窮したときには、生活保護などスティグマをともなう低水準の福祉や扶助に頼らざるをえないのであり、このこと自体がジェンダー構造といえるだろう。

3　「もやい」の女性相談者から見える女性の貧困の特徴

つぎに女性の貧困の特徴を、私自身が分析にあたった生活困窮者の支援団体であるＮＰＯ法人自立生活センター・もやい（以下、「もやい」）の相談ケースの調査から見ていきたい（ＮＰＯ法人自立生活センター・もやい 2014）。この調査は、把握しにくい広い意味でのホームレス状態にある人の実態を多くとらえており、かつこうした調査には珍しく、女性がある程度の数含まれており、男女の特徴を比較できるものになっている。

「もやい」は、二〇〇一年に設立された団体で、生活困窮者にアパートなどの保証人を提供する活動をしていたが、しだいにさまざまな相談も持ち込まれるようになり、最近ではおもに保証人提供と生活相談の二本柱で活動を行っている。本調査はこのうち、二〇〇四年から二〇一一年七月までの間に生活相談に訪れた二三〇五ケースを分析したものである。

相談者は圧倒的に男性が多く、女性は一三・〇パーセント（三〇七ケース）だったが、ホームレスの人をとらえた調査のなかでは、先述したとおり、女性の割合は高い。平均年齢は男性が四六・五歳、女性は四二・九歳と、女性はやや年齢が若い傾向にあった。男性は単身者からの相談がほとんどだったが、女性の場合は単身者が約半分で、親きょうだいとの同居や、夫婦、母子世帯など、さまざまな世帯構成の人がいた（**図表４－３**）。また男性は四割が野宿者、七割が広い意味でのホー

図表4－3　「もやい」相談者の世帯構成

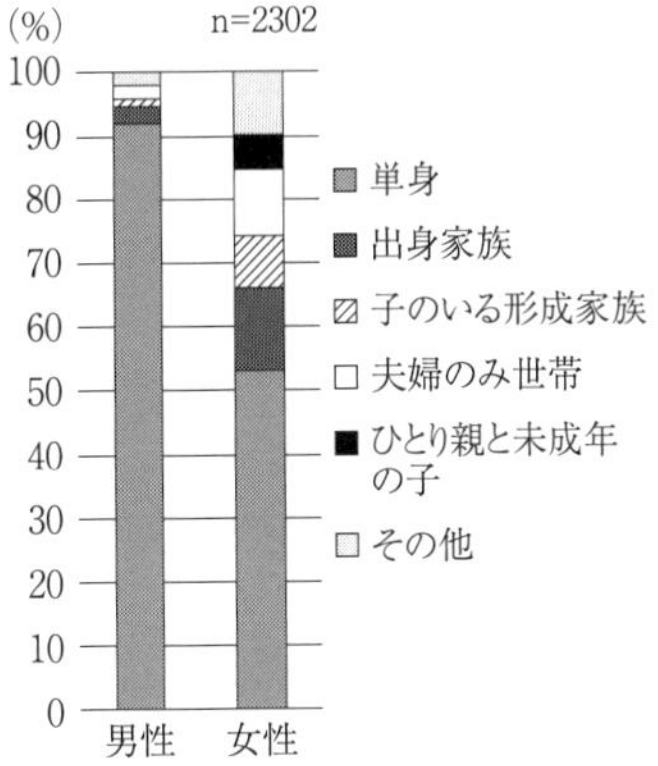

図表4－4　「もやい」相談者の居所

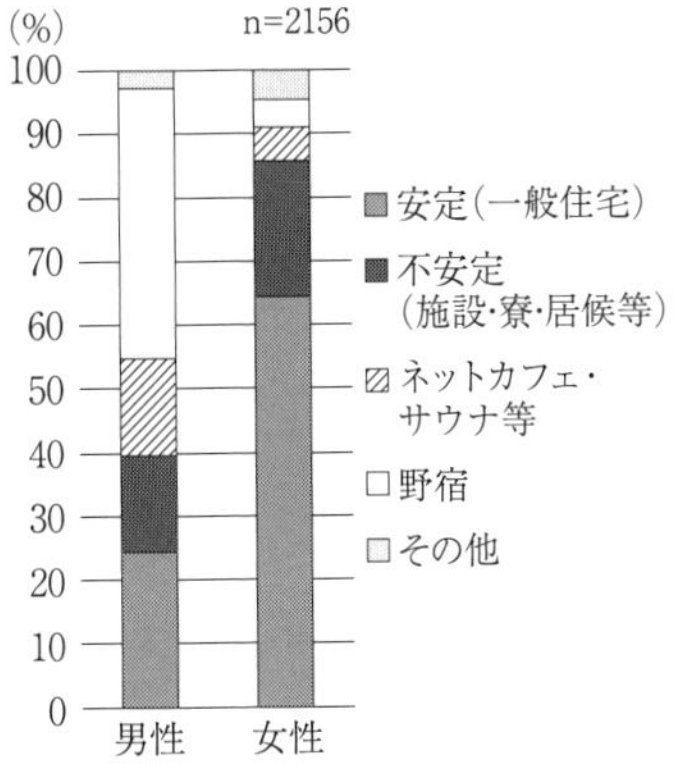

ムレス状態にある人だったのに対して、女性は野宿者は一割、広い意味でのホームレス状態の人は三割で、多くが安定した住宅に住んでいた（図表4－4）。ここからも、女性のホームレスが少ないことが示唆される。

健康状態は、男性の場合は身体的な不調を訴える人が六割、精神的な不調は二割、不調がないという人も二割いたのに対して、女性の場合はほとんどが健康状態が悪く、身体的な不調が四割、精神面な不調が五割と、精神面の不安定性が目立っていた（図表4－5）。さらに女性の相談の特徴として、幼少期に虐待された、家庭内で暴力を受けているといった暴力被害の経験を話す人が多いことがあった[2]。女性の貧困と暴力は密接な関係にあることがうかがわれる。

相談に来た時点で仕事をしていた人は男性で二一・二パーセント、女性で三二・七パーセントと、全体としては無職の人が多かったが、男性より女性の方が仕事を持っていた。その就労形態も、男性は日雇・都市雑業（アルミ缶回収など）がもっとも多かったのに対して、女性はアルバイト・パートが多く、女性はより安定した職に就いていた（図表4-6）。相談に来た時点での所持金は、男性の中央値が一〇〇〇円、女性は二万円と、女性はまだお金を持っているうちに相談に来る傾向があった（図表4-7）。さらに、「もやい」に相談に来たのち多くは生活保護申請をすることになるが、男性で保護申請をしたのが七〇・二パーセントであるのに対し、女性は三八・〇パーセントとかなり少なかった。

以上のことから、女性は男性に比べて、ホームレスの人が少なく、仕事をしている人が多く、所持金も多く、生活保護申請が少ないことがわかる。したがって女性は、男性よりも生活が安定した層の人たちが相談に来ていることが推測される。このことは、女性が男性よりも貧困に陥るリスクをより深刻に受けとめているとも解釈することができる。所持金が尽き、家を失ってホームレスになる前に、そうなる恐れを感じて早い段階で相談に訪れているのである。

しかし女性の相談ケースを個別に検討していくと、女性は男性に比べて生活が安定していると、単純には考えられないことが見えてくる。たとえば、家庭内で夫や息子から暴力を受けていて、そこから逃れたいと「もやい」に相談に来ているケースだと、その時点では夫や息子に収入があり、安定した住居に住んでいることになる。この場合には、男性相談者にもっともよく見られるパターンとは異なり、相談後にその足で生活保護申請に行くことにはなりにくい。いったん帰宅して、ど

図表４－６　「もやい」相談者の就労形態

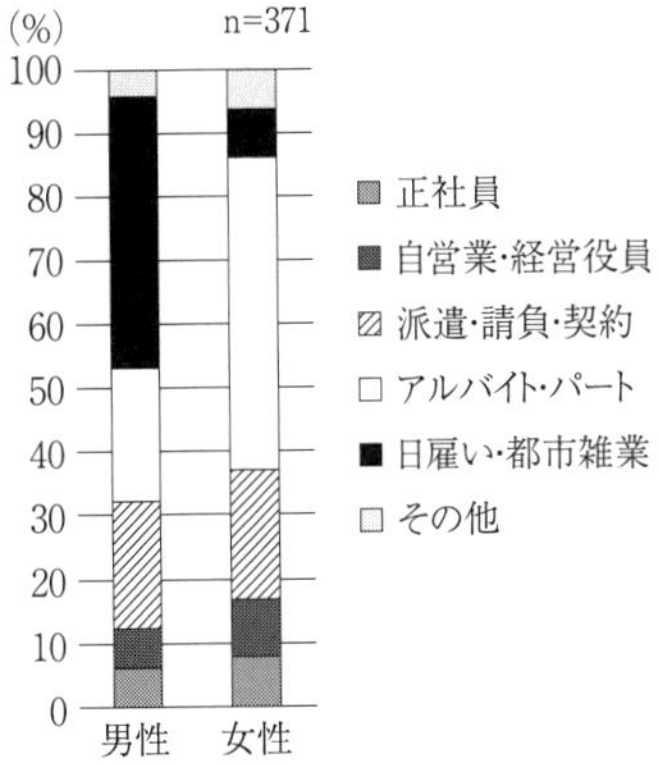

図表４－５　「もやい」相談者の健康状態

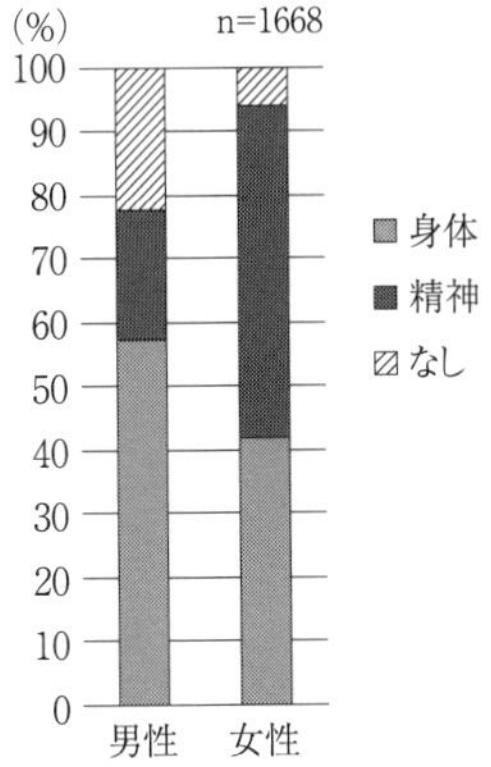

図表４－７　「もやい」相談者の所持金

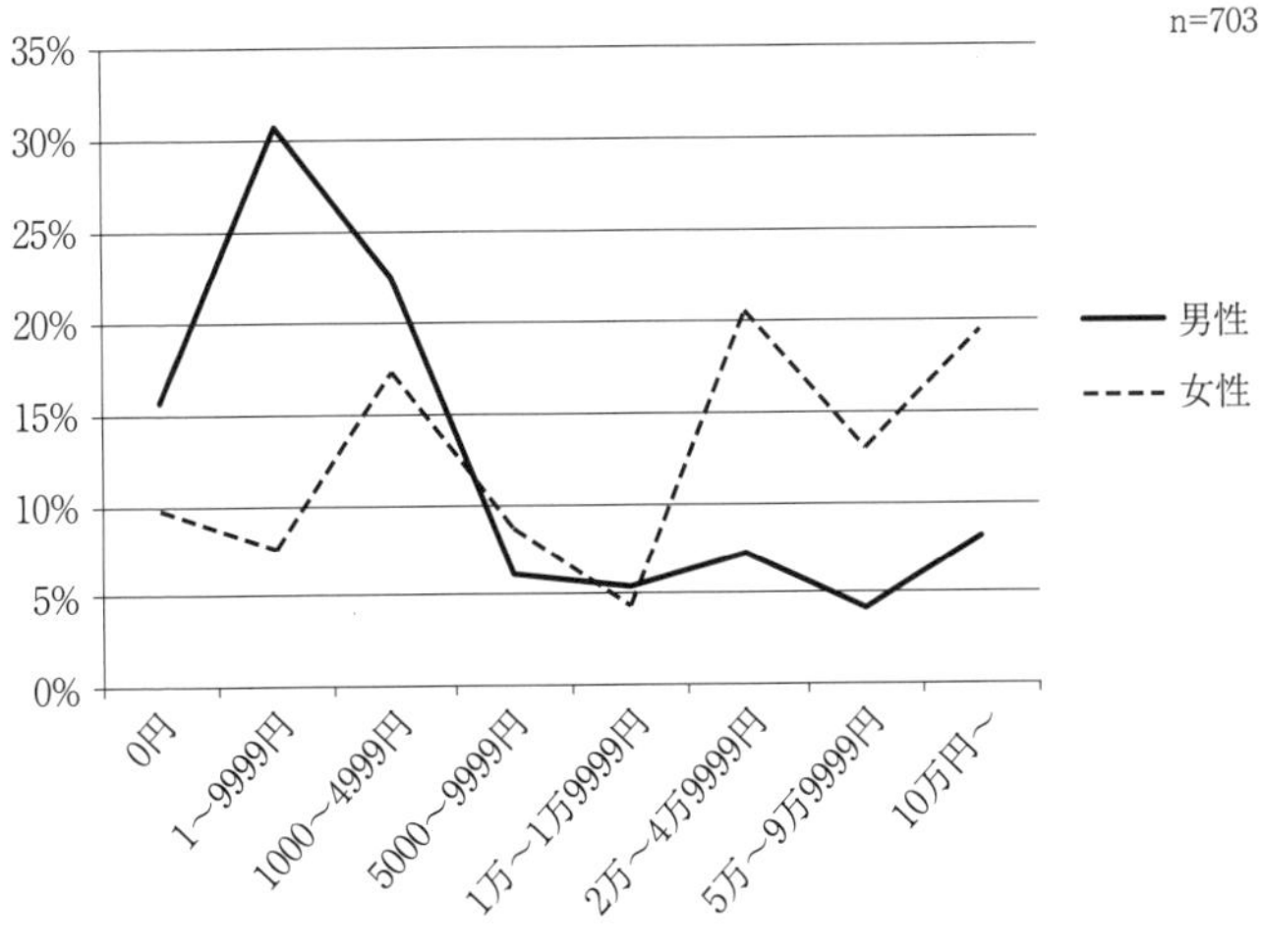

うしたいのかもう一度考えてみる、ということで相談が終わることが多いのである。こうしたケースでは、相談に来た女性自身はその時点では貧困でもホームレスでもなく、生活保護申請もしなかったという記録が残る。しかしそれを生活が安定していると、単純にいうことはできないだろう。ここからも、女性の貧困が見えづらく、女性が家から出ることが難しいということが示唆される。

以上のことから、女性の貧困を把握するにあたって、「世帯」という概念に注意する必要があることが見えてくる。現在のところ、貧困を把握する単位として、世帯が用いられるのが一般的である。

たとえば貧困を示す指標としてしばしば用いられる「貧困率」（もしくは「相対的貧困率」）は、「世帯の可処分所得を世帯人員数の平方根で割った中央値の五〇％（貧困線）に達しない世帯員の割合」とするのが、ＯＥＣＤの基準である。このとき、所得が世帯内で平等に分配されていることが前提になっている。つまり子どもや女性も、稼ぎ主の男性と平等に収入をわけあっていることが想定されているのである。(3) しかし実際には、夫が高収入を得ていても妻には限られた生活費しか渡さず、妻と子どもは貧困ともいうこともありうるし、上述したケースのように、暴力をふるう夫や息子のもとにいて、そこから逃れると女性はたちまち貧困になることもある。

しかしそうした状態は、世帯を単位に貧困を把握している限り、とらえることができない。つまり、女性の多くは夫や父親など男性稼ぎ主のもとを離れてはじめてその貧困が顕在化するが（実際に男性稼ぎ主のいない女性が深刻な貧困に陥っていることは、前述したとおりである）、同時に、家から出られず「貧困にもなれない」ような女性も世帯のなかに多く存在するのである。

「もやい」の調査から示唆されるように、家から出られないという女性たちのうちには、世帯のなかにいる限り経済的には貧困でなくても、精神的なつらさを抱えていたり、家から出ることを望んでいたりする人がいる。このような女性の抱える困難は、顕在化した女性の貧困と同じジェンダー構造を背景にする、地続きの問題なのである。したがって、女性の貧困をとらえるためには、経済的なものだけにとどまらない貧困概念が必要になっているといえるかもしれない。

4　単身女性の増加と若年女性の貧困化

つぎに、近年急速に貧困化が進んでいる若年女性の状況を見ていきたい。まず図表4－8を見ると、最近になって、女性が世帯主の世帯が急速に増加していることがわかる。その割合は一九九〇年以降、八パーセントから一六パーセントと約二倍に増えている。そのうち、母子世帯の割合に大きな変化はないが、特に単身女性の世帯が増えていることがわかる。

この単身女性の世帯は、どの年齢層で増えているのか。一九九〇年と二〇一〇年の単身女性世帯の割合を、年齢別により詳しく見てみると、女性単身者は一〇代から四〇代で増加しているほか、七五歳以降で顕著に増えていることがわかる（図表4－9）。高齢単身女性の増加の背景には、長寿化が進んでいることによって、平均寿命が長く、夫よりも年齢が低いことの多い妻が高齢期を単身

図表4－8　女性が世帯主の世帯の数と，全体数に占める割合

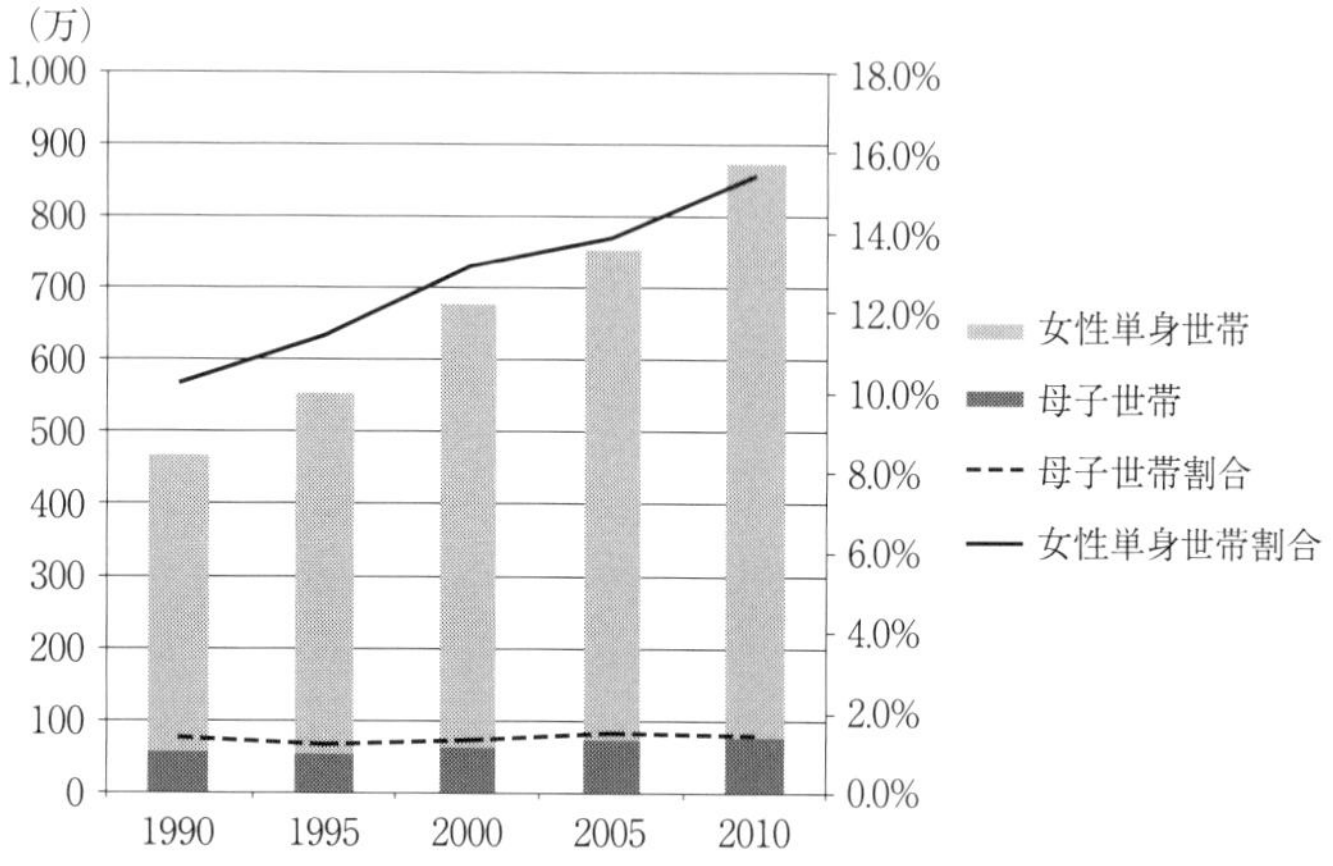

出典：総務省『国勢調査』（平成22年，平成12年，平成2年）より作成

図表4－9　女性が世帯主の世帯が全世帯に占める割合の変化

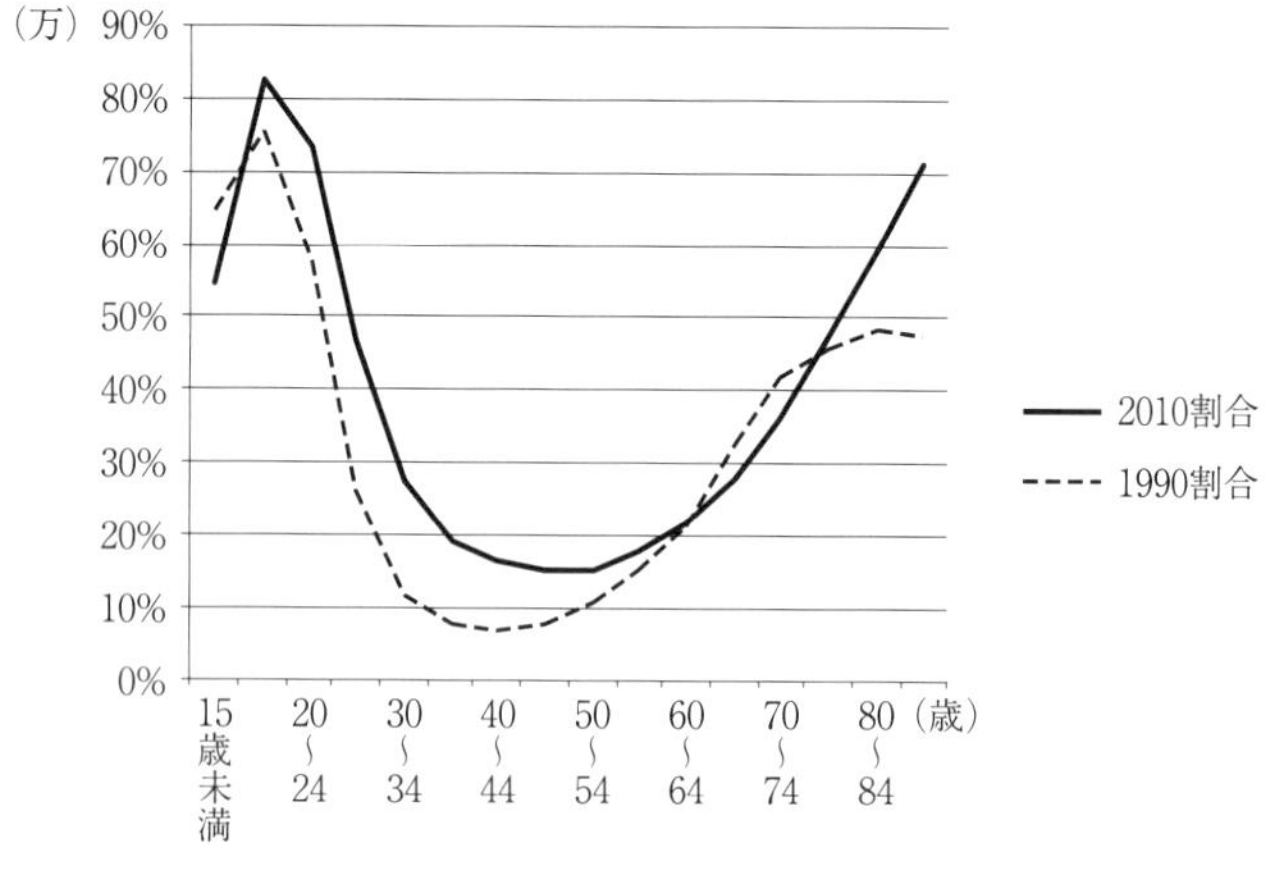

出典：総務省『国勢調査』（平成22年，平成12年）より作成

図表4－10　単身女性の貧困率の変化

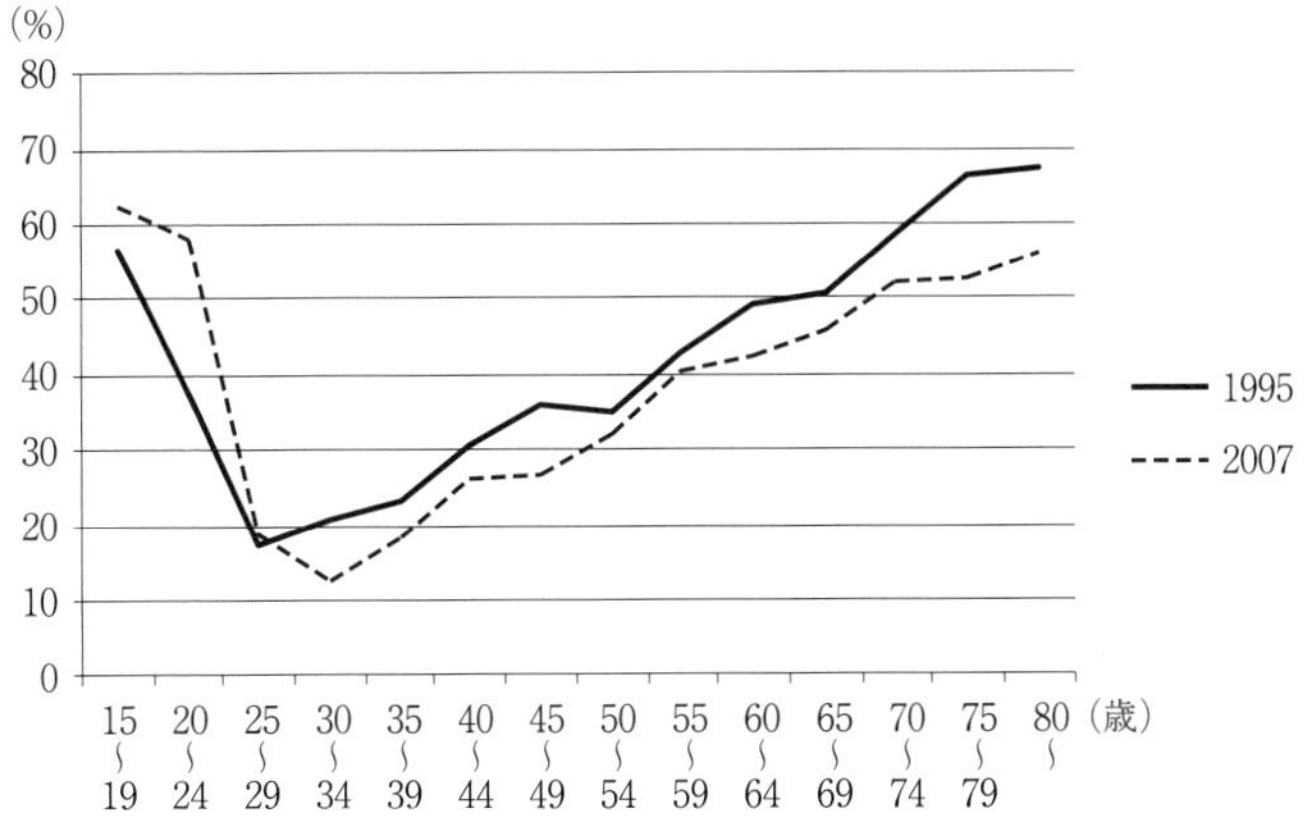

出典：『生活困難を抱える男女に関する検討会報告書』(2010) より作成

で過ごすことが増えたことがある。また一〇代から四〇代での単身世帯の増加の背景には、未婚化が進行していることがあるだろう[4]。そしてこの単身女性の増加が、これまで見えにくかった女性の貧困を急速に顕在化させることになっている大きな要因である。単身女性の貧困率を年代別で見てみると、高齢層に比べて特に若年層において、一九九五年から二〇〇七年の間に、貧困率が高まっていることがわかる（図表4－10）。近年、若年層で非正規化が進み、平均年収がさがっていることはよく知られているが、家族の援助を受けにくい単身者において、特にその困窮状態があらわれやすいのである。

では、貧困化が進む若年女性とは、いったいどのような人々なのか。つぎに先述した「もやい」の調査から、若年層の相談の特徴

図表4－11　「もやい」相談者の居所

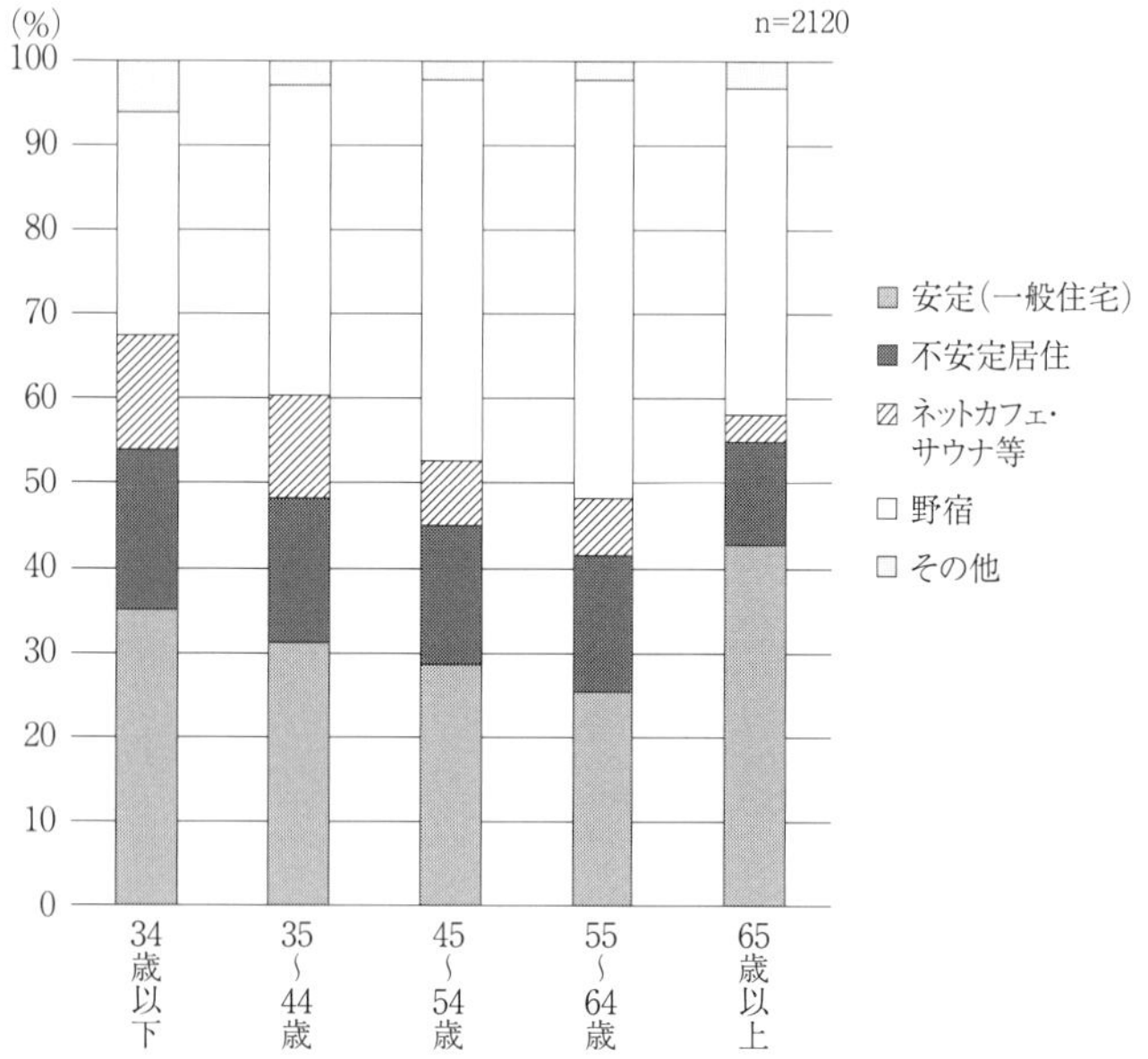

と、若年女性の相談の具体的なケースを見ていきたい。「もやい」の相談者全体のなかで三四歳以下の若年層の割合は、一九・七パーセントであった。この若年層の相談が他の年齢層と顕著に異なるのは、居所、就労形態、健康状態である。居所は離家する前の人が少なくないため、他の年齢層に比べて実家暮らしが多いことは当然としても、ネットカフェ・サウナ等が多いことは注目に値する（図表4－11）。また就労形態についても、アルバイト・パート・派遣・契約などの非正規雇用で働いている人が、若年層はそれ以外の年齢層に比べて多かったことも特徴的であ

図表4－12 「もやい」相談者の就労形態

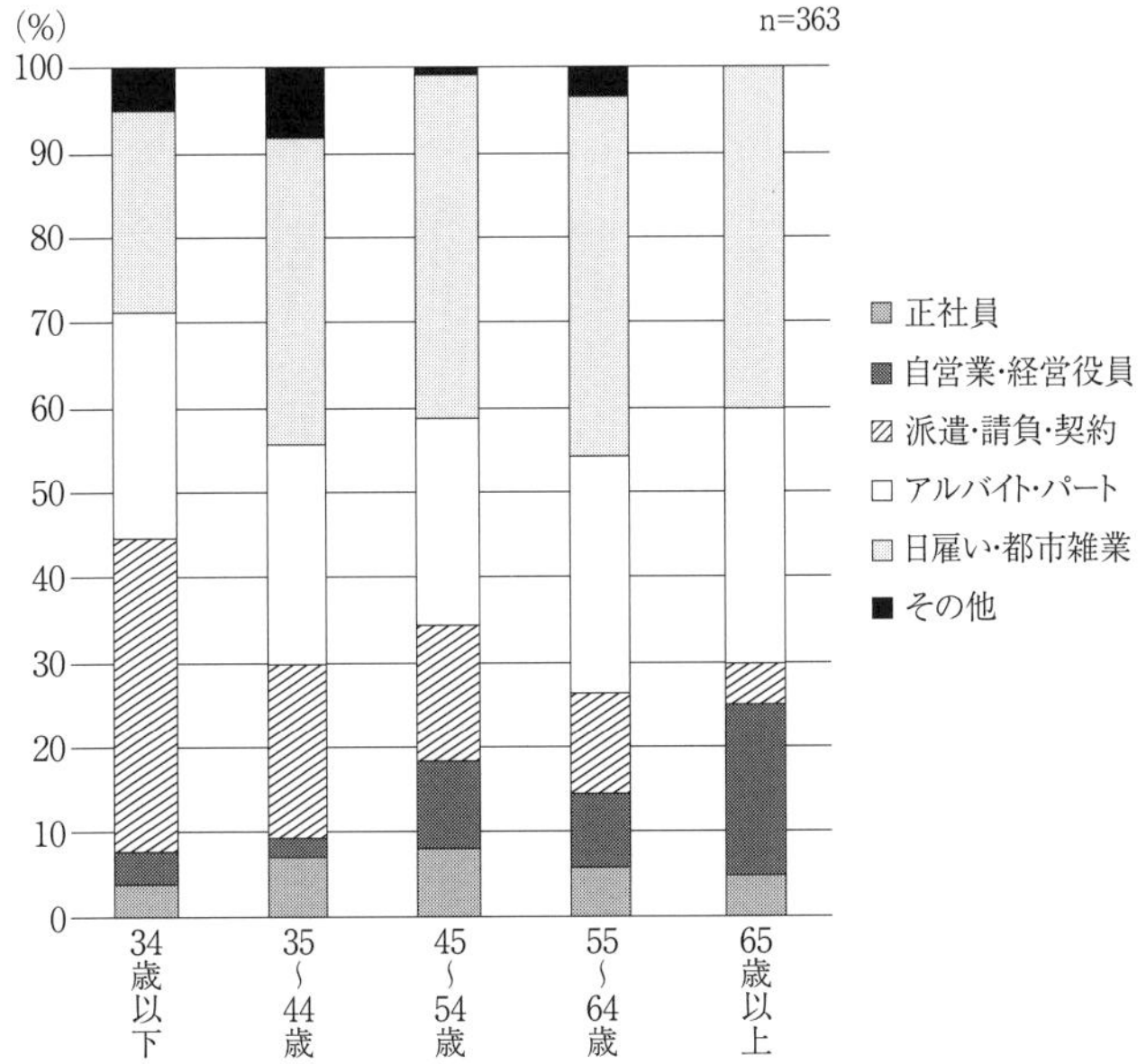

った（図表4－12）。若年層において非正規化が進んでいることが、ここからもうかがわれる。健康状態については、問題がないという人の割合は若年層でも他の年齢層と比べて違いはなく、若い人では精神的な疾病を抱えているケースが多かった（図表4－13）。さらに若年者層であっても、過去に生活保護を受けたことがある人が一二・五パーセントと、少なくないことも注目すべき点であろう。

全相談者のなかで、三四歳以下の若年女性からの相談は八七ケースあった[5]。典型的なケースを見てみると、第一は実家を出たいという相談であった。Aさんは二〇代

図表4－13　「もやい」相談者の健康状態

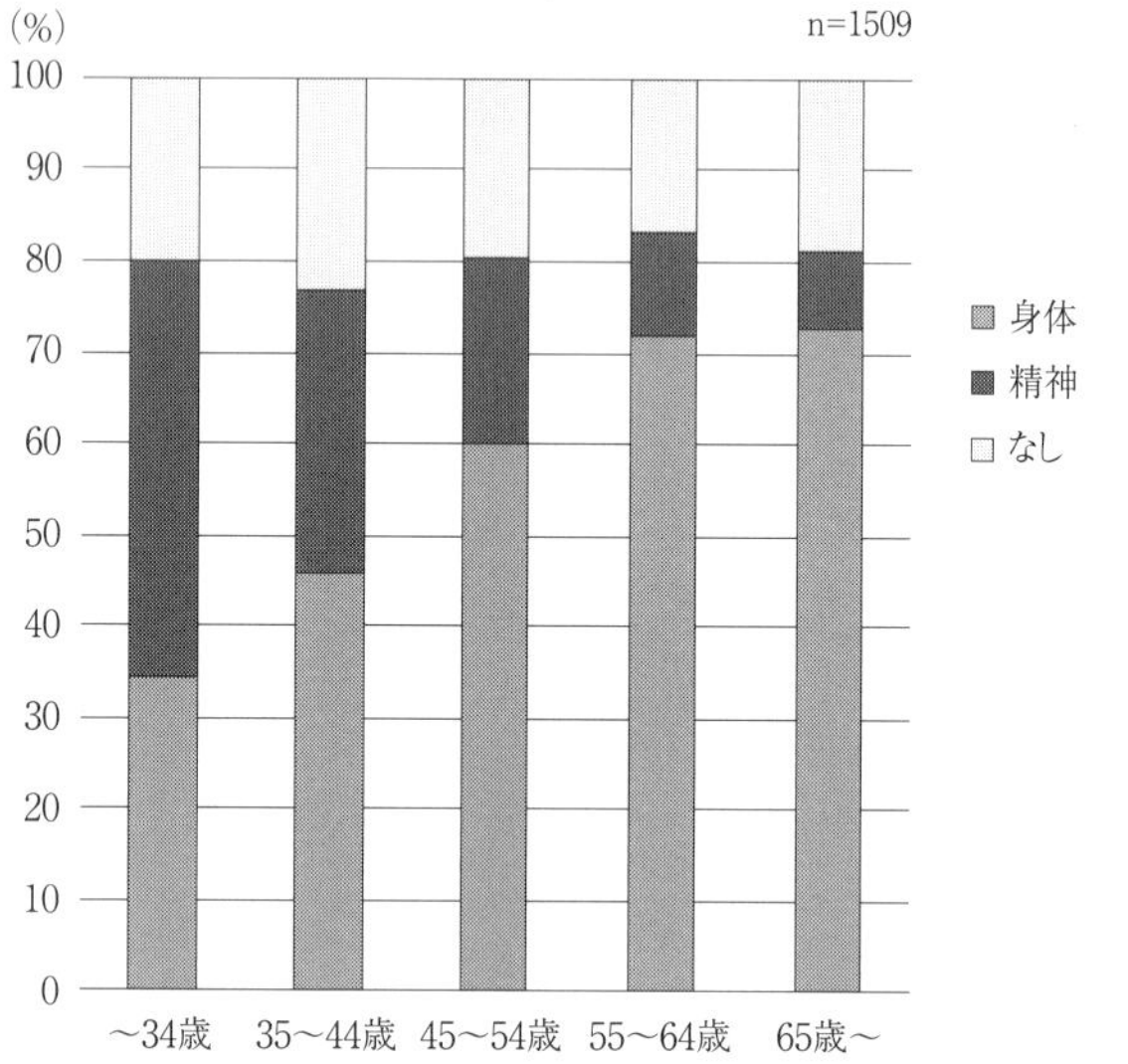

後半で、親・きょうだいと同居している。親は幼少期から不仲であった。高校中退後アルバイトをするが、上司からの嫌がらせにあい、仕事に行くのがこわくなる。病院では鬱と診断される。その後、体調が整わず仕事を続けることが難しくなり、職を転々とするが、親は病気に理解がなく、「怠けるな、働け」といわれる。実家から出て生活保護を受給することを希望している。

第二の典型的なケースは、困難を抱えた家庭に育ったため、問題に直面しても、実家を頼れないという相談であった。Bさんは一〇代後半で、ものごころついたときから父は行方不明、母には精神疾患があって、生活保護を受けていた。母が養育できないため、四歳から叔母の家に引き取られるが、そこで虐待される。中学卒業後、家を出てアルバイトを転々とし、性産業などでも働く。現在は男性の友人宅に居候中。借金があるが、母や叔母には頼りたくない。

第三の典型的なケースは、母子世帯の母からの相談であった。Cさんは二〇代前半、夫と一歳の子と暮らしていたが、子どもが生まれたころより夫から暴力を受けるようになる。夫が覚せい剤所持の罪で刑務所に入ると、アパートを退去させられる。仕事をしようとするがＰＴＳＤでうまくいかず、生活保護を申請しようにも離婚が成立していないためできない。子どもは養育できないと一時的に施設へ預けられた。実家とは絶縁状態であるため、連絡されたくない。

このような例に見られるように、若年女性からの相談のなかには、貧困や生きづらさにつながるさまざまな課題が見られ、それらが一つだけではなく複合している場合がほとんどであった。さらに二〇代前半までの相談者で特徴的だったのが、相談票に記されていることからわかる範囲ではあるが[6]、本人に知的・発達障害があったり（六ケース）、虐待されていたり（一一ケース）、親が障害を持っている（四ケース）など、幼少期から不利な条件を抱えていた人が多いこと、そしてそれゆえに実家があっても頼れないと語る人が多いこと（九ケース）だった。二〇代後半から三〇代前半の相談者になると、幼少期の家庭環境よりも不安定就労を原因とする困窮が増える印象があった。また特に目をひいたのは、精神的疾病を抱えている人が半数を超えていたこと（四四ケース）である。若年男性からの相談と比べて異なっていたのは、妊娠・出産の経験がある人や（一三ケース）、

ＤＶ被害にあったという人（八ケース）が少なくないことである。さらに男性の場合には不安定就労が、女性の場合は人間関係のトラブルが困窮の原因になる傾向もあった。

このように、「もやい」に相談に来る若年女性たちのなかでは、障害や育った家庭環境のために幼少期から不利益を受けていたり、成人して困難に直面したりしたとしても、頼れる実家がないという状況にある人が多かった。そして不安定就労を転々とすることと、精神的疾病、暴力被害の間の因果関係は明らかではないが、それらが複合した結果として貧困に陥っている場合が多いことが指摘できるだろう。

5　女性がホームレスにいたるまで

つぎに、私自身がこれまで出会ってきた女性ホームレスのうち、生活史を詳細にたどることのできる三三人の、ホームレスにいたるまでの過程を見ていきたい（丸山 2013）。というのも、その平均年齢は五〇・九歳と高齢であるが、現在貧困化が進んでいる若年女性の生活史と共通する特徴があるように思われるからである。

女性ホームレスの生活史のうち、典型的なケースの第一は、夫の失業にともなってホームレスになる夫婦である。このケースでは、夫も建設労働など不安定な職についている人が多い。Ｄさんは七〇歳、足に軽い障害があり、足を引きずって歩く。小学校を卒業するころ父親が再婚し、義母と連れ子と暮らしていたが、すぐに親戚の散髪屋の見習いになり、家を出る。そこで不本意な結婚をさせられそうになったため、飛び出して、子守など住み込みの職を転々とするようになった。その後、連れ子が二人いる男性と結婚、Dさんはパートで働く。しばらくして夫が刑務所に入ると、夫が不在にもかかわらず連れ子の養育をすることに疑問を感じたDさんは、家を出る。それからは住み込みで旅館の仲居をしていた。四〇代で現在の夫と出会い、アパートで暮らしはじめる。夫は大工で、Dさんもパートで家計を助けた。二人で飯場に入り、夫は現場仕事、Dさんがまかないをしていた時期もある。しかしだいに夫に仕事がなくなり、生活苦から借金を重ねるようになるが、返済が滞り、家を出て二人で野宿をするようになった。

典型的なケースの第二は、単身で暮らしていた女性（生涯未婚の場合と、死別・離別後に単身になった場合と両方がある）が失業し、ホームレスになるパターンである。Eさんは六八歳。中学卒業後、正社員として工場で働く。二〇代でアルバム製作会社に転職、日給月給制で、社会保障もない仕事だった。アパートを借りて住み、四〇代後半までその会社に勤める。だが給料があがらず生活が苦しくなったため、仕事を辞め、清掃のパートを二つかけもちするようになる。家賃の足りない分は、友人に援助してもらっていた。しかし友人に家賃がもったいないからと誘われ、友人宅に居候してそこからパートに通うようになる。一〇年ほどその生活を続けるが、高齢になり仕事を解雇される。友人に多額の借金をしていたこともあり、友人宅にいづらくなって、野宿をするようになった。

典型的なケースの第三は、暴力などのある家族から逃れて、ホームレスになるパターンである。

Ｆさんは五五歳。高校卒業後は、実家の家事手伝いをしていた。二〇代後半で商社に勤めていた男性と結婚し、三子をもうける。専業主婦となり、裕福な暮らしをしていた。しかし夫が家庭をかえりみず浮気をし、子どものいじめも重なってノイローゼ状態になり、四〇歳のとき離婚。子どもは夫の元に残し、実家に戻る。母・兄と暮らしながら、ヘルパーとして働きはじめた。その後、実家を出て住み込みでパチンコ屋、寮に入ってヘルパーとして働くが、寮内での人間関係が難しく、ふたたび実家に戻る。だが近所の目があって実家にもいづらくなり、住み込みで家政婦をするが、その仕事も失って野宿をするようになった。

三三人の女性ホームレスの生活史の特徴を見ていくと、学歴は中卒が一八人、高卒が八人と総じて低く、一八歳未満で離家した人が一四人と多かった。幼少期の家庭環境に不利な条件を抱え、早くに家を出なければならなかったことがうかがわれる。職歴を見ると、学卒後に最初に着いた仕事では正社員という人もいたが、それが継続している場合はほとんどなく、大半は低賃金の不安定労働（清掃や、旅館の仲居、飯場のまかないなどが多い）に長く従事していた。また男性ホームレスで結婚経験がある人は四割しかいない（厚生労働省 2012b）のに対して、この三三人の女性たちは九割に結婚経験があった（内縁関係も含む）。学歴が低く十分な収入を得ることが難しい女性にとって、結婚することが生活手段にもなっていることがうかがわれる。しかし結婚しても離別（一八人）や死別（八人）を経験している人が多く、また一般的には多子世帯が貧困になりやすいといわれているのに対して、子どもがいない人が二〇人と多いことも特徴的であった。知的障害・発達障害など先天的な障害があると思われる人も四人いた。

以上のことから、ホームレスになる女性の多くは、学歴が低く、早くに離家をし、結婚生活もうまくいかず、不安定労働に長く従事していた人が多いことがわかる。つまり一節で述べた女性の標準的なライフコースに照らせば、父親に扶養されるという道も、夫に扶養されるという道も、労働によって自立するという道も、いずれにもほとんど乗ることがなかった人たちであると考えることができる。そしてホームレスになったこうした女性たちの生活史は、四節で見た若年女性たちのケースと類似した点が多い。高齢の女性ホームレスたちは長く生きている分だけさまざまな困難を経験しているが、それでも三〇代前半までの若年女性たちのケースからは、高齢のホームレスになった女性たちと同様の困難を抱えていることが、すでに頻繁に見られるのである。このことは、「もやい」に相談に来ていたような若年女性たちを放置しておけば、将来的にホームレスになる可能性が高いということを示唆しているとも考えられる。

しかし三三人の女性たちのなかには、正規雇用で長期間働いていたり、安定的な婚姻関係を長く継続していた人たち、つまり三つの道のいずれかに乗ることができたにもかかわらず、そこから突然道を逸れたという人も三人いた。山田昌弘は、本書のもとになった二〇一四年六月のシンポジウムで、こうした女性たちを指して、人生の途中までは順調に見えていたが、夫の失業や離婚などがあって、突然状況が変わり転落したとし、女性の場合には男性と比べて、自ら働いて経済的に自立しなければならないという圧力が弱い分、「運」が作用する余地が大きいと指摘した。裏返せば、

「運」さえよければ暴力もふるわない収入のある男性と結婚し、一生幸せに暮らすことができるということであるが、そのことを夢見る若年女性に対して、そうはならない可能性も低くないこと、そのリスクを教える教育をする必要があると、山田は問題提起している。

6　今後必要な政策

ここまで、女性の貧困の現状と、困難を抱えた女性たちの生活史の特徴を見てきた。最後に、こうした女性の貧困の現状を改善し、困難を抱える女性たちの生きづらさを取り除くために、どのような政策が必要なのかを述べていきたい。

一つには、女性が経済的に自立できる条件を整えることである。具体的には、最低賃金を引き上げること、そして現在は正規雇用者が中心の社会保障を、非正規雇用者でも加入できるようにすることなどが効果的だと思われる。こうした政策は、女性だけではなく男性も含めて、ワーキングプアの人の生活水準をひきあげることにつながる。そして一節で見たように、女性の貧困問題を生み出す大きな原因が、男性と女性の働き方に違いがあることであったことから、その違いをなくしていく方向性が求められている。それは、現在の男性正社員並みに女性が働くということではなく、家に専業主婦がいて家事・育児を担ってくれることを想定した男性の働き方も見直し、男性と女性双方が賃労働をし、また家事・育児もするということである。

もう一つは、子育てにかかる費用を社会的に負担する仕組みが必要だろう。少子化の進む現在の社会で、子育て支援は貧困世帯に限らず求められているが、保育所の整備や児童扶養手当を拡充することは、女性の貧困を削減するためにも効果的である。特に、児童扶養手当は子が二人以上いる場合、現状では第二子は五〇〇〇円、第三子は三〇〇〇円の加算がつくにすぎないが、実際には二人以上の子の養育にはより金銭的負担が大きいため、それを増額することは、少子化対策としても意味があるだろう。

また、特に若年女性にとっては、人生の早い段階で、生活技術の習得も含めたやり直しができる仕組みが必要だろう。ホームレスの女性たちと長く関わっていると、ホームレス生活を脱し、生活保護を受給してアパートで暮らしはじめても、早くに離家したり不安定な生活を続けてきたために、自炊をしたり、金銭管理をするなどの習慣が身についておらず、生活が破綻していくケースを見ることがある。そうなると、生活保護を受給して生活を再建しても、その生活を維持できないということになってしまう。不安定な生活を送る若年女性のなかには、同じく生活技術が身についていない人がいると聞くが、こうした生活習慣を身につけるための支援も有効かもしれない。

注

（1）婦人保護事業は、売春防止法にもとづき、売春をした女性と売春をするおそれのある女性の保護更生のために定められた事業である。しかし「売春するおそれ」を広く解釈することによって、現在では野宿者や、ＤＶから逃げている、精神障害・知的障害があって単身での生活が難しいなど、さまざまな困窮状態にある女性の保護に活用されているという実態がある。

（2）暴力被害については、相談のなかで自発的に語られた件数を数えているだけなので、被害経験者の割合を示すことはできない。しかし三〇七ケース中五四人がなんらかの被害経験を語り、男性に比べてかなり多い印象があった。

（3）貧困を把握する単位として世帯を用いる方法では、女性や子どもの貧困を十分にとらえられないということの問題は、室住眞麻子（2006）がイギリスの議論をふまえて整理している。

（4）「パラサイト・シングル」として知られる親同居未婚者の数は増加傾向にあるが、未婚化の進行がパラサイト・シングルの増加を打ち消すスピードで進んでいるため、単身者が増えているといわれている（藤森 2010:45）。

（5）個人が特定されないよう、いくつかの似たケースを組み合わせたり、改変を加えた。

（6）この調査は、「もやい」に相談に訪れた人が語った内容が記録された相談票を分析したものであり、相談のなかで言及されなければ数がカウントされていない点には注意が必要である。

参考文献

Axinn,June（1990）"Japan: A Special Case", Gertrude Schaffner Gordberg and Eleanor Kremen eds., *The Feminization of Poverty: Only in America?*, New York: Praeger Publishers.

藤森克彦（2010）『単身急増社会の衝撃』日本経済新聞社。

厚生労働省（2012a）『賃金構造基本統計調査』。

――――（2012b）『ホームレスの実態に関する全国調査（生活実態調査）結果』。

――（2014）『ホームレスの実態に関する全国調査（概数調査）結果』。

厚生労働省職業安定局（2007）『住居喪失不安定就労者等の実態に関する調査報告書』。

丸山里美（2013）『女性ホームレスとして生きる――貧困と排除の社会学』世界思想社。

室住眞麻子（2006）『日本の貧困――家計とジェンダーからの考察』法律文化社。

内閣府男女共同参画局（2010）『生活困難を抱える男女に関する検討会報告書』。

総務省（1990）『平成2年国勢調査』。

――（2000）『平成12年国勢調査』。

――（2010）『平成22年国勢調査』。

――（2014）『労働力調査』。

特定非営利活動法人自立生活サポートセンター・もやい（2014）『もやい生活相談データ分析報告書』。

特定非営利活動法人ホームレス支援全国ネットワーク広義のホームレスの可視化と支援策に関する調査検討委員会（2011）『広義ホームレスの可視化と支援策に関する調査報告書』。

United Nations Economic Commission for Europe（2010）*Statistical Database*.

第五章　折り重なる困難から
——若年女性のホームレス化と貧困

山口　恵子

1　女性が貧困であること

二〇一四年一月二七日に放送されたNHKのクローズアップ現代において、「あしたが見えない——深刻化する『若年女性』の貧困」が報じられた。「寮、食事付き、託児所完備。今、生活支援を売りにする風俗店で働く女性が増えています」。風俗店で働く女性は語った。「私が働かなきゃ、餓死しちゃうようっていう状況なので」。一九歳の女性は三つの仕事を掛け持ちしていた。「本当に時給が安くて、すごい働いた気がしても、月一〇万円とか」。

シングルマザーの貧困は今に始まったことではないし、多くの女性がパートタイム労働などの非正規労働につき、賃金が低く抑えられていることも、まったく新しい現象ではない（鴨・赤石 2009

ほか）。しかし、政策的に構造化されている女性差別に加えて、現代の雇用や家族の変容のなかで、その困難さに拍車がかかっていくと考えられる。そして、母親による子どもの虐待や殺人、若い女性の事件などがあるたびにセンセーショナルに報じられ、母親が責められ、また若者の未熟さがあげつらわれ、そして忘れ去られていく。そこには女性をとりまく貧困という困難な状況が見え隠れしているにもかかわらず、不可視化されてきた。

そもそも、極度の貧困状態である屋外で生活する「ホームレス」が一九九〇年代の半ばより社会問題となったときも、捉えられた姿の多くは中高年の男性だった。たとえば、二〇〇二年の東京都内における「路上生活者」の実態調査の結果によると（N＝七〇九）、女性は二・一パーセントを占めているに過ぎなかった（都市生活研究会編集・発行 2002）。また、最低限の数字だと思われるが、より近年の二〇一二年の厚生労働省による全国の「ホームレス」（野宿者）の実態に関する全国調査の概数調査でも（目視でのカウント、N＝九二三七、性別不明を除く）、女性は三・三パーセント程度であった（厚生労働省　2014）。

このことは、いうまでもなく女性の貧困が男性に比べて小さいことを意味しない。こうした状況について、児童養護施設の退所者支援を行う高橋亜美は、「住居の問題が生じたとき、私たちが関わってきた施設退所女性たちがよく口にしていたのは『男はホームレスになれる』という言葉だ。『女はホームレスには簡単になれない』。女性がホームレスになるということには、性被害の問題が必ずついてくる」（高橋 2012：20）として、女性が屋外で生活すると性被害の問題が起こる可能性があり、それを女性たちが極力忌避しようとすることを指摘している。また、生活困窮者支援組織である「もやい」の代表である稲葉剛によると、女性は路上で寝泊まりや生活することのリスクが大きく、かなり不安にも思っているので、まだ所持金がある段階で早目に相談に来たり、友達や男性の家に居候していて、そこにいられなくなりそうな段階で相談に来るのだという。(1) つまり、ホームレス状態の女性の姿は見えにくく、また私たちの社会でも積極的に見ようともしてこなかった。

本章ではこうした女性、とりわけ、より若年の女性の貧困について、その多層の排除と困難の諸相について聞き取りや資料などからまとめてみたい。ただし、言うまでもないが貧困状態は一枚岩ではない。岩田正美は、女性に対する九年間のパネル調査の年収に関する分析から、その貧困経験を、持続貧困（一パーセント）、慢性貧困（六・八パーセント）、一時貧困（二七・二パーセント）の三つに類型化し（残りの六五パーセントは安定）、その序列の明確化と固定化を指摘している（岩田 2007）。ここでは、岩田の類型に沿えば前二つに含まれ、もっとも困難な状況であると想定されるホームレス状態にある女性たちを念頭に置いている。ホームレス状態とは、路上生活のみならず、慣習的な居住に欠ける不安定な居住状態全般を含む。ここでの貧困とは、経済面のみならず、人間関係面の貧困も含む。

なお、セックス・セクシュアリティ・セクシュアルアイデンティティは多様であり、対象を「女性」と本質化することには問題があると思われる。しかし、女性というカテゴリーが社会における搾取や抑圧と結びついていることを問うことから、ここでは使用する。また、女性の貧困は年齢層にかかわらず深刻な問題であり、若年女性もいずれ年齢を重ねていく。しかし、若年であることは性の商品化とより結びつきやすいこと、政策的なセイフティネットが乏しいこと、さらに、この時代に若者であることが将来にわたってライフコースを規定することが考えられ、それに注目することに意味がないわけではない。よってここでは若年女性の貧困を念頭に置くが、それが中高年女性の困難を排除するものではないことは確認しておきたい。

2　三人のケースより

男性の貧困も同様の傾向があるが、ジェンダー不平等な社会構造のなかで、女性の貧困はさらに複雑な様態が絡まり合っている。まず、三人のケースをみてみよう。みな、現在二〇～三〇代の年齢層の女性である。なお、ケースはプライバシーの保護のために、適宜、改変を行っている。

（1）Aさん

Aさんの母親は広島県出身で、祖父母が造船業で働いていた。しかし景気が非常に悪くなり、母親は高校卒業後に、東京に働きに出た。その後、既婚の男性との間でAさんを出産した。しかし、実家が敬虔なクリスチャンで、勘当される。母親は特別な資格もなく、身寄りもないなかで、子どもの学校の進学などを考えてコツコツと働いていたという。中学校に入ってパソコンを買ってあげると、Aさんはチャットにはまった。その後、いろいろな経緯の中で、養護教諭がリストカットの跡をみつける。また、夜遅くなって止めるように言ってもパソコンから離れないため、母親はAさんを思わず叩いてしまうこともあったという。Aさんはこのことを「母親から虐待されている」と話しており、母子の葛藤が続いた。高校入学後、チャットなどで知り合った一五歳近く年上の男性から声をかけられた。家を出たかったこともあり、彼女はその男性の元に身を寄せた。しかし、暴力を受け、関係者が連携して脱出させた。ところが、彼女自身は自分が出てきてしまった罪悪感があり、また、その男性に撮影された写真をばらまくなどと脅されていて、なかなか「マインドコントロール」が解けなかった。Aさんはいったんシェルターに入ったのち、母親の元に戻ったが、再び家出。現在は性産業で働きながら、おそらくはネットカフェなどを転々としていることが予想される。後で発達障がいとの診断を受けている。

このAさんのケースから注目されるのは、まず、世代を超えた貧困の連鎖が起こっていることである。母親自身も東京に出てきて頼れる人が少ない中、必死で子育てをする。しかし、母親はしつけのつもりでも、Aさんは虐待と認識するズレが起きている。そうして家を離れたかったときに男性宅に身を寄せるのは、大きな選択肢であった。しかしそれは、暴力・脅しをともなうものとなり、大きな傷を残している。また、次に家を離れてから彼女が働けるのは性産業であった。さらに、学校や福祉にAさんの葛藤は発見されているが、歯止めになっていない。行政のシェルターにも一時的に入っているが、その後の実家での安定にはつながっていない。最後に見逃せないのは、男性と

の関係のなかでAさんは「罪悪感」「恐怖感」を持ち続け、大きな心理的負担を負っていることである。(2)

(2) Bさん

Bさんは岩手県出身である。父親が厳しい人で暴力をふるっていたらしく、父親が怖くて、あまり家にはいられないという状況であった。学校を卒業後は家で家事手伝いをしていたが、一〇代のころに家を出て、岩手県内の食品加工製造工場に住み込みで働いていた。家族とはまったく接触することなく働くことができていたが、東日本大震災で工場が被害を受け、再建されないということで、失業した。その後、「お母さんとか元気かなと思ったけど、風の便りでお父さんが死んだとは聞いたけど、やっぱり怖い」と思い、関東圏にある温泉地に向かった。住み込みで働ける仕事を探したところ、温泉旅館に行きあたったという。しかしその温泉旅館での仕事は非常に厳しいものだった。途中でその地元の福祉事務所に相談に行ったが、「何を言ってるんだ、ちゃんと働ける体があるんだから働きなさい」と叱咤され、「もうあそこで福祉は絶対いやだ」という。その後、いくつかの旅館で働くもついていけなかった。そして「東京しかない」と思い、最後のお金を持って上野へやってきた。彼女が就職したいと考えて最初に行ったのは、消費者金融でお金を借りることだった。しかし、お金はすぐに使い果たした。上野をうろうろしてどうしようと思い、警察に相談すると、福祉事務所を紹介され、現在は支援につながっている。Bさんはずっと母親への心配を口にしている。

Bさんのケースも、先のAさんと同じように、まず、実家との葛藤を抱えている。Bさんの場合は、父親からの暴力におびえ、実家に帰れない、帰りたくないという状況にあった。次に、家を離れるときにBさんが頼ったのは、工場や温泉旅館などの住み込みの仕事であった。その仕事を失って困ったとき、先のAさんと同じように、最初に自ら出向いた福祉行政とはつながっていない。それどころか、窓口で傷つく思いをし、ネガティブな印象を募らせている。最後に注目したいのは、彼女が最後のお金をはたいてやってきたのは、長らく東京以北からの上京者の窓口である東京・上野だった。金銭的に困窮しており、すぐに借金を抱えるが、再び自ら警察に相談に行くことで、今度は福祉とつながっている。もしBさんが自ら警察に足を運ばなければ、また福祉事務所が適切な対応をしなければ、彼女はさらなる困難を抱えたことが予想される(3)。

(3) Cさん

最後に、子どもを窒息死させ、殺人罪と死体遺棄罪で起訴されて、懲役六年の実刑を受けたCさんのケースである。Cさんは茨城県外で生まれた。二歳のときに里親に委託され、のち養子縁組が成立した。高校卒業後、里親宅を出ていたが、二一歳の時に長女を妊娠し、里親宅に戻って出産した。二四歳の時に長女を置いて里親宅を出ている（のちに養子縁組は解消されている）。二六歳の時に知り合った男性との間に長男を妊娠、男性の住む茨城県V市に移り、長男出産後、その男性と結婚した。このころは子どもの検診などは受けている。しかし夫が家賃を滞納したために転居、別居する。その後、Cさんと長男は交際相手であるW市の男性宅に転居する。一時、長男を置いたまま帰らず、X市で働くが、男性宅に連れ戻される。そしてこのW市の男性とともにY村に転入。その後、Cさんと長男はZ市の男性宅へ転居し、子育て支援センターなども利用していた。しかし、妊娠に気付いて家を出て、X市にあるCさんの勤務先の寮に転居する。このころCさんは流産させようとして、腹部を何度も拳で殴ったという。また携帯サイトで知り合った他県の男性に会いに行き、援助を依頼するものの断られている。その後、Cさんと長男はZ市のホテルを転々としていた。三〇歳のとき、Cさんは茨城県内のホテルで女児を出産し、ビニール袋に入れて口を結び、呼吸困難により窒息死させ、コインロッカーに入れた。

Cさんのケースも、AさんとBさんと同様に、実家を頼れない状況にあった。彼女はそもそもいろいろな事情のなかで幼少期から里親宅で成長し、養子縁組もしたが、最初の出産後、解消されている。そうして安定した住まいがなく、幼少の子どもを抱えたCさんは、複数の市に渡り、かつ男性の家、元勤務先の寮、ホテルなどを転々としている。それはCさんができうる限りの必死の生き抜き方だったろう。Cさんのケースで大きいのは、貧困の連鎖に加えて、子どもの出産と男性（および住まい）との関係である。子どもが生まれたり、生まれそうになったりして男性の元を出なければならなくなり、住まいを失う、ということがくり返されている。そして最後は予期せぬ妊娠だったのであろうか、自分に暴力をふるっている。最後に注目すべきは、やはりCさんのケースでも、子どもの検診や子育て支援センターの活動から、継続的な支援につながる可能性がときどきにあったものの、結局、つながっておらず、最悪の状況を迎えている。(4)

3　折り重なる困難から

彼女たちの人生には、さまざまな困難が折り重なっていることが分かる。ここで垣間見える貧困とは、経済的な貧困ばかりではなく人間関係的な貧困もあり、さらにそこからさまざまな困難が派生している。先の岩田は、貧困が単に貧困だけでは終わらず、現代日本で「不利な人々」は、貧困とはまた別の問題を同時に背負って生きていかざるをえないこと、そして多くの社会問題は貧困問題の解決を視野に収めないとアプローチできないことを指摘している（岩田 2007）。

湯浅誠は、人々がこうした貧困に陥る背景について「五重の排除」、すなわち、教育課程から、企業福祉から、家族福祉から、公的福祉から、自分自身からの排除があるという（湯浅 2008）。さらに荻上チキは、女性のケースは、これにジェンダーからの排除、社会問題からの排除という「二重の追い打ち」（荻上 2012）の存在を指摘している。こうした排除は複雑に絡み合って、女性の困難な状況を作り出している。

以降、これらの排除の様態を踏まえて、とくに若年女性と関連が深いと思われる諸点に絞って、女性たちが置かれている困難な構造を検討したい。

（1）生育家族に頼れない――家族福祉からの排除

ホームレス状態にある若年の男性も同様の傾向があるが、先の三人の女性も、家族との間に問題を抱えている。Cさんのように、児童養護施設などで暮らしており、頼れる家族がいない、またAさんやBさんのように、家族があっても、家にいられないおよび家を出たいという状況にある。若年者が親と同居し、援助する慣習がある日本においてホームレス状態になるということは、多くが家族に問題を抱えている。

そしてそこからこぼれおちていくと、公的福祉からも遠ざかる傾向が強い。大沢真理は、日本の社会保障制度の前提は、「夫は仕事、妻は家庭」という性別役割分担、よって女性の男性への貨幣経済的な依存にもとづくものであり、日本の社会政策システムは、「家族だのみ」「大企業本位」「男性本位」という特徴を持つことを指摘している（大沢 1993）。とりわけ若年層が家族から排除されると、多くの制度の外におかれてしまう。R会の支援者は、「実家があって、しばらくうちにいていいよ、みたいな感じになれば、立て直しができると思うのですが、雪だるま式じゃないですけど、どんどんどんどん転がっていくイメージ」と、実家に頼れない若者たちが、資源の乏しさのなかで、あっという間に困窮していく様子を語る。

とりわけ女性の場合、男性と比べて性虐待を含む暴力の被害にあっている可能性が高く、実家に頼れないどころか、その暴力が深刻なトラウマとして刻印され、その後の人生に影響を及ぼしていく場合もある。二〇〇八年の東京都の婦人保護施設利用者二三一人のうち、一八歳未満時の虐待被害経験者が六八人（二九・四％）あり、その暴力加害者のうち家族・親族関係は、父親 四〇、母親 三〇、兄弟 七、そのほか親族 五（複数回答）と多い回答となっていた（宮本 2013:79）。家族という親密圏はセイフティネットともなりうるが、桎梏ともなりうる。

（2）不安定な労働のますますの不安定化――企業福祉からの排除

そうして実家を出た場合、および実家がない場合、もちろん収入が必要であり、Bさんに典型的だったように、職住一体化した仕事（住み込み）を探すことになる。旅館・ホテルなどの宿泊業や、性産業、パチンコ、およびガードマンの仕事も近年は寮付きがある。住み込みは身一つで仕事を始めることができるが、仕事を辞めると住まいもなくなるため、また寮付きの仕事を探さなければならなくなる。(5)

たとえば、旅館やホテルの仕事では、客のお世話や食事の支度、清掃、宴会のサービスなどの客へのおもてなしが「家事の延長」と捉えられ、女性の労働力への需要が高かった。人手を確保するためにも、旅館やホテルの多くには従業員寮があり、なかには保育施設と連携する場合もあった。そこは歴史的に、多くのシングルマザーや単身女性の働く場としてあった。しかし、景気の後退や旅行の個人化、過大な設備投資の負担などの背景のもとに宿泊施設の経営は厳しくなっており、また労働力の再編もあり、そうした仕事は縮小している（武田・文 2010、山口 2011）。住み込みの「寮母」などの仕事も同様である。

そもそも日本社会全体で、ますます政策的にも非正規雇用化が進められ、正規雇用も含めて労働条件が悪化している(6)。とりわけ非正規雇用は賃金も労働条件も不安定な雇用であり、「企業福祉」から排除される。学卒時のスタートから非正規雇用であることは、その後の人生に大きく影響していく。小杉礼子の実証研究によると、若者で「フリーター」になりやすいのも女性で低学歴の者であったが、フリーターをやめて正社員になろうとしてもなれない者が多いのも、女性で低学歴の者であった（小杉 2010）。

そうしたときに、AさんやCさんのように、女性にとって性産業の引力は強いものである。性産業と一口にいってもその幅は広く、近年は多様化・細分化が進んでいる（鈴木 2010, 2014, 荻上 2012）。その一部には寮、つまり住まいが確保されていたり、託児サービスがあったり、その日暮らせるお金をすぐ稼ぐことができる。こうした状況を踏まえて、冒頭のクローズアップ現代では、「風俗がセイフティネット」とさえ言及されていた。T会の支援者も、地方から出てきた若い女性を支援するために関係機関といろいろとやりとりをしていたが、「二ヵ月のうちに、あっという間に寮つきの風俗店に持っていかれた」と語る。行政が用意できない、女性のニーズに合った素早い「ワンストップサービス」を、一部の性産業は提供している。

しかし、性産業の、とくに店舗型の仕事ではきちんとしたサービスが要求され、容姿や勤務態度で選別もされることから、そこでも働けない女性が増えている。しかも、「いつまでも自分の性が商品としては売れないわけで、早い場合も遅い場合もあるのだけれど、だいたい四〇歳ぐらいで、なかなかお客さんがつかないというような壁があり、非常に厳しくなる」と、S会の支援者は語った。そうなると、より条件の悪い業者、および形態で働くことになっていく。ワリキリ（出会い系サイトなどを用いて行われる売買春行為）で働く女性のなかには、「精神疾患」がある人やドメスティック・バイオレンスを受けた経験のある人が多数あり、困難な状況が報告されている（鈴木2010, 2014, 荻上2012）。

しかも性産業で働く彼女たちは、強い偏見や差別にさらされている（上瀬2011, 鈴木ほか2012）。そうしたなかで女性たちは、入退店が頻繁にある流動性の高い仕事であること、仕事の悩みを相談しにくいこと、店側が利益をあげるために彼女たちを絶えず競争にさらすことなどによって、継続的に同業者でつながることが難しいという（杉田2013）。ましてや同業者以外への相談などは困難である。

(3) 女性であること――ジェンダー不平等

結局、女性がホームレス状態の場合、Cさんに典型的なように、屋根のある人や場所、仕事を転々とする。先の稲葉は、こうした貧困ゆえに居住権が侵されやすい環境で起居せざるをえないような状態を「ハウジングプア」と指摘している（稲葉2009）。友人や「恋人」、客、職住一体の仕事、お金があればホテル・サウナ、ネットカフェ、カラオケ、ファーストフード店、喫茶店。屋外で寝るよりは、客の家や客とホテルで寝るほうが「まだまし」なのである。人のところに身を寄せるという点は、ホームレス状態の男性とは大きく異なる。

さらに、稲葉は、生活困窮のために相談に来る人々の特徴として、「男性はむしろ孤立していて関係がない。でも、女性はものすごく関係にがんじがらめ」と語った。まず、女性の身体は、性の商品化の対象となりやすい。それは女性にとって積極的な労働の機会ともなるが、その半面、「金づる」とされ、人身売買に近い劣悪な強制労働の形にもなりうる。また性別役割分業のなかで、人のケアを担わされやすい。繰り返すまでもないが、そもそも女性は、人間関係——職場や生育家庭、恋人、客ほか——の中で、搾取的・差別的な関係性、支配・被支配の低位に置かれている。

そして、「産む性」とされるように、とりわけ若い女性は妊娠し、子どもを産む可能性がある。日本の少子化が深刻な政策課題とされるなかで、妊娠・出産は歓迎されるべき出来事のはずである。しかし詳細は不明であるが、Cさんの現状は、妊娠・出産が家（と「恋人」）を失うことと関連しているようであった。同様に、P会の支援者は、「高学歴で派遣で育休でも無給で、短い間をつなげない人が増えた」と語る。派遣社員で育休制度があったとしても、無給の場合が多い。そうすると、子どもを産み・育てる数ヵ月や半年の短期間でさえも、「つなぎ」がなく、生活がたちゆかなるということであった。そしていうまでもなく出産は、女性にとって命の危険がともなうものである。こうした状況をP会の支援者は、「女性の困難というのは、生きるっていうことが、セックスの方の性の危機と、生きる方の生の危機がいつも一体化していると思うんですね。そこには妊娠、出産ということがともなうわけですから」と語った。

（4）粗い網の目――公的福祉からの排除

こうした状況のなかで、とりわけ一〇代後半から二〇代の女性たちは、制度の谷間の「エアポケット」に落ち込み、見えない存在であった（湯澤ほか 2013：68）。女性をとりまく諸政策には多くの穴があるが、他章でも論じられることから、ここでは直接的に若年女性に関わる公的福祉からの排除について、断片的ではあるが、まとめておきたい。

前述したように、A、B、Cさんも公的福祉との接点はあった。しかし、Bさんを除いては、接点を持ったのち、生活の安定にはつながっていない。そのBさんも、一度は福祉へのネガティブな感情を持っている。若年女性に限った話ではないが、窓口対応の問題は、公的福祉からのわかりやすい排除である。

また、日本では、貧困や困難な状態にある女性の出産・育児に関する公的支援が貧弱である。支援者は「入院助産の指定病院が減少していて、お金がない人が安心して産めるところがない」という。貧困により出産費用を負担できない時に公費負担する制度があるが、この制度は指定病院で分娩しないと補助金が下りない。しかしその指定病院自体が減少している。また、シングルマザーが子どもと一緒に利用できる施設として母子生活支援施設が存在するが、なかなか入所がしにくく、有効な活用ができていないことも指摘されていた[7]。Cさんがホテルで女児を出産せざるをえなかったのには複雑な状況があったと思われるが、こうした貧困状態への政策は乏しい。

そしてそもそもシェルターや施設が「四角い箱」であり、そこに若者が合わせなければ入所できない状況は、運営側としてはそれまでの経験からやむをえない条件設定には違いないのであるが、利用側のニーズとは合わない場合もある。これも若年女性に限ったことではないが、とくに大人への不信感が強く、決められたルールへの従属が難しい若い女性にとって、とりわけこうした「フクシ」「シセツ」は選ばれるものとはならないのが現状である。

さらに、もう少し視線をあげると、福祉政策そのものが「標準家族」を望ましい生の規範として提示し続け、援助に値する生（たとえば主婦）と値しない生（売春婦）を選別し続けてきたという指摘もある（堅田 2012）。

（5）セイフティな場所の喪失と回復

こうして、貧困で、性の商品化や暴力・搾取の対象にされやすく、しかし不可視化されている状況のなかで、女性たちには仕事としても居場所としても選択肢がない。そして移動が激しく、短期間でも生活を支える安心・安全な場所が、物理的にも心理的にもどこにもない。そのことは、未来を描けないことにもつながる。それは若年女性に限った困難では決してないが、とりわけ彼女たちにとっては切実な困難であると考えられる。

ただし、P会の支援者によると、「カブキ（歌舞伎町）は家だから、ホストは家族だから。本当に自分のこと心配してくれるのはホストしかいなかった」という女性に、「それは営業だよ」と言うと、「営業だよ、でもお金を一生懸命かければ、それ以上のことをちゃんとしてくれる。家族もしてくれなかったことを本当に細やかに心配してくれる。やっぱり人と人なんだっていうのは、ホストが初めて教えてくれた」という。そして歌舞伎町を歩くと、キャッチやホストの子が「どうしたー?」「がんばれよ」と声をかけてくれる。「そういうのは自分にとっていまはカブキしかないから、いまは捨てられない」と彼女は語ってくれたという。彼女はホームレス状態であり、それまでの彼女の人生における居場所と承認の乏しさが透けて見える。しかし、その彼女の「現在」のリアリティを「未熟さ」などで語りつくすべきではない。また、さまざまな工夫をこらしながら、セックスワークでバリバリ働く女性たちのリアリティも同様である。

そうしたリアリティに寄り添いつつ、たとえば、盛り場にいる女性たちの話に耳を傾けたり（特定非営利活動法人BONDプロジェクト）、夜の世界を辞めたいと思ったときに辞められる支援を行ったり（一般社団法人Grow As People）、セックスワーカーが安全・健康に働けることを目指す活動を行ったり（SWASH）、児童養護施設退所者の居場所づくりを行う（アフターケア事業・ゆずりは）などの貴重な支援活動を行う民間組織・グループも出てきている。また、いちむらみさこは路上で生活し、積極的な情報発信を行っている（いちむら 2012）。こういった取り組みはまだ少数で、かつ大都市部が中心であるが、注目すべき活動である。保護施設などの福祉施設における取り組みとも合わせて、私たちの社会において、「野宿や売春をしていても、どのような自分でありたいのかを自由に想像し、それが尊重されるための領域を確保するよう取り組んでいくこと」（丸山 2013）は重要であると考えられる。

4　おわりに

性別にかかわらず、若者の貧困は自己責任とされたり、心の問題に回収されがちである。とくに若い女性の場合は、貧困であることよりも、たとえば性産業で働いていることの方がクローズアップされ、「ふしだら」などのラベリングとともに、根強い偏見・差別がある。そして若年の生活保護受給者へのバッシングはすさまじいものがある。

たとえば、一九八〇年代のアメリカ合衆国では「アンダークラス」という用語がメディアの注目をあびた。もともとは、ウィルソン（Wilson, W. J.）が、経済の構造的変化によって失業の問題が加速し、それが生活の貧困につながり、一群の人々が最下層のさらに外におし出されていることを指摘したものである（ウィルソン 1987）。つまり、アンダークラスとは、当初は失業と結びつけられ、構造的な問題として提起された。しかし、保守派とマスメディアの格好の標的となり、「福祉依存」などと攻撃され、福祉予算やサービスの削減に利用された。とくにやり玉にあげられたのは、シングルマザーの「福祉依存」である（リスター 2004ほか）。

今後、日本においても、女性の貧困が新たなラベリングになったり、アメリカと同じ轍を踏んで自己責任や「福祉依存」のようなストーリーに回収されないように、また女性たちが生きる選択肢を増やしていけるように、社会構造と制度の不備、および市場・国家権力との関係に批判的なまなざしを向けていくべきである。

注

（1）自立生活サポートセンター・もやいでの聞き取りより。これらのフォーマルな聞き取り調査は、二〇一三年から二〇一四年にかけて、社会福祉法人の担当者、婦人相談員、NPO関係者、個人ボランティアなどの支援に携わる方々にご協力をいただいた。そのほかにも講演や勉強会の場にて、男女共同参画事業の関係者や婦人相談員の方にインフォーマルにお話を聞かせていただいた。また、本調査にあたっては、東洋大学社会学部講師・川原恵子氏の多大なご協力を得た。みなさまに深く感謝したい。

（2）支援者Aさんの聞き取りより。

（3）支援者Bさんの聞き取りより。

（4）茨城県社会福祉審議会（2013）より再構成。

（5）西澤晃彦は、このように旅館・ホテルや風俗産業の従業員になって寮に入るパターンは非組織・非定住の状況にあり、より不安定な労働力として社会に接合されている都市下層に至る人々の流れの一つと指摘している（西澤 1995）。

（6）こうした進む雇用の弱体化に対して、日本の既存の労働組合は防波堤になりにくかった。現在はたとえば、非正規雇用でもひとりでも入れるコミュニティ・ユニオンが全国ネットワークを作り、こうした労働者の駆け込み寺の一つとなっているが、若年女性の組織化は非常に難しいという。そうしたなかで、キャバクラで働く若い女性たちを中心とした「キャバクラユニオン」が活動をしている。

（7）　戒能民江は、日本では母子家庭の増加と貧困化が同時進行しているにもかかわらず、日本の二〇〇二年からの母子家庭政策が、労働市場への参加による自立促進と児童扶養手当や生活保護給付の削減という社会保障抑制策を同時に行うものに転換したことについて、ドメスティック・バイオレンス防止法における国および地方自治体の「自立支援」責務が、自己責任を基調とする母子福祉政策によって事実上空洞化されつつあることを指摘している（戒能 2008）。

参考文献

Lister, R.（2004）*Poverty*, Polity Press（松本伊智朗監訳・立木勝訳（2011）『貧困とはなにか――概念・言説・ポリティクス』明石書店）.

Wilson, W. J.（1987）*The Truly Disadvantaged: The Inner City, the Underclass, and Public Policy*, The University of Chicago Press（青木秀男監訳、平川茂・牛草英晴訳（1999）『アメリカのアンダークラス――本当に不利な立場に置かれた人々』明石書店）.

阿部彩（2014）『子どもの貧困Ⅱ――解決策を考える』岩波書店。

青木紀編（2003）『現代日本の「見えない」貧困――生活保護受給母子世帯の現実』明石書店。

茨城県社会福祉審議会・児童福祉専門分科会・児童処遇部会（2013）「茨城県内で発生した児童虐待死亡事例検証報告書」。（http://www.pref.ibaraki.jp/bukyoku/hoken/jifuku/kosodate/nursing/nursing08_2/gyakutaigyaku/houkokusyo.pdf　二〇一三年六月一日ダウンロード）。

いちむらみさこ（2012）「望むこと」『現代思想』四〇―一五、一三六―一四二頁。

稲葉剛（2009）『ハウジングプア――「住まいの貧困」と向き合う』山吹書店。

岩田正美（2007）『現代の貧困――ワーキングプア／ホームレス／生活保護』筑摩書房。

岩田正美（2008）『社会的排除――参加の欠如・不確かな帰属』有斐閣。

荻上チキ（2012）『彼女たちの売春——社会からの斥力、出会い系の引力』扶桑社。

戒能民江（2008）「東アジアにおけるジェンダー・ポリティクスの一断面——DV政策を中心に」戒能民江編『ジェンダー研究のフロンティア第一巻　国家／ファミリーの再構築——人権・私的領域・政策』作品社、二五〇—二七五頁。

上瀬由美子（2011）「性の商品化と職業スティグマ——キャバクラに対する成人男女の意識調査から」『GEMC journal』五、三二—四六頁。

鴨桃代・赤石千衣子（2009）「女性はずっと貧困だった」『世界』七八七、一四九—一五七頁。

堅田香緒里（2012）「女／貧困／福祉」『現代思想』四〇—一五、一一四—一二五頁。

川原恵子（2005）「福祉政策と女性の貧困——ホームレス状態の貧困に対する施設保護」岩田正美・西澤晃彦編『貧困と社会的排除——福祉社会を蝕むもの』ミネルヴァ書房、一九五—二二二頁。

川原恵子（2011）「福祉施設利用に見る女性の貧困」『貧困研究』六、六七—七八頁。

小杉礼子（2010）『若者と初期キャリア——「非典型」からの出発のために』勁草書房。

厚生労働省（2014）「ホームレスの実態に関する全国調査（概数調査）結果について」（http://www.mhlw.go.jp/stf/houdou/0000044589.html　二〇一四年一二月一日閲覧）。

大沢真理（1993）『企業中心社会を超えて——現代日本を〈ジェンダー〉で読む』時事通信社。

ポルノ被害と性暴力を考える会編（2010）『証言　現代の性暴力とポルノ被害——研究と福祉の現場から』東京都社会福祉協議会。

杉田真衣（2013）「若年女性と貧困——性的サービス労働に注目して」『人権と部落問題』六五、四〇—四九頁。

杉本貴代栄（1993）『社会福祉とフェミニズム』勁草書房。

鈴木涼美（2013）『「ＡＶ女優」の社会学——なぜ彼女たちは饒舌に自らを語るのか』青土社。

鈴木大介（2010）『出会い系のシングルマザーたち――欲望と貧困のはざまで』朝日新聞出版。

――（2014）『最貧困女子』幻冬舎。

鈴木水南子・あきら・要友紀子（2012）「座談会　風俗で働く女性への差別・スティグマ」『女たちの二一世紀』七二、四〇―四七頁。

高橋亜美（2012）「児童養護施設退所後に風俗で働く女性たち」『女たちの二一世紀』七二、一八―二一頁。

武田尚子・文貞實（2010）『温泉リゾート・スタディーズ――箱根・熱海の癒し空間とサービスワーク』青弓社。

都市生活研究会編集・発行（2000）『平成一一年度路上生活者実態調査』

西澤晃彦（1995）『隠蔽された外部――都市下層のエスノグラフィ』彩流社。

文貞實（2006）「女性野宿者のストリートアイデンティティ――彼女の「無力さ」は抵抗である」狩谷あゆみ編『不埒な希望』松籟社、一九八―二三三頁。

丸山里美（2013）『女性ホームレスとして生きる――貧困と排除の社会学』世界思想社。

宮本節子（2013）「差別、貧困、暴力被害、性の当事者性――東京都五施設の実態調査から」須藤八千代・宮本節子編『婦人保護施設と売春・貧困・DV問題――女性支援の変遷と新たな展開』明石書店、五四―一〇七頁。

姫岡とし子・池内靖子・中川成美・岡野八代編（2005）『労働のジェンダー化――ゆらぐ労働とアイデンティティ』平凡社。

山口恵子（2011）「温泉観光地の女性出稼ぎ労働者」西澤晃彦編『労働再審四　周縁労働力の移動と編成』大月書店、一一七―一五六頁。

――（2014）「若年女性と貧困」『電機連合NAVI』五二、二二―二六頁。

湯浅誠（2008）『反貧困――「すべり台社会」からの脱出』岩波書店。

湯澤直美・戒能民江・堀千鶴子（2013）「制度からこぼれおちる女性たち」戒能民江編『危機をのりこえる女たち――DV法一〇年、支援の新地平へ』信山社、六一―九七頁。

コラム2　戦後日本型循環モデルの破綻と若年女性

本田　由紀

1　看過されてきた問題系

「下層化する若年女性」という問題系が日本で前景化したのは、およそ二〇一〇年前後の時期であったと考えられる。それ以前においても、たとえば高齢単身女性の貧困や、母子家庭の貧困については、議論の俎上にのぼることは珍しくなかった。また、性別を捨象した若者の貧困問題については、一九九〇年代末以降、「フリーター」から「ニート」へ、そして「ワーキングプア」へと、キーワードや議論の内実は変遷しつつも、かなりの社会的関心が向けられてきた。しかし、若者の中で特に女性の貧困がクローズアップされるには、さらに時間を要した。

このように「下層化する若年女性」の「発見」が遅れたことの背景には、日本の高度経済成長期を中心として形成された「戦後日本型循環モデル」における女性の位置づけが、そのモデルの崩壊後も人々の意識を強く規定していたという事態があったと考えられる。「戦後日本型循環モデル」とは、教育・仕事・家族という三つの社会領域の間に、互いに資源を注ぎ込む強固な循環構造が成立しているという、日本独特の社会のあり方を意味している（本田 2014など）。すなわち、教育機関を卒業した若年労働力は新規学卒一括採用という特異な仕組みにより時間的な間断なく企業の成員となり、男性の長期安定雇用と年功的に上昇する賃金を基盤として家族を形成し、家族（親）は次世代である子どもの教育に多大な費用と意欲を投入する、という社会領域間の関係が、一九六〇年代から八〇年代にかけての日本社会の基軸をなしていた。

このモデルの中で、多くの女性は、教育機関を卒業後に短期間を企業成員として過ごしたのち、結婚して仕事を辞め、夫の賃金に経済的に依存しながら家事と育児を専従的に担うというライフコースをたどってきた。そうした動向がもっとも典型的に社会に広がっていたのは、既婚女性の専業主婦率がピークに達していた一九七〇年代半ばである。結婚前の就労は「腰掛け」的な処遇を受けることが大半であり、子どもが一定年齢に成長して手が離れたのちに「主婦パート」として生計補助的に就労するケースが増加しても、それは自立した経済主体とは言えない働き方であった。労働市場におけるこのような女性の位置づけを変化させることを謳って一九八五年に制定された男女雇用機会均等法は、総合職・一般職という採用区分を普及させ、女性の多くを後者に水路づけるとともに、前者を選んだ女性には「男並み」の働き方を要求する結果に留まった（中野 2014）。

すなわち、「戦後日本型循環モデル」のもとでは、女性は常に家族内の男性――生まれてから結婚するまでは父親、結婚してからは夫――の経済的庇護を受けることが前提とされてきたのである。女性が稼得労働に就く場合も、それは一時的もしくは補助的なものにすぎないことが多く、女性の主たる役割は収入を伴わない家庭内の労働としての家事・育児を担当することであるとみなされてきた。

このように、従来の社会モデルにおいて女性がそもそも経済的に自立した主体とはみなされてこなかったこと、そして男性による経済的庇護の存在が自明視されてきたこと、さらには新規学卒一括採用という慣行の存在が若年者を就労面で有利な層としてきたこと、これらが相俟って、「下層化する若年女性」という問題の「発見」を遅らせてきたと考えられる。

2　失われる前提

しかし、九〇年代のバブル経済の崩壊以降、「戦後日本型循環モデル」が様々な機能不全を起こし始めてから、女性をめぐる上記の諸前提は失われてきた。それは、経済の低迷が長期化したことにより労働市場が変質したため、家族内で女性を経済的に庇護する男性の存在が自明ではなくなってきたことを主な要因としていた。

まず、定位家族において稼ぎ手としての父親が不況下で職を失ったり、あるいは離死別によりそもそも父親がいなかったりする場合に、その家族は容易に貧困状態に陥る。従来の「戦後日本型循環モデル」においては稼ぎ手男性の賃金以外に家族を支える社会保障はきわめて希薄であり、それはこの循環モデルの崩壊後も続いている。その結果、家族の貧困は、その中に生れ落ちた子ども―男女を問わず―の生育環境に直接に影響し、子どもは知識や経験を身に付ける機会、他者との関係の形成などを阻害されたまま成長せざるをえなくなる（阿部 2008, 2014など）。それは貧困の世代間再生産に他ならない。

さらに、貧困あるいはそれ以外の要因で、定位家族そのものの成員間の関係性が実質的に崩壊している場合もある。ＤＶや虐待、時には犯罪などの形で、家族が子どもにとってプラスではなくマイナスの資源となり、かつそこから逃れられないような状態が、子どもの成長や自立を大きく損なうことは言うまでもない。

同様のことは、定位家族だけでなく生殖家族についても当てはまる。進行する晩婚化・非婚化は、定位家族から生殖家族への移行自体が成立しない層が拡大していることを意味している。ここにも労働市場の変容が影を落としており、家族を形成するに十分な収入を得ることができない若年男性の増加が、配偶者を得られない若年女性の増加をもたらしている。言わば、定位家族と生殖家族との間の裂け目が、ますます拡大する事態が生じているのである。それは若年女性にとって、自らの生計を安定的に維持しうる水準の収入を得られないまま、定位家族の中で、あるいは一人で、あるいは家族以外の何らかの関係の中で、生きていかなければならない状態をもたらしている。

九〇年代以降、労働市場において非正規労働の需要が趨勢的に増大しており、それは「戦後日本型循環モデル」のもとでも労働市場の周辺部分に位置しがちであった女性において、男性よりもいっそう明確に現出している。労働力調査によれば、二〇一四年時点における非正規雇用者比率は一五～二四歳の男性で四六・四％であるのに対し、女性は五六・六％、二五～三四歳の男性一六・六％に対し女性四一・八％と、特に後者の年齢層において女性の非正規雇用者比率は男性と比べて著しく高い。

なお、女性の就労状態は居住地域や地域移動経験によっても異なっている。**図表C2－1**は、全国の若者を二〇～二一歳時点から二四～二五歳時点まで追跡的に調査したYCSJ（Youth Cohort Study Japan）調査の最終サンプルを用いて、地域移動類型別に移行類型の分布を示したものである。図によれば、まず顕著なのは定住者（地域移動を一度も経験していない者）の中で、居住地域の都市規模によって「後期離学・正規優勢」（高学歴で主に正規労働を経験してきた者）の比率が明らかに異なることである。この比率は大規模

図表C2－1　地域移動類型別　移行類型（女性、24～25歳時点）*

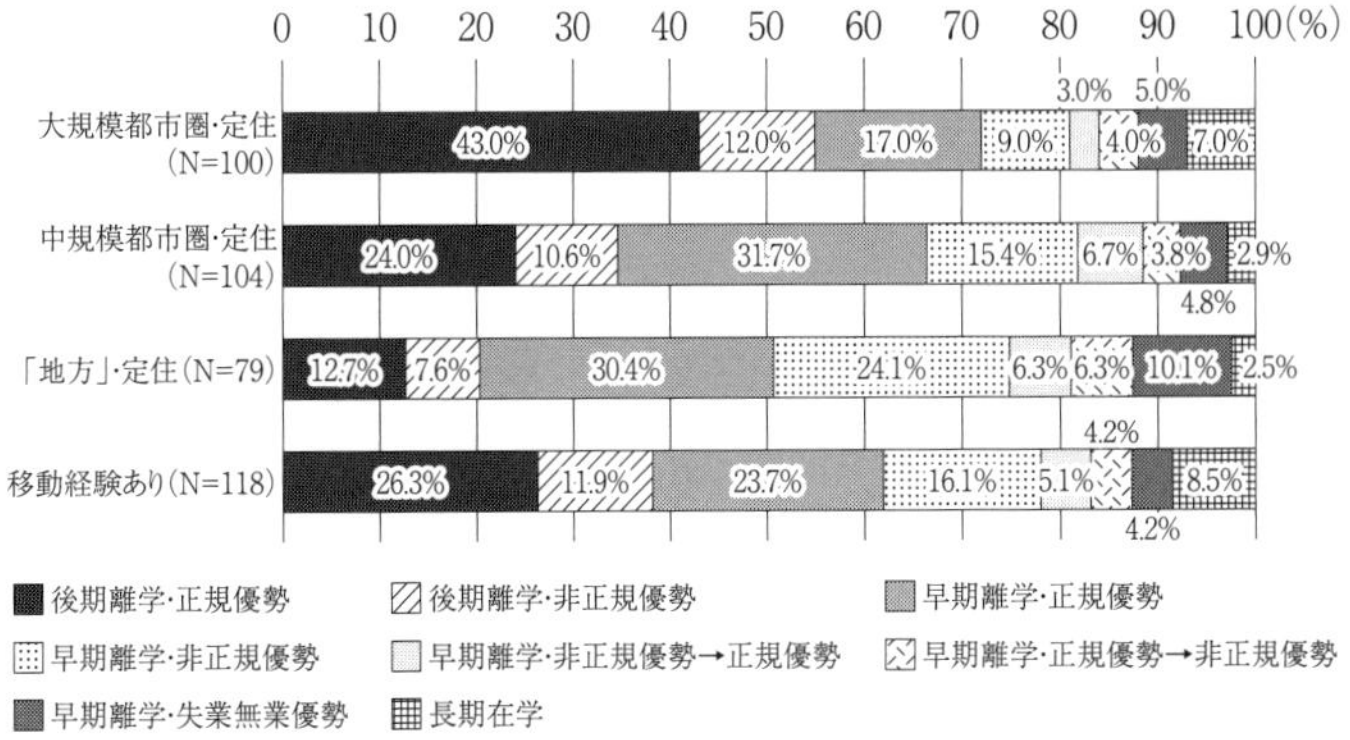

注：「移行類型」：18歳時点から24～25歳時点までの状態変化をオプティマル・マッチング法によって類型化したもの（乾 2010）。
出典：YCSJ調査データより作成

都市圏（一八大都市）に定住している女性では四三・〇%を占めるのに対し、中規模都市圏（人口一〇万以上都市）に定住している女性では二四・〇%、それらに該当しない「地方」に定住している女性では一二・七%にすぎない。逆に、「地方」に定住している女性では、「早期離学・非正規優勢」二四・一%、「早期離学・正規優勢→非正規優勢」六・三%、「早期離学・失業無業優勢」一〇・一%と、合わせて四割強が、主に高卒以下の学歴で非正規労働もしくは失業・無業を中心とする履歴をたどっている。また、対象者の中でずっと実家で家族と同居している者の比率は、大規模都市圏定住で九八・四％、中規模都市圏定住で八五・九％、「地方」定住で八九・八％までを占めている。

このように、総じて男性よりも女性が労働市場における位置づけが不安定であることに加えて、女性の中でも「地方」定住で高等教育を経験していない層において、その不安定さが集中的に発生しているのである。地域産業が冷え込み労働需要が少なく、本人も労働市場において強みとなる学歴や専門性がない中で、非正規労働や失業・無業の状態にある若年女性が、多くは実家から出ることができずに生活している。その中には、せめて相対的に高い収入を得るために性産業等に従事する者も含まれている（鈴木 2014）。これが「戦後日本型循環モデル」が崩れた現代日本における若年女性の基本的な姿である。

3　「下層化する若年女性」をどうするか

このような現状に対して、「女性の活躍」という昨今の政策的スローガンが空疎に響くことは否めない。まず何よりも、家族に——より具体的には父親や配偶者に——依存しないでも生活を維持可能な収入が得られるような就労機会や働き方を、特に「地方」の若年女性に対して作り出してゆくことが必要である。その前段階として、貧困や関係性のもつれの中にある女性がしばしば追い込まれている、あきらめや自己否定の感情をも解きほぐしてゆくための、包摂的な場や関係の拡大も求められる。

むろん、日本の現状のもとでは、若年男性の中にも下層化の色は濃い。他者との親密な関係を相対的に形成しやすい傾向がある女性と比べて、男性の孤立や無力感はいっそう大きな問題であるとも言える。男性であっても女性であっても、少子高齢化が急激に進むこの社会ではなおさら、将来を支えるかけがえのない存在である。彼らがもつ本来の回復力（resilience）を引き出すことができる社会の体制を整えてゆくことが急務である。

そのためには、もはや崩れている「戦後日本型循環モデル」への固執を断ち切り、家族・教育・仕事の間に新たな双方向的で互恵的な連携を築いてゆくとともに、その背後に、住居等の生活保障（セイフティネット）と社会参加・教育訓練等のアクティベーションという二重の支えを整備してゆくことが不可欠である（本田 2014）。

引用文献

阿部彩（2008）『子どもの貧困――日本の不公平を考える』岩波書店。

阿部彩（2014）『子どもの貧困Ⅱ――解決策を考える』岩波書店。

乾彰夫（2010）『〝学校から仕事へ〟の変容と若者たち――個人化・アイデンティティ・コミュニティ』青木書店。

鈴木大介（2014）『最貧困女子』幻冬舎。

中野円佳（2014）『「育休世代」のジレンマ――女性活用はなぜ失敗するのか？』光文社新書。

本田由紀（2014）『社会を結びなおす――教育・仕事・家族の連携へ』岩波ブックレット。

第Ⅲ部　支援の現場から

第六章　「よりそいホットライン」の活動を通じて

——若年女性の「下層化」と性暴力被害

遠藤　智子

1　はじめに

本章の目的は、「よりそいホットライン」の相談内容から見えてくる若年女性の性暴力被害の現状・実態を分析し、「下層化」との関連を考察することである。若年女性の「貧困と社会的排除」は性暴力被害を抜きには決して語れないというのが、相談を受ける側の痛切な実感である。だが、そのことの社会的認知は決して高いとは言えない。

「よりそいホットラインに寄せられる若い女性の相談とはどんなものか」ときかれたら、「性虐待と性搾取です」と答えるだろう。「家庭は安全な場所でなく、学校でも油断ができず、インターネットやＳＮＳ、ＬＩＮＥといったコミュニケーションツールの世界の中で、彼女たちは人間ではなく『売り物になる道具』として取り扱われている」と。しかし、そう考えている方がどれだけおられるだろうか。

私たちのホットラインに寄せられた相談内容から、彼女たちの生き辛さと暴力被害の実態を検証し、そこから彼女たちが排除と貧困に追い詰められていく道筋について考えてみたい。

2　よりそいホットラインの構成

「よりそいホットライン」は、二四時間年中無休で無料の匿名相談が可能な何でも電話相談である。東日本大震災後、被災地の首長体験者が呼びかけて法人を立ち上げ、震災の年の一〇月に被災三県対象に一回線だけの相談を開始した電話相談だったが、厚生労働省と復興庁（平成二五年度より）の補助事業として二〇一二年三月に全国対象事業としてスタートし、現在は一日一二〇〇件もの相談を受ける日本で最大規模の電話相談に成長した。スタートから今日までに相談につながった数は約一〇〇〇万件である。

全国統一のフリーダイヤル番号（0120-279-338 つなぐ・ささえる）にかけると、六つのガイダンスが案内される（被災三県は別の番号 0120-279-226 を使用している）。生活全般の悩みに関しては一般ライン（#1）が対応する。そのほかに五つの専門ラインを開設している。自殺予防（#5）、女性（#3）、外国人（#2）、セクシュアルマイノリティ（#4）、広域避難者支援（#8）である。

専門ラインの相談員は、それぞれの領域で長く当事者の支援に直接かかわってきた支援者にお願いしている。

電話相談ではあるが、電話対応だけにとどまらず緊急な場合は同行支援も行う。相談対応の仕組みはDV支援等にかかわる民間支援団体のスタイルをひな形とし、「一人一人」の回復に向けて、きめ細かく、息長くよりそうことを目指している。相談員は全国で約一七〇〇人、電話拠点（地域センターとコールセンターという）数は三八ヵ所、協力・連携団体は約五〇〇団体である。

本章で分析対象とするのは、＃3女性専門ラインへの相談である。

3 女性専門ラインの相談の特徴

本章では多くのデータを引用するが、はじめにお断りしておきたいのは、これらの数字は「相談」の中で、相談員が把握し、相談表のチェック項目にチェックしたものの集計であり、アンケート調査とは根本的に異なるものであるということである。相談の「傾向」として受け止めていただければと思う。

女性専門ラインへの架電は、一日平均一九〇〇件ほどである。よりそいホットライン全体における割合は例年五％前後となっている。相談内容はDVがトップで、DVと性暴力被害の相談で全体の七割を超える。

相談された内容を詳細な項目まで見てみると、一番多いものは精神的DVである（四三％）。次に家族の不和（三四・六％）、精神疾患（二九・七％）、身体的DV（二六％）となっている。DV以外の家族からの暴力は二〇・五％となっており五人に一人が体験し、悩んでいる現状があった。

ホットライン以外に相談者がつながっている機関は病院が群を抜いて多く（八六・八％）、次が福祉事務所（二四・五％）であり、経済的困窮、病気の悩みが深刻なことが見て取れる。

そして、DV被害の相談をしている相談者に「加害者が子どもに対して暴力をふるうかどうか」確認できた事例は三六件あり、その暴力の内訳は身体的暴力三〇・六％、精神的暴力五五・六％、性的暴力一一・一％であった。DV家庭では一〇人に一人以上の子どもたちが性虐待にさらされている可能性がある、という結果となっている(1)。

4　若年女性たちの性暴力被害

ここまで全年代の相談内容を見てきたが、ここからは、一〇代と二〇代の性暴力被害に関する相談内容を詳細に見ていきたい。

二〇一四年四月から二〇一五年一月までの女性専門ラインへの相談のうち、データベースに入力できた相談表は八八九四件であった（二〇一五年一月末現在）。そのうち、性暴力被害があったと分かったものは一四四〇件（一六・二％）であり、性虐待があると相談のなかで分かったものが三八八件あった（四・四％）。八八九四件のなかで、一〇代〜二〇代の相談だと分かっているのは九九一件（一一・一％）である。以下の記述は、これらのデータを基にしている。

一四四〇件の性暴力被害を相談している女性の年代の内訳は**図表6－1**のとおりである。専門ライン全体の一〇代と二〇代の年代の割合は一一・一％であるが、性暴力被害の相談に絞ると二八％と二・五倍になる。性暴力被害を相談する割合は若年が多いということができる。

このことは、内閣府の「男女間における暴力に関する調査（平成二三年）」の中で「異性から無理矢理性交された被害に遭った時期」は「二〇歳代」が三五・一％で最も多く、次いで「中学卒業から一九歳まで」が二〇・一％となっており、若年女性だけで考えれば五五・二％となることが報告されていることと符合しているといえる。

日本社会においては、若年女性は性暴力被害を受ける確率が他の年代に比して高いのである。

図表6－1　性暴力被害を相談している女性全体の年代の内訳

10代	7%
20代	21%
30代	33%
40代	28%
50代	8%
60代	3%
計（n）	1440

（1）悩みとして語られた内容（大項目）

では、若年女性たちはどんな悩みを持っているのだろう。

女性専門ラインに寄せられた相談八八九四件の中から、一〇代（二一六件）と二〇代（七七五件）を対象に、悩みの内容等を対比し検討した。一〇代と二〇代を比較して取り上げたのは、同じ若年女性でありながら、相談表の記述から二〇代と一〇代の相談内容には違いがあることが分かっているため、統計的にも検証を試みたものである。

相談内容のチェック項目は一六の大項目と大項目ごとの小項目に分かれている。以下に一例をあげる。

No	大項目	小項目（抜粋）
1	家庭の問題	家族との不和、別居・離婚、死別、子育て、介護、家族からの暴力、引きこもり
2	被虐待	身体的、精神的、性的、経済的、ネグレクト
13	ＤＶ	身体的、精神的、性的、経済的、社会的
14	性暴力	レイプ、強制わいせつ・痴漢、セクハラ、ストーカー、暴行・傷害、盗撮

大項目の相談内容の割合を見ると二〇代の悩みとして多いものは、心とからだの悩み、人間関係、ＤＶの順であり、一〇代は心とからだの悩み、家族の問題、性の健康となる。一〇代は二〇代と異なり、性の健康の悩みと虐待が多いのが特徴的である（図表６－２）。実際に相談にあたっている相談員からのヒヤリングによれば、高校卒業を機に親元から逃れる性虐待被害者が多いという。加害者と同居せざるを得ない状況の一〇代女性の状況は他の世代と違い、性虐待の被害の悩みが中心となっているのではないだろうか。

図表6－2　年代別（10代と20代）悩みの内容（大項目）複数回答
10代（n=216件）20代（n=775件）

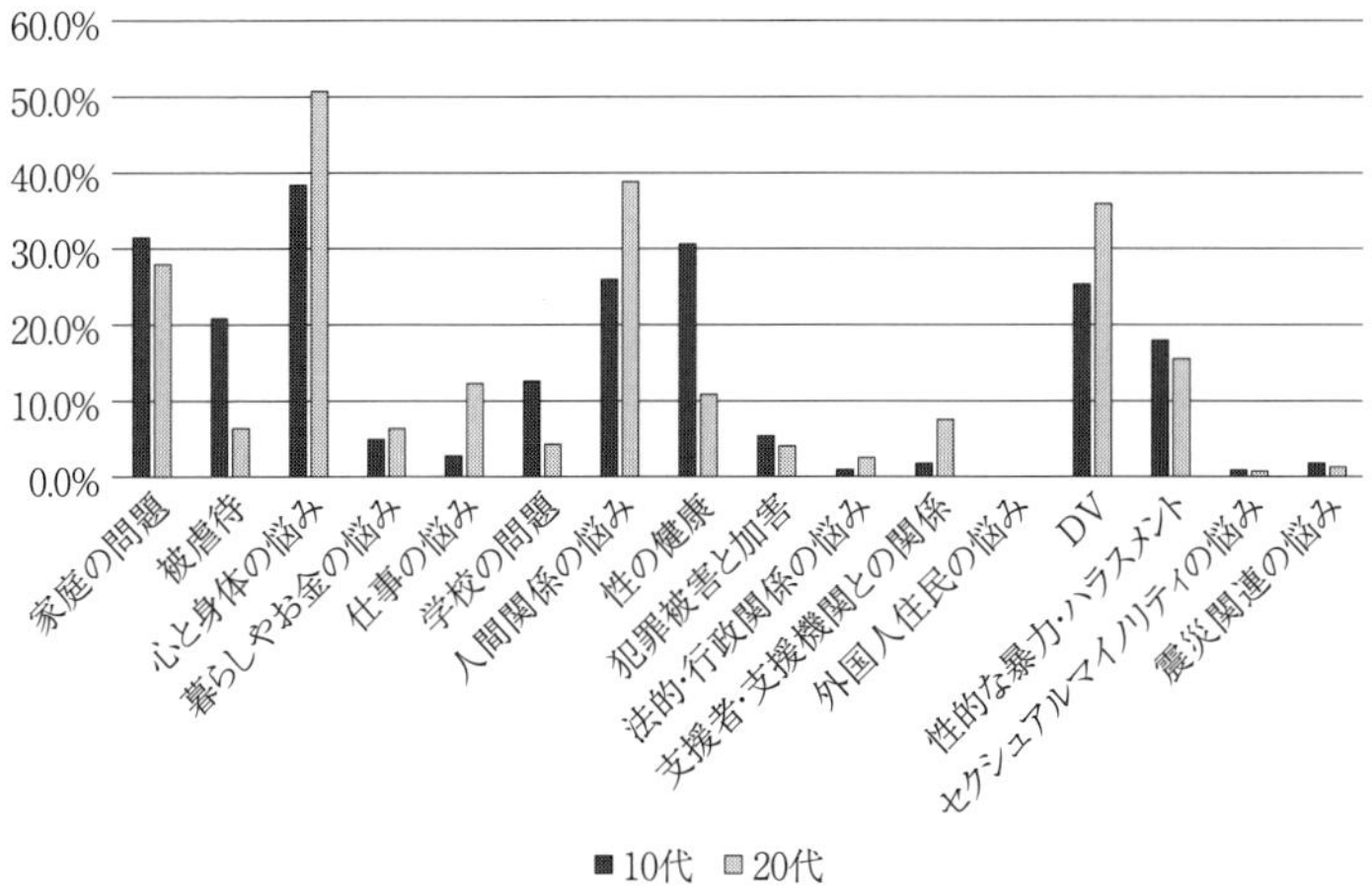

（2）悩みとして語られた内容の詳細（小項目）

図表6－2の大項目ごとの小項目について、どのような相談内容であったのか、特に性暴力に関連する項目について集計し、一〇代と二〇代の相違があるかを分析した。

①家庭の問題

彼女たちにとって、家庭の問題とは、家族との不和と家族からの暴力を意味する。年代の差は大きくは出てこない（図表6－3）。

②虐待の経験

図表6－4を一見して分かるとおり、二〇代は虐待の相談は四％弱と少ない。一〇代を見ると児童虐待と考えられる事例が一

図表6－3　家庭の問題年代別（小項目）（複数回答）

家族の問題	10代	20代
家族との不和	27.3%	20.4%
別居・離婚・再婚	0.9%	4.7%
死別・離別	2.3%	1.0%
子育て	0.5%	2.3%
介護・看護	0	0
家族からの暴力・モラハラ	10.7%	10.5%
家族への暴力・虐待・モラハラ	0	0.3%
引きこもり	0.9%	2.1%
計（n）	216	775

図表6－4　被虐待の経験（小項目）（複数回答）

被虐待	10代	20代
児童虐待	13.0%	4.3%
高齢者虐待	0.0%	0.0%
障がい者虐待	0.0%	0.3%
身体的	6.9%	2.2%
心理的	6.9%	3.6%
性的	10.6%	2.1%
ネグレクト	0.9%	0.6%
経済的	0.9%	0.5%
計（n）	216	775

図表6－5　心と体の悩み（小項目）（複数回答）

心と身体の悩み	10代	20代
精神の病気	8.8%	30.3%
精神以外の病気	3.2%	5.6%
障がい	0.0%	3.0%
心や身体の違和感	32.4%	26.6%
慢性疾患	0.5%	0.6%
医療未受診	1.4%	3.4%
周囲の無理解・差別・排除	3.2%	7.0%
依存・嗜癖	1.9%	1.2%
計（n）	216	775

三％あり、性虐待は約一一％ある。相談してくる一〇代の女性たちの一〇人に一人は虐待のただ中にいると思われる。虐待を児童相談所に相談している事例は、一〇代が一件、二〇代で二件しかなかった。性虐待を公的な機関に相談することの難しさが浮き彫りとなっている。

③心と身体の悩み

二〇代は精神疾患に悩んでおり、一〇代は心や身体の違和感（思春期症状をさす）となっている。二〇代の相談者の三〇％は精神疾患に悩んでいることになる（図表6－5）。

④人間関係の悩み

一〇代二〇代ともに、恋愛や結婚で悩んでいる率が高く、年代による差はみられない。

図表6－6　性の健康（小項目）（複数回答）

性の健康	10代	20代
性的嗜好	1.9%	0.3%
性的加害傾向	0.5%	0.1%
性感染症	1.4%	0.3%
妊娠・中絶	10.2%	3.6%
性行動過多	2.8%	1.4%
性行動回避	0.0%	0.1%
性器のコンプレックス	0.5%	0.0%
その他の、性の悩み	18.1%	6.2%
計（n）	216	775

⑤ 性の健康

一〇代からの相談の一割が妊娠中絶の悩みである（図表6－6）。これは何を意味しているのだろうか。性暴力被害の多さからは強かんによる望まない妊娠の可能性と、若年であることから避妊に関する知識が不十分であることなどが推測できる。

⑥ DV

DV（主に交際相手）について相談している一〇代は、精神的な暴力より性的な暴力に悩んでいる率がやや高い（図表6－7）。二〇代は精神的暴力の悩みが一番多い。女性専門ライン全体の集計から見ると、DV被害のトップは精神的暴力が四三％とトップであり、性的暴力は九・九％と割合は少ない（平成二五年度寄り添い型相談支援事業報告書）。それと比すと一〇代と二〇代はDV被害の中でも性暴力被害に悩んでいる割合が高いと考えることができる。特に一〇代の女性は、

図表6－7　DV（小項目）（複数回答）

DV	10代	20代
身体的	10.6%	21.0%
精神的・モラハラ	13.9%	26.1%
性的	15.3%	16.3%
経済的	4.6%	6.1%
社会的	0.5%	3.4%
計（n）	216	775

虐待においてもDVにおいても性暴力被害を受けている場合が多いということができる。

⑦　性暴力被害

性暴力被害において一〇代と二〇代では大きな違いを見せている（図表6－8）。二〇代はレイプとセクハラが多く、一〇代は強制わいせつ・痴漢と性虐待が多い。二〇代のレイプ被害の多さも、前述の内閣府の調査と一致しているといえる。また、警視庁の「メール警視庁」（地域ごとの「犯罪発生情報」や「防犯情報」をパソコンや携帯にメール等で配信するサービス）等の報告を見れば、子どもたちが登下校の際に不審者から声をかけられたり、わいせつな行為をされたりする事件の情報が一日に数えきれないほど発信されているのが分かる。

⑧　被害者と加害者の関係について

暴力被害の予防やケアを考える上で、支援の側が「加害者がどのような人々であるか」を知ることは大変重要である。たと

図表6－8　性暴力被害（小項目）（複数回答）

性暴力被害	10代	20代
強かん（レイプ）	7.4%	14.8%
強制わいせつ・痴漢	13.9%	5.5%
セクハラ・モラハラ・ジェンダーハラスメント	2.3%	7.1%
ストーカー	0.9%	2.1%
暴行・障害	0.5%	2.2%
盗撮・盗聴	1.9%	1.0%
被性的虐待	13.0%	1.9%
その他	5.1%	1.8%
計（n）	216	775

図表6－9　加害者の内訳（複数回答）

加害者	性被害者全体	10代	20代
夫	14.7%	2.7%	2.6%
元夫	1.3%	0.0%	0.0%
内縁夫	0.1%	0.0%	0.0%
元内縁夫	0.1%	0.0%	0.0%
交際相手	9.0%	11.0%	16.6%
元交際相手	2.6%	0.0%	2.6%
パートナー	0.1%	0.0%	0.0%
見知らぬ人	12.4%	31.5%	16.2%
家族	21.6%	42.5%	15.3%
友人	4.7%	0.0%	8.5%
職場	8.2%	0.0%	6.0%
学校	6.0%	6.8%	6.0%
その他	16.5%	4.1%	23.0%
計（n）	1440	73	235

図表6－10 家族内の加害者（複数回答）

家族内の加害者	性被害者全体	10代	20代
父母	15.1%	42.5%	12.8%
兄弟姉妹	4.7%	6.8%	1.3%
祖父母	0.3%	0.0%	0.0%
子ども	1.1%	0.0%	0.0%
その他親族	6.8%	0.0%	3.0%
計（n）	1440	73	235

えば、「性虐待の加害者は実の父親が多い」ということは支援の現場ではよく知られていることだが、「実の父が性虐待の加害者である例は少ない」という思い込みがある支援者が相談にあたった場合、相談者に二次被害を与えてしまうことがある。そのような被害を起こすことは決してあってはならない。

女性専門ライン全体で性暴力被害があったと考えられる相談一四四〇件と、そのうち一〇代七三件、二〇代二三五件の性被害の相談の主な加害者の割合を比較した（図表6－9）。

性暴力被害の相談全体でみると、夫と家族からの暴力が多いといえるが、一〇代は見知らぬ人からの被害が大変多い。強制わいせつや痴漢被害があるからである。

また、家族からの暴力被害の割合がきわめて高い。これは性虐待である。二〇代は家族と見知らぬ人、交際相手からの被害の割合の差があまりない。

加害者が家族である場合の内訳を見てみると（図表6－10）、全体をみれば父母は一五％程度だが、一〇代では圧倒的に父が加害者である（チェック項目は父母となっているが実際は父親）。

家族内の加害者の比率で見れば八六％となる。性虐待は父からの暴力が最も多いといえる。

職場および学校の加害者の内訳は、全体の傾向として学校では教師、職場では上司が多い。注目すべき点と思われるのは、職場における暴力の加害者には「同僚・後輩」も高い率で存在していることである。女性たちにとって、加害者は「地位が上のもの」だけではないということが推測できる。職場の地位とかかわりなく暴力をふるう加害者が存在するということである。その背景には、女性を性の対象としか見なさないジェンダーバイアス、男尊女卑の考え方が職場風土に根深いことが考えられよう。

5　性虐待の相談について

若年女性の性暴力被害で性虐待は大きな位置を占めている。そこで、女性専門ラインへの相談八八九四件のうち、性虐待について相談した三八八件（四・四％）の分析を行った。

年代別割合は**図表6－11**のとおり、相談者には三〇代と四〇代が多い。これは「過去の性虐待に悩む」相談である。誰にもいえなかった女性たちがいま、匿名の相談の場所を得て初めて口を開いたと見ることができる。本稿では詳細には触れないが、この「過去の性虐待に悩む相談者」の精神疾患の悩みは重篤な事例が多いことが分かってきた。三八八件のうち、自殺念慮があるものは約一割である。

図表6－11　性虐待を相談した女性の年代別

10代	9.5%
20代	6.4%
30代	32.2%
40代	25.8%
50代	10.8%
60代	1.8%
不明	13.4%
計（n）	388

図表6－12　相談できる相手（複数回答）

パートナー	3.1%
友人	7.0%
家族	3.4%
職場の人	0.3%
その他	25.0%
計（n）	388

三八八件のうち、相談できる相手がいるものは一六二件（四一・八％）であった。相談できる相手の内訳は**図表6－12**のとおりであり、その他が一番多い。その他の内容で分かっているものは医師、カウンセラー等医療関係者である。一〇代と二〇代を足すと相談できる人がいる割合はさらに下がり、二九％である。性虐待被害により、孤立していくことが分かる。

三八八件の相談履歴を見ると、医療機関の受診が圧倒的に多く、全体から見て約九割が精神疾患等に悩んでいる。生活保護以外は行政機関を訪れておらず、児童相談所への相談は二・一％しかない。女性相談は一割程度の利用がある（**図表6－13**）。

相談者は「恥ずかしさ」や「自責の念」によって、誰にも相談していないが、心は不調を起きたし、医療にはつながらざるを得ない状況であると考えられる。若年女性たちは、周囲に隠した性被害が原因で心を病み、原因が話せないままに適切な治療につながっていない事例もあるのでは

図表6－13　相談履歴（複数回答）

病院（身体）	8.3%
病院（精神）	88.7%
保健所	9.5%
国の機関	0.8%
都道府県	1.6%
市町村	5.8%
法律相談	7.2%
障害者支援関連	11.3%
児童相談所など子どもの機関	2.1%
女性相談（男女共同参画センターなど）	10.6%
地域福祉	2.8%
生活保護	15.0%
警察	11.1%
自助グループ	9.0%
その他	10.8%
計（n）	388

図表6－14　家族の中の加害者の内訳

	父	兄弟	その他親族	計（n）
10代	91.9%	2.7%	0.0%	37
20代	40.0%	8.0%	8.0%	25
30代	42.4%	16.0%	10.4%	125
40代	48.0%	4.0%	21.0%	100
50代	57.1%	19.1%	2.4%	42
60代	42.9%	42.9%	0.0%	7
不明	40.4%	7.7%	7.7%	52

ないだろうか。

次に加害者が家庭内の事例だけを取り上げて年代別に主な虐待の加害者を見てみた。図表6－14は年代ごとに加害者の割合を示したものである。一〇代の「現在の虐待がうかがわれる」女性たちの加害者は圧倒的に父親である。年代が高くなり「過去の性虐待」に今も悩む女性たちの加害者を見てみると、こちらも父親が群を抜いている。家庭は安心できる場所ではないのである。

6　性暴力についての相談事例

一〇代～二〇代の代表的な相談内容をまとめた。事例はプライバシー保護のため加工している。

①性虐待

・小学生の時に叔父からレイプ被害を受けた。レイプ被害に遭ってから、不眠とパニック障害になって学校にも行けなくなった。精神安定剤と眠剤を飲んでいるが、眠れない。何もかも怖いとしか言いようがない。誰にも理由を話していない（一〇代）。

・父と母がＤＶ離婚し、父に引き取られた。すごく小さい時から、実の父親に性暴力を受けていたことが、高校生くらいになって初めて分かり、誰にも言えないできた。他人ならまだ我慢できるのに……と苦しんだ。父が性暴力をやめないので卒業と同時に家出した。忘れたくて、何人もの男達と性関係を持ってきた。でも気持ちは晴れないし、リストカットもしてしまう（二〇代）。

性虐待は加害者が親しい人であることから、多くの女性が誰にも話せないなかで、心身の不調をきたしてしまう。また、支援の現場では広く知られていることであるが、性虐待を体験した女性たちは何人もの男性と性関係を持ったり、売春的行為を繰り返したりすることがあり、そのことでさらに自分を責めて自傷行為を行うことがある。

② 強制わいせつ

・学校の行き帰り痴漢にあうので困っている。知らない男の人。話せる人はいない。お母さんお父さんに話せない。学校の先生で話せそうな人はいない。警察は話せない。誰も話せる人はいない（一〇代）。

・派遣先の職場の上司から、お尻や胸を触られたり、ホテルに連れ込まれそうになるなどセクハラにあった。派遣なので何も言えなかった。それから、引きこもりになり、仕事もできない状況。両親は他界しており、遠い親戚がいるだけ（二〇代）。

受けている暴力行為は犯罪であるにもかかわらず、女性たちが警察などに訴えることは少ない。

それは、情報量の少なさや彼女たちが社会的に力のない立場（子どもである、派遣社員であるなど）であるからだといえるだろう。

③ DV

・交際している彼が、急に機嫌が悪くなることがあり、その時に殴られたり暴力を振るわれたりする事もある。機嫌が悪くなくても、無理にセックスを強要され、避妊もしてくれない（一〇代）。

・夫が生活費を入れてくれない。家賃も食費も自分が出している。殴られたり、罵られたりする。コンドームをつけずにセックスさせられる。別れ話をすると、殺すと脅された。親に迷惑をかけたくないからと我慢している。結婚前はいい人だった。仕事も辞めてしまったのをすごく後悔している（二〇代）。

DVでは被害者が暴力を認識しにくい場合が多い。上記の事例でも被害者は我慢せざるを得ないと感じている。また、避妊しないという暴力はきわめて多くの事例に見受けられるが、被害者も加害者も「暴力」としての認識は薄い傾向がある。

④インターネット、ＳＮＳを介した被害

・掲示板で知りあった年上の男性とやり取りしているうちに、写メ送ってと言われ顔が写った画像を送った。「会ってほしい。写メをネットでばら撒く」と言われ、カラオケボックスで会ったらレイプされ画像も撮影され「訴えたらこれを流す」と脅された。自分が不注意だったし、誰にも言えない（一〇代）。

・ラインで知りあった子に騙されてホテルに連れこまれてレイプされた。スマホで動画も撮られて、避妊もなかった。今も脅されている。病院に行ったが性感染症も心配。訴えたら仕返しが怖いから警察に行けない（二〇代）。

リベンジポルノが問題となっているが、交際相手でなくても、性行為や裸の画像を使った脅迫の相談は少なくない。また、インターネット経由等の場合は、若年女性に性暴力をふるう加害者は年上であることが多い。いわゆる「神待ち少女」（家出をした時に、家に泊めてくれる男性等を街頭やインターネットの掲示板などで探している少女たちの通称）に対する性行為の強要などはその典型である。

若年者を守るべき大人たちが、若年女性に被害を与えている現実をどう考えたらいいのだろうか。しかも、多くの加害者が「彼女たち」が「望んで（もしくは了解して）」いるからだと、彼女たちの自己責任であるかのような言動をしており、相談者は被害者としての自覚を持ちにくくさせられている。

⑤ 性搾取

・大学を卒業したが、リクルート活動に失敗したので、キャバクラの体験入店に行った。そこで別の店を紹介された先がソープだった。店が斡旋してくれた住まいに住んでいるが衣装などにお金がかかり、借金が増えてしまった。店長が良くしてくれるので辞めたいと言えないがどうしたらいいか（二〇代）。
・小さい時から入浴中に父が入ってくるなど性的な行為がずっとあった。大学に入学して他県に出て帰郷した時、親族からレイプ被害に遭った。その後も彼が上京するたびに性行為を強要されるが、初めに抵抗しきれなかった自分がいけないと感じていて断れない（二〇代）。

若年女性たちの性搾取がさまざまな形で行われていることが分かってくる。上記のはじめの相談事例は売春的な行為を実際には強制されているが、「店長」によって巧妙にカムフラージュされ、相談者が性的に「消費」されていることが分かりにくくされている。

二つ目の事例は、もともと家庭の中に性虐待があり、他の暴力被害があったとしても彼女は家族に相談できる状況にはなかっただろう。そこに、加害者が「付け込み」、長期間の性搾取へと続いている事例である。「知られたくない」という露見の恐怖で縛られている若年女性は大変多いように思う。これは「レイプされた」被害者が「被害」を訴えられないためである。彼女たちが訴えられない原因は社会の偏見以外の何ものでもない。

⑥ 売春的行為など

・寂しいから男性に抱かれて安心したい気持ちがある。精神疾患もある。風俗の仕事をしている。その仕事でレイプされたけど、店も何もしてくれないし、警察に行っても相手にしてもらえない。

・AVで本番を強いられている。嫌だが契約で縛られている。今の状況から抜けられない。

・出会い系サイトで知り合った相手と性関係を持ってしまった。お金ももらってしまった。これは売春になるのか。続けるつもりはなかったが、ストーカーされていて怖い。

三例とも、性暴力被害体験のある相談者である。売春的な行為の中の暴力被害が相談されている。相談表の詳細を見ても彼女たちの中では現状と性暴力被害体験とのつながりは意識されていないが、精神疾患に悩んでいる、自傷的な行為が伴っている等、性暴力被害の後遺症が見受けられる。

相談表の集計と相談事例から見える性暴力被害に悩む若年女性たちのプロフィールは以下のようなものといえるだろう。

・実の父（兄、叔父等の親密な親族）からの性虐待を受けている。
・教師や上司等、力関係で勝るものからの性暴力被害を受けている。
・被害を受けていることをだれにも言えず、ケアがされていない。

・被害を受けたことを「自分が悪いからだ」と思わされている。
・周囲に「信頼できる大人」が存在せず、情報もなく、暴力被害を受けていることに周囲も本人も気がつかない。
・自尊心を奪われているために、性的に利用されることを拒めない。
・自分が汚れている（父親等と性関係を持っているから、レイプされてしまったから等）という思いから、性的逸脱行為や売春的行為を行うことがある。

相談事例から見える若年女性は、明らかに犯罪となる事例でも「誰にも相談できない」し、心身を病み孤立し、社会的排除へと追いやられている。特に一〇代の女性たちの身近な相手からの性暴力被害実態には暗澹たる気持ちにさせられる。彼女たちが直面させられている困難は彼女たちに責を帰すべきものではない。大人たちこそが、次代を担う者たちに安全な生活を保障できなかったことを恥じるべきであると心から思う。

7　暴力の発見・予防が「下層化」を食い止める

若年女性の性暴力被害実態の分析の中で、家庭でも学校でも性暴力被害は起こっているが、多くの被害女性は支援につながっていないことが見えてきた。被害を受けた時速やかに「回復を支援するシステム」を利用することができなければ、ダメージを引きずることにならざるを得ない。回復への支援を受けることもなく、自責の念を持ち続け、親密な安心できる家族もない女性たち。性暴力被害を受けた若年女性はまさに社会的排除に直面しているのである。そして社会的排除は就労困難や貧困へと続いていく。

性暴力被害にまつわる偏見（被害者にも責任がある）が支援を被害当事者から遠ざけ、女性たちの「下層化」を促進してきたのではないだろうか。そう考えれば、若年女性の「下層化」を食い止めるためには「女性の貧困や下層化の背景には性暴力被害がある」という視点の共有化、社会的認知が求められているのである。

その上で早急に準備すべきなのは、被害の発見と回復支援の体制である。まず、家庭の中の暴力の発見が急がれる。家族や学校の教師など身近な人々が加害者であるという可能性を、支援者はいつも念頭に置いて相談にかかわる必要がある。支援者と社会の「価値観の転換」が求められているのだ。

そして、被害者にも加害者にもならないための予防教育を一日でも早くすべての教育機関で実施すべきである。ホットラインとしては少なくとも「（被害を受けた）あなたが悪いのではない」というメッセージを広く伝え、性暴力被害を相談しやすい窓口として活動していきたいと思っている。

女性専門ラインに寄せられたすべての相談八八九四件の中で相談できる人の有無という項目を比較すると、一〇代と二〇代に大きな差があった（図表6-15）。そのことを報告して本稿を閉じよう

図表6－15 若年女性の相談できる人の有無

	10代	20代
相談できる人がいない	59.3%	29.4%
相談できる人がいる	23.2%	45.8%
計（n）	(216)	(775)

相談できる人の内訳（複数回答）

パートナー	4.0%	3.1%
友人	52.0%	37.5%
家族	20.0%	27.3%
職場の人	0.0%	2.3%
その他	20.0%	23.1%
計（n）	50	355

と思う。相談できる人がいると感じている割合は二〇代が一〇代のほぼ倍になる。若年女性が遭遇させられている暴力はきわめて過酷であり、暴力の形も「新しい」。それらに対応できる相談支援体制が整っているとはとてもいえない。しかし、その中で生き延びた女性たちは、信頼できる人を獲得しているのではないか。これは希望とはいえないだろうか。やはり、当事者こそが相談支援の専門家だと考えさせられたデータであった。

勇気を持って電話をかけてきてくれた女性たちに心から敬意を表したい。彼女たちが語ってくれた悩みが、今後の相談支援の体制を作っていく基礎となる。彼女たちの勇気に恥じない支援を構築することに今後も真摯に取り組んでいきたい。

注

（1）統計数字は平成25年度寄り添い型相談支援事業報告書より引用

第七章　生活困窮状態の二〇代女性の現状と必要な包括支援
――パーソナルサポートの現場から

白水　崇真子

1　はじめに――年越し派遣村を契機にはじまったＰＳ事業

筆者が大阪府豊中市でパーソナルサポート事業（以下、ＰＳ事業）に関わって四年以上が経過した。この事業は、二〇〇八年に実施された「年越し派遣村」がきっかけとなって始まったものである。当時、リーマンショックのあおりを受けて、多くの派遣労働者が解雇され、失職と同時に住まいも失い、路上に放り出される事態となった。こうした状況を憂えた市民団体やＮＰＯ団体が実行委員会を作り、緊急の簡易宿泊所を開設した。ワンストップサービスをめざして生活・職業相談、生活保護申請を行ったのが「年越し派遣村」である。ここの〝村長〟を務めた湯浅誠氏の提唱により、内閣府モデル事業としてはじまったのがＰＳ事業であった。

2　パーソナルサポート事業のなかの専門家チーム——豊中市の場合

豊中市にはＰＳ事業の拠点が三ヵ所ある。市役所内にある地域就労支援センター、豊中市社会福祉協議会、そして、豊中市パーソナルサポートセンター[1]（以下ＴＰＳ）である。私たちが所属するＴＰＳは、二〇一一年五月、豊中市の生活困窮世帯集積地域に事務所をオープンとした。すでに六年以上実績のあった地域就労支援センターは、広く開かれた市民向けの就労相談窓口である。地域就労支援センターは、市内にハローワークがない豊中市民が通いやすい消費者センターにおいて、相談や各種能力開発セミナーなどを行いつつ無料職業紹介所につなぎ、個別の状況に合わせた求人提供を行っている。豊中市社会福祉協議会では、「ゴミ屋敷」活動で全国的に有名なコミュニティソーシャルワーカー事業を拡大し、地域を回り、情報収集を活発に行って、困難を抱えている人をキャッチする。

モデル事業開始にあたり新設されたＴＰＳがまず着手したことは、生活困窮や家族問題、障害など多重に困難を抱え、従前の「縦割り」「オンデマンドサービス」では課題解決に至りにくい方々を担当する「包括ケア」「オーダーメイドサービス」であった。入口（アセスメント）から出口（就労）までを地続きで支援する機関として組織設計・運営を行うのである。ＴＰＳは、市民から直接相談を受けず、福祉や教育など各相談・支援窓口から、「うちでは解決しにくい多重困難を抱えている人がいるが、そちらで特別ケアが受けられるだろうか」というリファー（紹介）を受けて協議し、本人の了承を得てから支援を開始している。[2][3]

利用者が就労・自立するにあたって「何が阻害要因になっているか」を集計すると、「ひとり親家庭」[4]「精神的不調」「未就労」「外国籍」「生活保護世帯」「ひきこもり」……と続く（図表7‐1）。ここで利用者は二つ以上の阻害要因を抱えている。本人は「働きたい」と訴えるが、私たちの見立てでは、就労する前に解決すべき課題が多く、包括的支援の必要な人が多い。厳しい困難状態にあっても、地縁や社縁から孤立しておりサービス情報が圧倒的に少なくて利用法が分からない人、もしくは過去の苦い経験から行政や医療、教育・福祉機関への不信感・拒否感が強い人も多く、簡単に支援に乗れないケースがほとんどである。よって、まずは心身の健康を取り戻すための取り組みを説明し誘導したり、職業訓練や福祉制度の利用のメリット・デメリットを説明したりする納得を得るための作業など、一人ひとりの主訴と状況に合うさまざまな地域の社会資源の開拓と連携支援を取りつけるところからはじめるケースが大半である。単年度事業で終わる可能性もあったため、支援期間は半年をめどに、本人の「働きたい」を叶えるための「出口」探し、創造を同時に行った（図表7‐1）。

ＴＰＳの体制は企画・設計段階から、支援対象者は困難を多重に抱え、支援を継続することも難しい人々であると想定されていたため、チームを「ケース応援チーム」と「出口応援チーム」の二

図表７－１　TPS利用者の阻害要因，本人主訴と出口の形態

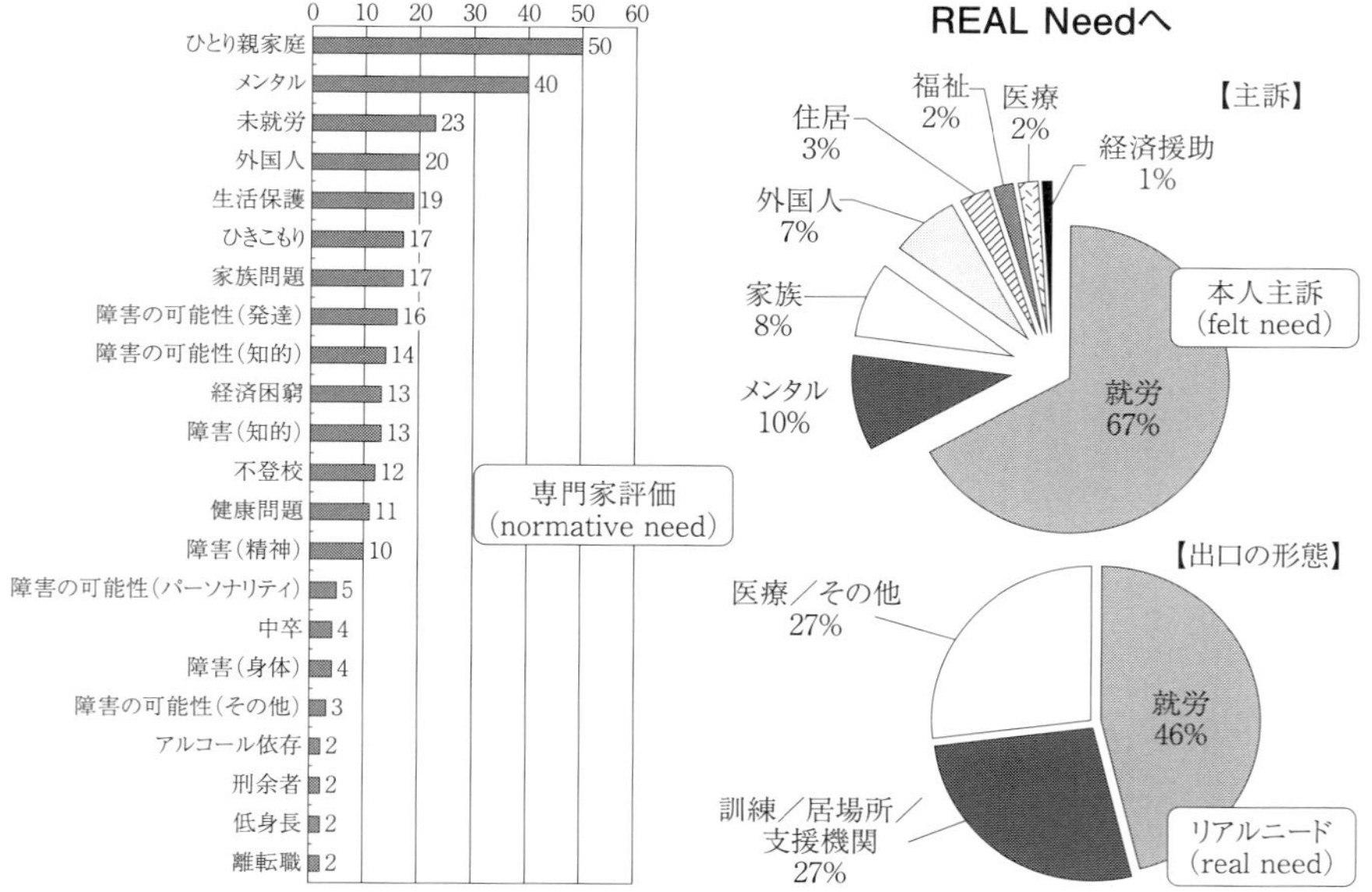

注：「障害」は来所時に福祉手帳所持状態，「障害の可能性」は来所持は福祉制度未活用状態だが，アセスメントの結果としての表記。
福祉制度活用の出口の方が安定就労・継続支援可能と見立てたケース。「ひとり親家庭」については注(4)を参照。
TPS利用者は多様な支援機関から紹介されて来ている。入り口となった窓口は注(2)を参照。

図表7-2　TPS基本支援（ケースと出口を同時に応援）

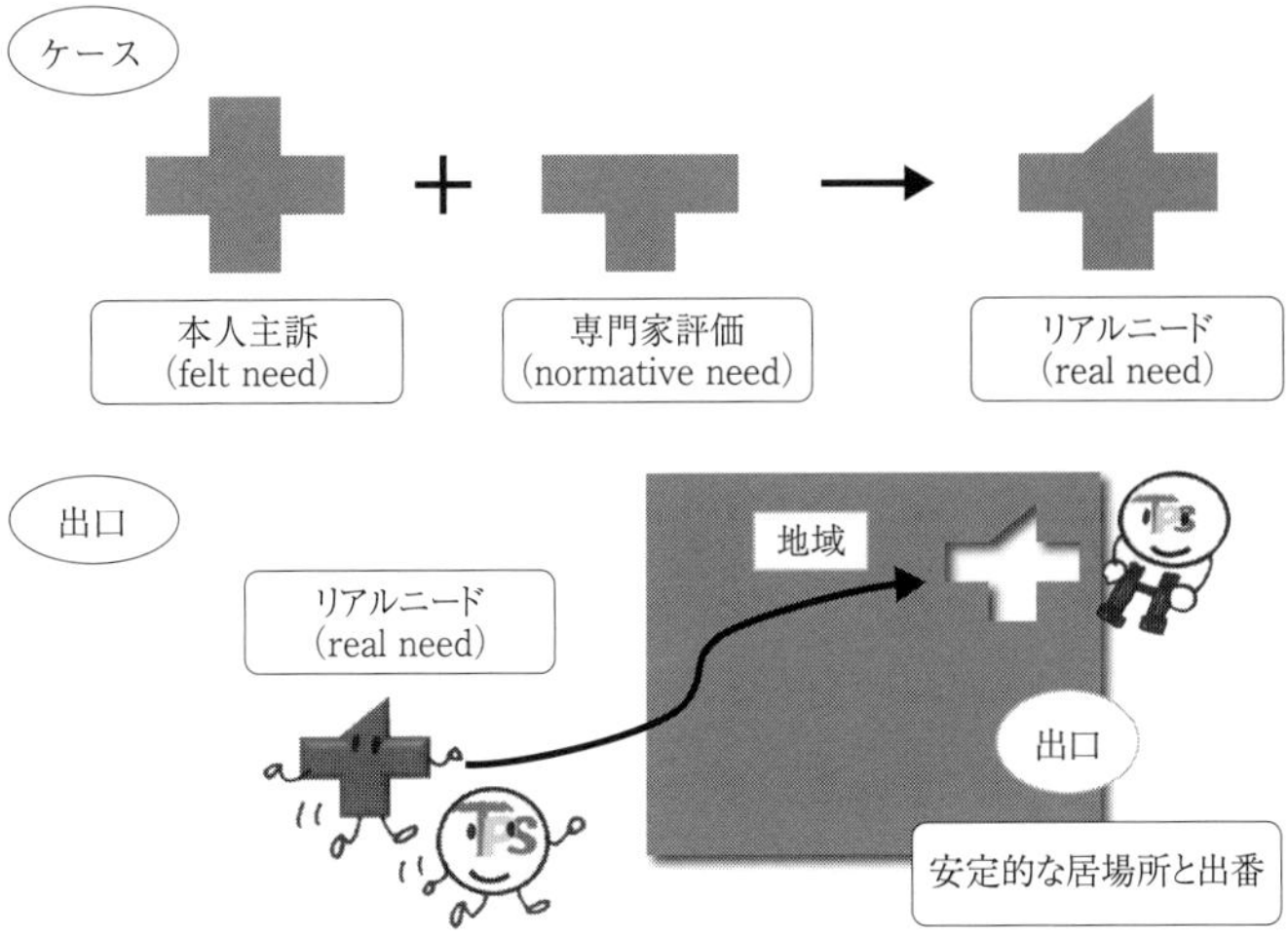

つに分けた。それは、専門家としての役割と組織内担当を明確にし、パフォーマンスを上げることに注力するためである。とはいえ、二つのチームは同じ組織内で連携を取り、本人の変化状況に合わせて、本人の負担が少なくてすむように、すばやく、的確に、地続きで、「出口」までをサポートしている。「ケース応援チーム」は、看護師や臨床心理士、精神保健福祉士、発達障害支援員、キャリアコンサルタントが中心となり、自立阻害要因のアセスメントと出口の仮設定を行い、企業開拓員、人材活用・労務管理の専門家を中心とした「出口応援チーム」が就労・自立[5]の支援を行っている（図表7-2）。これまでは「就労」となる

と「ハローワークへ送る」のがセオリーだと考えられてきた。しかし、求人票を自分で的確に・抽出し、継続的に就職活動を行えるのであれば、今の困難状態には至っていないだろう。それが行えない人々のための支援が必要だと考えたのである。

週一回、スタッフ全員で行うケース会議を持ち、新規ケースは「ケース応援チーム」から一人担当者を決め、出口が設定できた段階で「出口応援チーム」から一人の担当を決める。各担当者は相互に協力し、徐々に出口担当者が主な伴走者となり、定着支援を完了するようにしている。ケースをクローズするかの是非も会議で決めており、継続ケースは担当者がその週の動きと変化を報告し、方針継続や方針変更などを協議し、柔軟に対応する。こうしたＰＤＣＡサイクルを一週間単位で行い、全員で協力してゴールをめざすことにより支援者の燃え尽き防止対策とした。

ＴＰＳが支援している人は「複合的な困難」を抱えている。身体・精神面での不調により、医療が優先される場合は「ケース応援チーム」が定評ある病院を探して同行したり、ときには交渉も行う。多重債務者には信頼できる弁護士の紹介、面談同行、家計相談を行う。福祉制度活用によって適切な就労が可能で、継続的就労が持続できると判断すれば、本人や家族にとって苦しい作業となることが多い障害受容に伴走しつつ、状態や特徴、主訴に合わせて相談窓口や支援機関をスタッフが事前に訪ね、福祉との最初の出会いにミスマッチがないよう細心の注意を払う。

企業とのマッチングに関しても、本人の適性に合った職種・事業所を探すためにあらゆる手を使うことになる。本人には職業適性検査（能力・性格・興味検査）[(6)]を実施して職種を絞り込み、その人に合った条件で働けるよう企業と交渉することもある。初めは職場体験からお願いすることも多く、企業側にとっては求人・採用にかかる経費、短期間での離職リスク軽減、労働者にとっては学歴や職歴の壁に阻まれ、応募書類では面接まで至れない企業と「人」としての出会いの機会発生と、双方にメリットがある。その結果、就職に至らなくても、何が足りなかったのか事業所からのフィードバックがもらえるため、自分の課題発見や適切な職種選び、福祉制度の活用などの選択肢を意識できる貴重な経験となるのである。支援者が一〇〇回アドバイスするよりも、事業主や職場の仲間のたったひとことが強く響き、本人の意識を大転換させる場面が何度もあった。また、運よく就職することができても、その後も「定着支援」という形で、仲介役がいなくても継続就労できるか見守り、何かあれば本人からヘルプが出せる状態を「自立」と判断し、支援終了となる。一般的には出口担当から終了を判断することになる。

こうした活動のほかに、自立支援プログラム付きの共同生活寮を運営し、DVサバイバー（家庭内暴力の被害者）の母子や児童養護施設を退所した若者などを受け入れることもあった。また、ひとり親家庭の小中学生に対する生活・学習支援、外国人女性の介護資格取得支援、定時制高校内の相談室（居場所）事業などもニーズに応じてすばやく作っていった。

3　広がる貧困——ＴＰＳ事業での気づき

筆者は大阪市内の就労困難者向けに設立された職業訓練センターや兵庫県の震災復興の地域人材マッチング事業所で二〇年以上働いてきた。それでも、ＴＰＳに携わって、「日本で貧困がこんなにも拡大・蔓延しているのか、しかも最大の被害者は子どもだ！」と大きな衝撃を受けた。私がそれまで出会ってきた人々は、支援現場に通ってくるだけの交通費と時間、家族の許可と援助があったのだと初めて気づかされた。支援機関の情報を得て、相談することができ、訓練を受け続けるだけのエネルギーがある方々だったのである。一方、ＴＰＳで出会う人々には、そんな経済的余裕も精神的エネルギーも残っていなかった。

特に、若年者の支援は難しいと感じている。家族の経済的支援や自立に向けた応援がないと、相談やプログラムに通うことができず継続的サポートができない。ＴＰＳによる個別訪問は可能だが、集団での成長や企業での経験などが困難となる。女性の場合はより顕著で、「娘をひとりの自立した人間として育てていく」という認識のない保護者も多く、家族からサポートしてもらえるどころか、搾取の対象になっているケースもある。「学校に行くより家事をしろ」「アルバイトして給料を家計に入れろ」という家族からのプレッシャーや暴力に日常的に晒されてエネルギーが枯渇状態の女性も多く、その状況では「働けば自立できる」「進路を切り拓けば将来が明るい」という希望が持ちにくいのである。

自立支援は「就職の成功」だけがフォーカスされがちだが、支援対象が若年者、特に一〇代であればなおさら、健康やライフラインの確保が必要不可欠であるし、身の回りや生活を充実させていく経験、自己肯定感や職業意識の醸成によって、自分や社会への信頼回復がなされるかどうかで、その後の五〇年を自立的に生きられるかの根幹が作られる(7)。さらに、Ｗｅｂ情報やツールが氾濫していたとしても、生活基盤や社会的経験がぜい弱な若者にとっての仕事選びは、友人・知人のツテ、紹介による就労が大半で、貧困やリスクが連鎖してしまう。若者本人が、自分に合う仕事や安定的な就労場所を探していくことは非常に難しいので、まわりの大人や専門家の支援が必要になってくる。こうした支援活動を行うためには家族の協力が欠かせず、かつ本人が抱える困難のなかには家族問題が大きく関わっているため、包括的に家族と関わらざるを得ない。若年者自身を支援すると同時に、家族支援を行わざるを得ないのである。場合によっては、家族からの分離・独立も視野に入れて取り組む必要がある。

4　一〇―二〇代の若年者に有効な職業適性アセスメント

ＴＰＳの利用者属性は、全国的にみても若年者が多い特徴がある。後述するが、定時制高校と連携していたために一〇代、二〇代が二八パーセントと高く、三〇代（二〇パーセント）を含めると、一〇―三〇代の若者が全体の約四分の三を占める（図表7－3）。

こうした若年者に有効だと感じているのが、職業適性アセスメントである。彼らは学校で評価された経験に乏しく、自分に自信が持てないまま、積極的に就職活動に取り組めていない。私たちは、そうした若年者に対して、職業適性検査(8)を行い、「あなたは手先が全国平均よりかなり器用だと出てるよ！　性格もきっちりしているし精密機器の組み立てはどう？」「計算力がずばぬけて高いね！　ただ無口だから事務よりは倉庫管理の仕事はどう？」「人と接して役に立ちたい気持ちが強いみたい。介護士なら資格取りやすいし求人も多い。それとも勉強をがんばって看護師や保育士をめざす？　母子家庭なら補助制度もあるよ」と励ましながら、適性職種についての納得感を深めてもらう。そしてハローワークの情報を見ながら求人票の絞り込みを一緒に行い、応募時の自己アピールにも反映させながら、自信を持って就職活動できるよう支援してきた。たとえ学歴はなくても、職業能力に秀でた若者はたくさんいる。実際に、中卒の若者に組立工場を紹介し、職場体験を経て就職でき、現在も継続就労しているケースもある。不便な立地にあるため採用に苦戦していた工場側は、まじめに働く職員を確保できたと喜んでくれた。双方にメリットのある就労が、継続には必須条件なのである。

図表7－3　TPSの年代別利用者

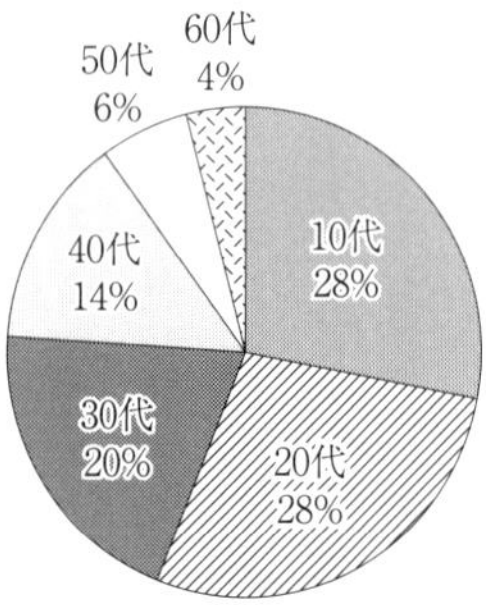

同時に、「職歴づくり」のサポートも積極的に行う。中卒・高校中退、乏しい社交性、就労未経験、履歴書にブランクがある若者たちは、応募しても採用されることは少なく、未業やブランク状態を継続させてしまいがちである。そこで私たちは豊中市や地元の商店街などの協力をあおぎながら、緊急雇用創出基金事業を利用している事業所に働きかけ、たくさんの若年者を、高齢者の見守りやスポーツ施設の清掃や案内、ＨＰ制作やイベントスタッフなどに雇用してもらった。この支援によって若者たちは職歴ができるだけでなく、生活費・学費の確保、働きながら施設内での資格取得などを達成し、業界や地域の人々とのつながりを持つことができた。応募書類では面接試験さえ受けられなかった若者たちは、体験→就職→定着により、安定的に仕事を継続できている。めざすべき進路を見つけ、復学・進学を志す人も出てきている。ケア付き就労、資格取得支援が広がれば、安定的雇用の可能性は広がると実感している。

「職歴づくり」だけでなく、アルバイトいう名の就労体験が効果を上げたケースもある。ＴＰＳは市民病院の売店を運営する母子支援団体に対して、売店の売り上げを伸ばすためのＰＯＳシステムの導入を提案し、導入のお手伝いができた。その活動の中で、日本になじめず不登校気味だった外国籍の定時制高校生と、就職活動に消極的な通信制高校の生徒をアルバイトとして採用してもらったのである。結果は大成功で、外国籍の生徒は日本語学習にも意欲が出て復学、通信制高校生は正社員としての就職を実現した。

5　定時制高校で実感した男女の違い

こうした活動のなか、私たちキャリアブリッジは定時制高校との連携を深めていった。定時制高校の生徒たちには「困難」が集積し、福祉や労働といった教育外支援が求められていたのである。年度により差はあるが、生徒の八割前後がひとり親家庭であり、生活困窮状態である可能性の高い世帯の「子ども」である。また、昼間の労働との両立も厳しく一年生の間に半数近くが中退すると言われるほどで、最終学歴が中卒になってしまう人も少なくない。教員も精いっぱい努力されているが、これまでの教育現場には福祉や行政サービスの情報が少なく、進路指導は「進学」か「就職」の二者択一になりがちであった。「進学」を選んだとしても、大学、短大、専門学校の選択肢しか情報がなく、生活困窮家庭の生徒たちは高額な学費を見れば断念するしかないのである。

そこで、二〇一一年に私が毎月開かれている進路指導部会議に参加させてもらい、卒業年次で進路未決定の可能性の高い生徒を中心に就労支援のお手伝いをすることにした。最初は民間団体が入ることへの違和感もあったかと思うが、一緒に「進路未決定者を出さない」を目標に取り組むうち、生徒を支援するチームになっていった。たとえば、整備工の資格をめざしている生徒であれば学費がかからない公共の職業訓練校を紹介したり、一般就労が難しい生徒であれば障害枠での企業就労や福祉的就労、手当の出る自立訓練所を提案したりして、一人ひとりの状態に合わせた「出口」へ伴走し、定着までをＴＰＳで支援した。学校だけ、民間団体で行うには難しい在校生の多様な進路支援に取り組んだのである。

三月末まで支援した結果、進路も決まり、卒業式を終えてほっとした時、これまで関わった生徒たちのことを振り返ってみて、ハッとした。

「進路決定したのは男子生徒ばかり、女子生徒たちはどこに消えたのか⁉」

男子学生の多くは卒業年次で就労支援メニューにうまく乗れたのであるが、春夏に出会った女子生徒の多くは一年生。緊急度が高く担任やリスクに気づいた先生からのリファーであった。緊急ＳＯＳツールを作り臨床心理士が対応するなどしていたが、そのうち携帯もつながらなくなり、知らぬ間に学校を中退していたり……。私たちは彼女たちを見失ってしまったのだ。女子生徒は支援機関に相談をしたり、学校以外のプログラムへ参加したりする時間やエネルギーがなく、サポートを受け続けることが難しい状態に置かれているのである。そして「就労支援」だけでは彼女たちの状況には応えられないのだと痛感し、反省することとなった。

このこととの関連性は明らかではないが、ＴＰＳの利用者はほぼ男女均等であるのに、私たちが運営している、とよなか若者サポートステーション（地域若者サポートステーションのこと。以下、サポステ）では、男性六六パーセント、女性三四パーセントであり、男女比は約七対三なのである（**図表7‐4**）。ＴＰＳはＤＶ相談、母子家庭支援窓口からリファーされるため女性率が高く、一方のサポステは自主的に相談窓口に足を運ぶシステムであり、国の方針としても「就職支援」が全面

図表7-4　TPSと とよなか若者サポートステーションの男女比

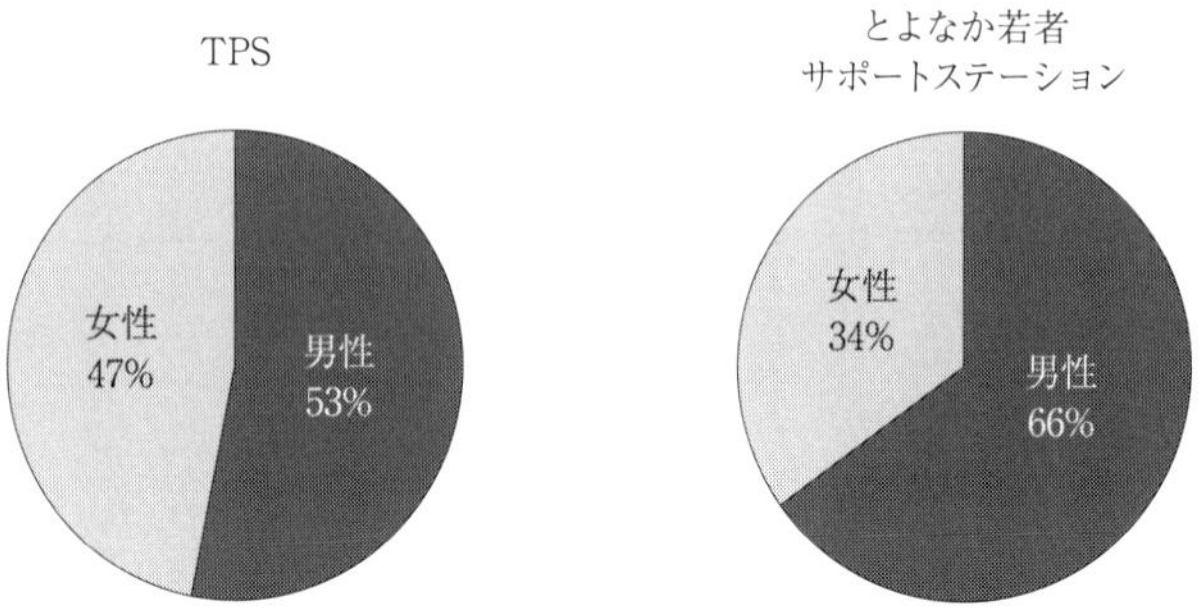

に出ているため、ジェンダー的に「労働者になってはじめて一人前」といったプレッシャーが強い男性のほうが多くなるのかもしれない。保護者も息子の就職準備には協力的な場合が多く、プログラム参加や経費負担に抵抗を見せ、自立の阻害となるケースはあまり見ない。一方で女性、とりわけ生活困窮状態の若年女性は、「自立した働く大人」になることより、家族のケアや家計補助の役割を要求されるケースが多々見られた。

ともあれ、若年女性は「家族や労働現場からの搾取の対象になっていて、継続して支援を受けることが難しい」と、定時制高校の現場でも確認されたのである。そこで、学校外のプログラムに参加してもらうのではなく、女子生徒がいる「学校」へ私たちが出向くしかないと思い、二〇一二年より学校応援事業を開始した。この事業は、一五歳にして厳しい家庭環境、労働環境に晒され、学校も中退してしまったら頼れる大人もなく孤立してしまう彼女たちに対する「なんとか学校や私たちのような支援団体とつながり続けていてほしい」という願いから始まった。生徒と先生たちが主役なので「学校応援事業」と名づけ、教室に行きにくくなっても学校には足が向くような空間づくりを目指して、スタッフを配置し、アウトリーチや先生方との連携にも注力した。この取組みをモデルに二〇一三年以降、大阪府全域に広がっている。

6　定時制高校の「居場所」で出会った女子たち

定時制高校側に支援室設置の了解をもらい、職員室横の和室を借りて、生徒たちの居場所を開設した。部屋名は学校側の要望で「相談室」、突然大きく成長することがあるという動物の名前から愛称をつけた。生徒たちが自主的に相談にやってくることは難しいと予測していたので、校内を回って生徒に声をかけたり、教室にお邪魔してスタッフが「ゆるい」自己紹介をして通信を配布したりした。「相談室で待つ」のではなく、積極的にアウトリーチしつつ、居場所にはＴＰＳの「出口応援チーム」が開拓した地域のアルバイト情報を集約するようにして、生徒たちの足が自然と居場所に向かうよう工夫した。先生方も気になる生徒と一緒に来てくれたりして、来所者は一日七〜八人ほどであった。授業が始まる前に息抜きに来る現場労働の男子生徒、授業に行けず廊下の隅で座る生徒を居場所へ誘導し、居場所利用のクラスメイトが教室へ誘ってくれて今や全出席で進級を決めた男子学生、「勉強は嫌いだけど韓国でスターになりたい！」と話す女生徒、放課後家に帰りたくないのか閉所時間の九時半になっても帰ろうとせず、「アパートっていくらで借りれるかな」とつぶやく女子生徒など、さまざまな生徒が居場所で過ごした。全校生徒約二〇〇人の小規模校だが、一一ヵ月で九〇名以上が利用してくれた。生徒たちの言葉をスタッフが拾い、高リスク・要支援と判断した場合は、先生方と相談して素早く適切な対応を行った。

印象的な女子生徒の例を紹介する。

Aさんと出会ったのは、彼女が二年生のときであった。授業にはあまり出席していないようで、格好はいわゆるギャル系の女子だったが、なぜか居場所にはよく来てくれた。母子世帯で年の離れた弟妹がいるため、中学卒業以来、月に一〇万円以上をアルバイトで稼ぎ、そのすべてを家計の足しにしていた。つまり、彼女は二年間で二四〇万円を稼いでいたのである。このお金を貯蓄しておけば、彼女の将来のために使えたはずだと思うと、悔しくてならない。ほかの生徒の面倒見がよく、「本当は看護師になりたかった」と言うので、職場体験と銘打ったアルバイトを紹介し、本人も少しずつその気になっていた。

ところが、この事業が単年度予算のため、年度末から年度当初にかけて居場所が閉鎖になっていたわずかな間に中退してしまったのである。その後、私たちが運営するサポステに顔を出してくれたときに聞いたところによれば、母親から退学するよう強く言われたという。私たちは支援を継続するつもりであったが、彼女はその時すでにフルタイムでアルバイトをしていたため、在校中のように毎日会うこともできず、だんだんと私たちの手を離れてしまった。

もし、Aさんが男子であれば、「学校卒業後、家を出て自立する」という方向に進めたかもしれない。しかし彼女は、「家族の役に立っている」ことに自己の存在理由を見出しているような発言も多く、アルバイト先でも、アルバイトのリーダーとして、後輩が出した損失分の責任をたびたび取らされ、給料を減額されていたようである。私たちが職場への仲裁・交渉を申し出ても、「自分がいるからあの職場はなんとか回っている」と、交渉しないまま働き続けていた。

Aさん以外にも、父子家庭で父から暴力をふるわれ、家事を一手に引き受けていたケース、精神疾患の母との母子世帯で、母の恋人からの暴力を受けながらも「家を出たら母を守れない」と言い続けたケースなど、さまざまな十代半ばの女子生徒と出会った。

一般的に若年女性は、家族から労働力や家計補助の役割を期待され、雇用側からも御しやすい相手として軽んじられる傾向があるが、自尊感情が育たないまま困窮状態に置かれた女子生徒たちは、多方面から搾取されながらも「私がいないと困る」相手と役割があることを「自分でも生きていていい証」と見なし、理不尽な関係性からも逃げられなくなるという心理的傾向が見受けられる。これは男子学生には見られないものである。そんな危うい心理状態と人間関係しか知らない彼女たちは「この人は頼れる」と思う人、特に男性が現れると、全面的に依存し対等でない関係性を結び、断ち切れずにずるずると続けて、暴力と貧困の連鎖につかまってしまう……そんなケースも少なくなかった。

たとえ児童相談所へ行ったとしても、児童養護施設は一八歳までで大阪の施設は満杯状態である。

あと数年で退所年齢を迎える彼女たちを積極的に誘導することは避ける傾向にあり、一五歳でも高校を中退している場合は入所資格もない。逆に未成年のため親権問題がからんで介入が困難なケースもある。結果、「せっかく勇気を出して相談したのに、何も変わらなかった」と大人への不信感を強め、孤立を強めていく。こうした状況のなか、自活するために時給の高い性産業や援助交際に向かう若年女性が後を絶たないのだと思う。

自立した大人の女性になるためのロールモデルが身近になく、低学歴で女性となれば自活できるような労働環境もなければ、安定した専門職につくには高額の学費がかかる。暴力や搾取に晒されても福祉とつながることもできないまま、進路に希望を持って継続的に取り組んでいくことが難しい……これが、今の下層化する若年女性を取り巻く現状なのだ。

これを打破するには、女性が「産む性」「家族をケアする役割」があっても、男性同様に安定的に働き続ける労働環境、つまり男性を家庭で支える補助的労働者ではなく、一人の自立した大人として生きていける所得、昇進、母体保護、適切なワーク&ライフバランスが可能になるための強制力のある法整備等が必要になると思う。同時に、非正規労働の大半を若年者が占める現状は貧困家庭の子どもの拡大を意味し、無策では再生産することになってしまう。注(7)でも示した通り、一五〜二五歳の段階で支援を受けられれば、納税者になる可能性も高いわけで、無策の結果多額の生活保護費を数十年払い続けるより、若年の間に社会参加と職業訓練、高等教育を受けるための支援費をかけるほうが財政的にも効果がある。その結果、優秀な労働者、子育て世帯の増加が叶えば、国力も、国民の幸福度も上がるであろう。

企業における性差別の撤廃と雇用形態によらない報酬実現のための法整備、人生前半期、特に一五～二五歳までの個人に対する生活保障と公的職業訓練の充実の二つが鍵だと思われる。

注

（1）二〇一三年度以降、全国制度化に向けて「くらし再建パーソナルサポートセンター」に改称となった。専門家チームは「くらし再建パーソナルサポートセンター＠いぶき」と改称された。

（2）以降本章で紹介するデータは、事業所をオープンした二〇一一年五月～二〇一二年三月末まで一三二人（実数）の分析結果である。比較しているとよなか若者サポートセンターは開所した二〇一三年五月から同年一二月末までのデータで、こちらは本人がアクセスし支援が開始する方式を取っている。

ＴＰＳへのリファーは合計二四ヵ所からあり、「定時制高校（三三人）」「地域就労支援センター（三二人）」「民間の若者支援団体（一〇人）」「人権まちづくりセンター（一〇人）」「市外公的機関（八人）」「外国人コミュニティ（七人）」と続く。開設当時、困難が集積していると思われる支援機関へアウトリーチを行い、リファー元を開拓し、連携が順調だった所が件数を伸ばしている。

（3）二〇一二年以降は全国制度化のモデル事業へ転換するにあたり、アセスメント結果を数値化しポイント制によるリファー形式を開発・活用したため、市役所内のくらし再建パーソナルサポートセンター（地域就労支援センター内）からのリファーが基本システムとなっている。

（4）ひとり親家庭であることが阻害要因というわけではなく、現状データから見る母子家庭の経済的困窮度や、今後陥る可能性、関わる大人の数や時間の制限、就労情報量のハンデなどのリスクを考慮したうえで、項目のひとつとして挙げている。

（5）「自立」については議論の多いところであるが、ＴＰＳにおいての「出口」は企業就労に限らず、継続できる就労・地域の場と捉え、福祉的就労や訓練、社会資源や医療も範疇にしている。若者支援の経験上、無理やり企業就労させても「継続」できなければ、本人にとっては失敗経験の積み上げとなり、疲弊し二次障害を引き起こしたり、派遣やパートなどの職歴のまま年齢が上昇したりすれば求人そのものが減るため、離転職の繰り返しは高リスクとなりかねない。発達障害域の人々が置かれやすい典型例ともいえる。

（6）職業能力はＧＡＴＢ、性格はＹＧやエゴグラム、興味はＭＩＯ検査などを使用し、この三つを総合的に判断。特に職業能力適性をみるＧＡＴＢに重きを置き、キャリアコンサルタントや心理士らが協議し、最適職種・業界・事業所文化などマッチングの留意点などを明確にしたうえで本人にフィードバックしている。ＧＡＴＢの結果から障害領域かどうかの判断も概ね出るので、一般就労か福祉的就労かの判断材料にもなり得ると考える。

（7）二〇一三年に支援した一五～二五歳の四一人の支援結果の財政効果を算出したところ、三〇年間で七億七〇〇〇万円になった。これは「支援あり」「支援なし」に分けたうえで全員のライフストーリーを想定し、彼らにかかると推測した行政負担額（生活保護費や医療費など）と、逆に納めるであろう税金や年金保険料など細かく六つに分け詳細に算出したものである。支援対象者に一年間かかった経費は一人約三二万円である。しかし、その後三〇年間で一人あたり一九〇〇万円の財政効果が出るという結果になった（生活困窮状態にある若者支援における財政効果調査・キャリアブリッジ）。

（8）　注（6）を参照。職業適性検査と言えば一般的には職業興味と性格検査の二つを指しGATBを実施している機関は少ないため、事前確認をおすすめする。また検査結果を本人の進路・求人検索に役立てるようなフィードバックする事が最も重要であることもお伝えしたい。

第八章　横浜市男女共同参画センターの〝ガールズ〟支援
——生きづらさ、そして希望をわかちあう「場づくり」

小園　弥生

1　はじめに

「これまで社会には私を助けてくれるところなんてない、とあきらめていました。でも、この講座に通ってきて、少しはあるかもしれないと思えた」「ここではだれからも（自分が）だめと言われず、居やすかった」「みんながやさしかった……（涙）。悩んでいるのは私だけじゃなかった」。

二〇〇九年七月。初めての「ガールズ編しごと準備講座」（以下、ガールズ講座）最終日。当時一ヵ月以上を共にした参加者二〇名が笑い、泣き、なかまの背中をさすり、時間を忘れてえんえんと語っていた。その光景は劇的だった。初めは緊張して声も言葉も少なかった人たちが心を開き、手ぶり身ぶり、あふれる思いを繰り出している。立ち上げ担当職員の私は胸をなでおろした。

図表8－1　支援メニューと利用のイメージ

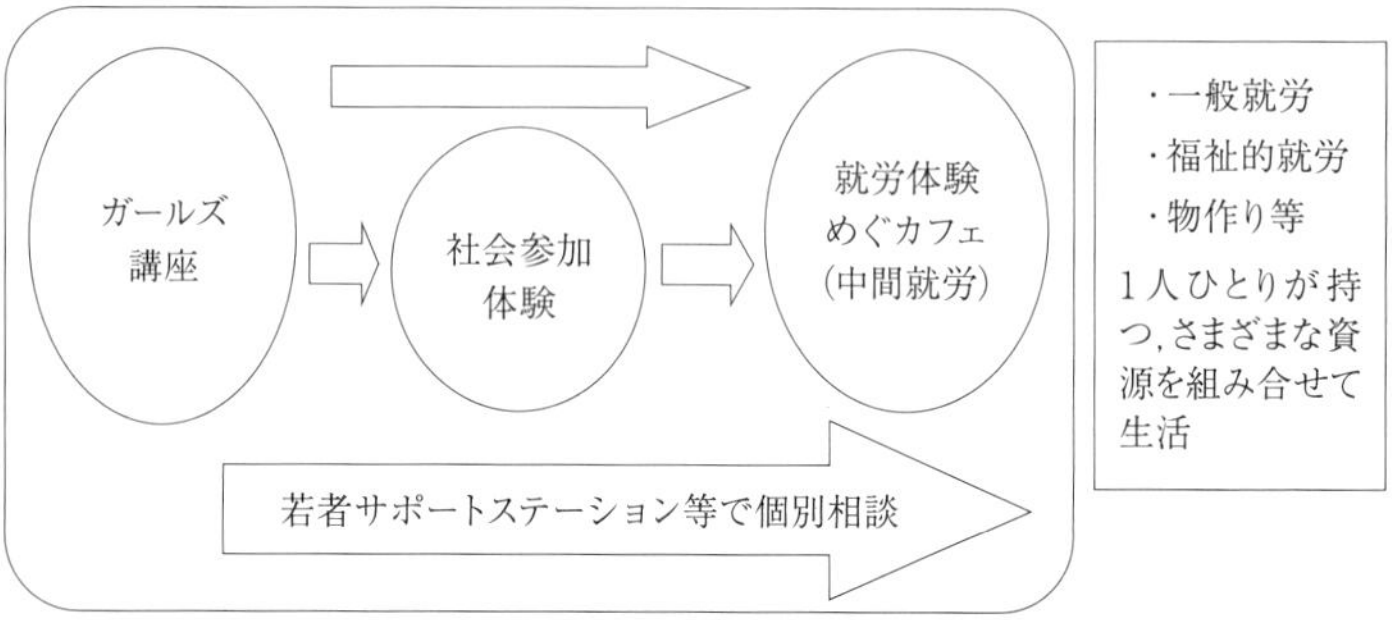

開講当初、トイレにこもって泣いている人を発見したり、男性講師が現れた日には部屋を出てしまった人がいたり。「履歴書に書くことが一行もない。どうしたら?」「水商売の期間はどうする?」「婚活と就活とどっちを先にしたらいいの?　三〇歳は崖っぷち」と言う。テキストに漢字が多いと読めない人も。机の配置を変えてもらうのに私が「適当に」と言うと、「意味不明です!」と返される。とにかく参加者に教わる日々。「発達障害」などかつて知られていなかった特性についても、知らなければたちゆかなかった。

立ち上げから六年。生きづらさ、働きづらさに悩むシングル女性のためのガールズ講座は二〇一六年末までに一六コースを修了し、三二〇名が参加した。就労体験「めぐカフェ」は二〇一〇年一一月に開店以来、二〇一六年六月までの五年八ヵ月で一〇〇名の実習生を受け入れた。一言で言えば、私たち横浜市男女共同参画センターが行ってきたサポートは、安心して人の中で自分と向き合い、困難と希望をわかちあえる「場づくり」である。柱の支援メニューとイメージは現在、図表8－1のように考えている。

継続するうち、最近では遠方の当事者や保護者からも問合せをいただくようになった。働くことに悩んでいる若い女性が参加しやすいサポートの場が全国に広がるために、私たちがこの間試行錯誤してきた取組みについて、本章が参考になればと思う。

これまでの主な事業展開をまとめると図表8－2のようになる。さまざまな試行をしてきたが、ここでは柱の事業として継続して行っている「ガールズ講座」と就労体験「めぐカフェ」を中心に取り上げる。

ここで私の職場である横浜市の男女共同参画センターについて、簡単に紹介したい。センター三館は戸塚区・南区・青葉区にあり、地域のだれもが自由に出入りし、活動できる市民利用施設だ。運営は指定管理者の公益財団法人横浜市男女共同参画推進協会。三館の中心機能をもつ男女共同参画センター横浜（戸塚区）の開館は一九八八年。二〇〇五年までは女性センターと呼ばれていた。当初から女性特有の課題の解決に向けてさまざまな相談や調査を行うとともに、就労支援や健康支援をテーマに講座等のプログラムを開発・実施してきた。同時に、婦人科系の病気や離婚など同じ悩みを抱える自助グループに場を提供してきた。二〇〇〇年以降はとくにＤＶ被害女性の相談やシングルマザーなど社会的経済的に困難をかかえた女性たちの就労支援に力を入れていたが、雇用環

図表8－2 「若年無業女性支援事業」の主な事業展開

1若年無業女性当事者向け	2009～継続	・**ガールズ編 しごと準備講座**　第1期～第12期（260人） ・フォローアップの場「ガールズカフェ」「いちごの会」ほか ・ガールズパソコン講座　基礎＆アドバンス（日本マイクロソフト(株)助成）、デジタルストーリーテリング「わたしの物語」制作
	2010～継続 2013	・**就労体験「めぐカフェ」**10コース（76人） ・ライブラリ等就労体験（みずほ福祉財団助成） ・横浜若者サポートステーションとのケース連携態勢作り
	2013～継続	・**社会参加体験（ボランティア）プログラムの開発**
2市民向け啓発等	2010－2012 2013～継続	・ガールズトーク、ぐるぐるトーク等啓発企画　ほか ・**事業資金確保のための特定寄付募集、**Tシャツ等制作
3参加型広報・ウェブでの情報発信	2009－2014 2009～継続	・ラジオ出演「エフエムとつか」での修了生による発信 ・**ガールズ応援サイト、めぐカフェスタッフ日記(ブログ)** ・**修了生メーリングリスト⇒メルマガ** ・**ガールズツイッター** ・音声＆動画によるトーク等企画の配信「起きづらい生きづらい女子の労働と貧困（栗田隆子）」「歌のお手紙をあなたに」「みんなのめぐカフェ」など
4支援者向け	2012－2013 2009～継続	・公開講座＆支援者研修　主催 ・研修講師派遣
5調査等報告書	2008 2011 2012 2013	①**「若年女性無業者の自立支援に向けた生活状況調査」報告書** ②**「生活困難を抱える若年女性の自立支援プログラム開発事業」報告書**（文科省委託事業） ③**「“ガールズ”自立支援ハンドブック」**（NPO法人全国女性会館協議会） ④**「ガールズ講座＆『めぐカフェ』就労体験修了者追跡調査」報告書**

注：「ガールズ応援サイト」http://girls-support.info/ に，すべての報告書，参加者の声，関連プログラム等について掲載しているので参照いただきたい。

境は悪化するばかりで、うつなどをかかえて就労困難な女性も増えていた。自助グループのいくつかには、親との関係や依存症に悩む若い女性たちがかねてより参加していた。

2　当事者調査で「若年無業女性」の困難と支援ニーズを可視化

二〇〇八年、不就労の統計からも漏れてしまう若い女性の現状を把握するため、検討会を立ち上げた。ここで約半年をかけ、当事者に聴く「若年女性無業者の自立支援に向けた生活状況調査」を行い、報告書にまとめた。調査対象は一五歳以上三五歳未満の、学校や職場に属していないシングル女性。さまざまなタイプの若者支援拠点にアンケートを置いてもらったが、所属がなく家にこもりがちな女性たちの声を集めるのは至難のわざだった。結果として、約五〇件得られた回答から見えてきたことは次のようなことである。

・「職場の人間関係トラブル」「学校でのいじめ」「メンタルで通院・服薬」「親など家族からの支配、過剰な期待」「不登校」「家族からの暴力・虐待」「性被害」など、若い女性一人ひとりが平均四つの生活上の困難な体験に○をつけていた。
・「話すことが苦手」という不安を、もっとも多くの人が感じていた。
・非正規で短期間の就労と無業をくりかえしている人が多く、スキルを積み上げることができない環境にあった。

・結婚や仕事など将来のことはわからないと思っていた。同時に、ほとんどの人が仕事に不安を感じており、七割の人が働きたいと思っていた。

・若者就労支援の現場では男性の利用が七〜八割であり、女性たちに支援が届いていない。

調査の設計や分析には、外部から数名の施策担当者・現場の支援者らを委員に招き、検討会は計五回行った。最終回の座談会（報告書に所収）では、各委員から次のような声が上がっている。「若い女性は〝家事手伝い〟という統計になってしまい、貧困が顕在化せず、対策もない」「若者サポートステーションの女性利用者は三割。男性に比べ女性は圧倒的に非正規。日雇い派遣やアルバイトが多い」「一度非正規になると女性はそこから抜け出せない」「やりがいのある仕事に就かなければ、結婚だけでは〝認められない〟というプレッシャーは女性特有」「性被害、家族や彼氏からの暴力被害の影響が大きいのではないか」など。

検討会では、これらの課題を抱えた若年女性を対象として開講予定だった「ガールズ講座」の企画案も諮った。「とにかくやってみる。ほかでやっていないから」「やれば、見えてくる」という委員らの発言で結ばれている。思い返しても、手探りのスタートだった。

3　なかまに出会う場＝「ガールズ編 しごと準備講座」

講座名にはシングルの若い女性を意識して「ガールズ」と入れた。参加者が集まるのか心配したが新聞各紙やチラシ、ネットなどの相乗効果で、〝働きづらさに悩むあなたに〟というコピーに「まさに私のこと！」と反応する人がじわじわと現れ、初回から定員を上回る申込みを受けた。体調が不安定でも無理せずにすむよう、遅刻・早退ＯＫとした。

講座の概要は**図表8－3**のとおりである。

プログラムの内容は、当センターで一九八八年から開催してきた「女性のための再就職準備講座ルトラヴァイエ」を参考にしつつ新たに組み立て、改善を重ねてきた。特徴としてはヨガや呼吸、声を出すといった実践で、まず緊張をほぐしていく。スキルアップに主眼を置かず、言葉による自己開示を求めない。身体面への働きかけから入ることは、これまでの女性向け就労支援講座と異なる点だった。もっとも重視しているのは、安心感をもてる安全な場をつくることだ。同じような悩みをかかえた人と出会い、他の人の体験を聴き、自分の体験を聴いてもらうことで自己肯定の灯がともり、情報やなかまにつながって孤立から抜け出すことがゆっくり少しずつ進んでいく。職員はそのプロセスを見守る役割だ。自分の狭いものさしで評価やアドバイスをしないようにする。

参加者のほとんどが申込時に「人とかかわるのがこわい」と書いてくる。が、グループの中で他

図表 8－3 「ガールズ編 しごと準備講座」の概要

対象・定員	15 歳から 39 歳の職場や学校に通っていないシングル女性 20 人（シングルマザーを除く）、全日程通って来れる人
目的	①安心感を実体験する　②自己肯定につながる気づきを得る　③孤立からの脱出
日時・頻度	1 コースは 11 回、月・水・金曜日の午前 10:15 ～正午
説明会＆申込み	開講 1 ヵ月前に説明会、比較的詳細な申込書に記入・提出してもらう
その他	初夏と秋（気候のいい時期）年間 2 コース開催、参加費無料
プログラム内容	下記のとおり

（2014 年度）※ 10：15 ～ 10：30 ホームルーム。休憩・飲み物持込自由。

1 日目	安全な場のためのルール、アートな自己紹介、自分の好きなこと・得意なこと
2 日目	呼吸とリラックス、自分の声さがし
3 日目	リラックス・ヨガでからだほぐし
4 日目	講座修了生による就活＆しごと体験談、婦人科系の課題とセルフケア
5 日目	こころに効く食事と栄養［レクチャーと調理実習］
6 日目	自分を大切にするアサーティブネス入門
7 日目	適職チェック・しごとの探し方、働くときに最低限知っておきたい法律と相談先
8 日目	履歴書の書き方（若者サポートステーションの講師による）
9 日目	自分を好きになるメイク講座（ザ・ボディショップ 協力）
10 日目	めぐカフェ就労体験のご案内、行動計画表記入
11 日目	ふりかえり、目標を語る交流会

のメンバーとやりとりしたり、人の役に立つ経験をしたりすることが若い女性でも十分自己肯定感を上げる体験になるとわかったので、プログラムは途中からグループワークを多く取り入れ、一五分間のホームルームも始めた。

初めの四コースについての講座実施状況、受講者プロフィール、プログラムの考え方、運営のポイント、書き起こしたテキスト、受講者の半年後の追跡調査、講師・支援者の声等については「生活困難を抱える若年女性の自立支援プログラム開発事業 報告書」（2011）に詳述している。

4　就労体験の場＝「めぐカフェ」

ガールズ講座が二年目に入って、課題が見えてきた。修了者の多くは人や社会への信頼感がうすく、すぐには就活に向かわない。ならば、助走期間に人の中で安心して就労体験ができる場があったらと考えた。そのころ男女共同参画センター横浜南（フォーラム南太田）の1階カフェコーナーを活用できるめどが立ち、二〇一〇年秋、就労体験の場「めぐカフェ」をオープンした。吹き抜けに自然光がさんさんとさしこむ気持ちのいい空間だ。「めぐりあう」などの意味をこめた店名は、講座修了生から希望者を募った立ち上げメンバーらによるアイデア出しと投票で決まった。

ここは作業所などの福祉的就労の場とは異なり、一般就労へのステップとしてトレーニングのプログラムをもち、スタッフの見守りのある「中間的就労」の場だ。就労体験の概要を図表8－4に

図表８－４「めぐカフェ」就労体験の概要

受入れ対象者	ガールズ講座の修了者，あるいは若者サポートステーションからの紹介。 休まず通える体調で，主治医がいれば了解していて，サポートステーション等で個別相談を継続して受けること。受入れ時にレポートと面接あり。
態勢	就労体験事業担当職員のほか，常駐のカフェコーディネーター１人，シフトのカフェアルバイト２～３名
体験内容	ステップ１：10回。定員８人。みだしなみ，衛生，野菜市での販売体験，広報・カフェ実習など ステップ２：20回。定員４人。実習手当付き。カフェでの作業・接客体験 ※１人が通うのは３時間×週２回程度
カフェ営業	火・水・木・金曜日の11:30-16:00，席数20，メニューは地場野菜を使ったスープのランチと手づくりスイーツとドリンク，基本はセルフサービス

まとめた。

就労体験はまず「時間を守る」「あいさつする」「連絡する」などのソーシャルスキルの練習から入り、「人の中にいてチームで動く」体験をし、「サービスを提供する側に変わる」ことを目標にしている。自分のクセや向き不向きに気づき、今後の見通しをもつには、人とかかわって自分を写し出す鏡となる現場が有効だ。それには体験者の言う「〝本物〟のお客さんが来る場」が必要だった。時にはクレームを受けることもあるが、頭ごなしにしかる人はだれもいず、スタッフが「大丈夫。次はどうしたらいいか考えよう」と声をかける。

「ここに来るのが楽しみとお客さんに言われてうれしかった。人の中で働くことがこわくなくなった」。多くの体験者がそう話すようになった。この地域は人情のある下町で、お客さんに穏やかなシニア層が多いことも就労体験にプラスになっていると思う。

就労体験が効果を上げるためには、支援機関の連携も不可欠だった。体験に入る人は必ず若者サポートステーション等で個別相談をしてもらうことをルールにした。本人と相談員、場を提供する私たちの三者で目標と状況を共有し、節目には必ず体験が有効だったかどうかケースごとに振り返りを行うしくみを整えてきた。

「めぐカフェ」就労体験者一〇〇人（二〇一六年六月）の平均年齢は二六・五歳。働いた経験がまったくない人が三一人、学校中退経験者も同数いることを考えると、カフェで就労体験後、何らかの就労をした人が四七人（四七％）に上っているのは有効性の証といえる。彼女たち各人の本来持っていた力が発揮されていった。就労はアルバイトが多いが、のちに正社員になった人もいる。

いっぽうで、まだ体調が整わず、就労体験の場に通いきれない人も少なくない。そうした人たちが、ボランティアとして社会参加体験をする場を地域の市民活動グループに提供してもらうしくみも二〇一三年からつくり始めた。年間のベ二三五名が参加し（二〇一五年度）、着物リサイクル、子ども向けイベントや祭りでの出店、シンクタンクでの事務、等々の手伝いを楽しみながら、安心と自信を取り戻している。「若い人がいると活気が出るわ」と言う、地域の人々の存在はあたたかい。

5　支援を利用した女性たちの状況

サポートを継続する中で、女性たちは本人の努力とは関係なく、社会に出たその時代の社会経済状況に大きく左右されていることも痛感してきた。異なる世代の事例を紹介したい（複数の人を組み合せた事例である）。

事例①：一九九三年頃、いわゆる就職氷河期の前に高卒正社員で就職。人よりゆっくりペースだが社内研修で育成され、なんとかやれた。数年後、職場の人員が減り、体調を崩して長期休職。退職に追い込まれる。うつで何年か療養するうち、孤立。「結婚しないからだ」と言う母との関係に苦しむ。一〇年後、納得いく診断を受けて障害年金を得る。講座後に増えた人のつながりのなかで情報を得て、障害を持つ人の生活支援センターに通う。

事例②：就職氷河期と言われる二〇〇〇年、大卒で就職難。百社以上の就活をするうちに疲れ果て、メンタル不調に。契約社員でやっと入った小さな職場には人材育成の余裕はなく、即戦力、空気を読むことが求められた。その中でパワハラを受け、退社。人が信じられなくなり、自分を責めてこもりがちに。ガールズ講座でなかまができ、就活する元気を取り戻す。

事例③：二〇一〇年に通信制高校を卒業。小学生の時から学級崩壊やいじめがあり、学校は戦場のようだった。安心できる場所はどこにもなかった。不登校、中学の時には摂食障害で精神科入院。人や社会は自分を攻撃するもので、そこに出ていくイメージがもてない。カフェの就労体験やボランティアをして、自分の得意なことで人に喜ばれ、人の中にいるのもいいものだという感覚を初めてもつことができた。

現在、参加者には③のような若い世代が増えているが、安心感を体験していないことは本当に深刻だ。二〇一一年からガールズ講座のファシリテートを担当し、約一五〇人に出会ってきた職員の植野ルナは次のように述べている(1)。

「受講者の年代は二〇代が三分の二、三〇代が三分の一を占めています。ここ二、三年は二〇歳前後の若い受講者が増加しています。事業を開始した二〇〇九年ごろは想定していたよりも三〇代の女性の申込みが多く、正規雇用を経験した人の参加もありました。しかし、最近では短期や単発のアルバイトなど、非正規雇用しか経験したことのない人がほとんどで、まったく働いたことのない人も増えています。

（中略）とりわけ低学歴の女性ほど、学校を卒業したあとに正社員になれない状況が続いています。こうした雇用環境の変化は、年代や学歴といった受講者プロフィールからも、実感させられます。

彼女たちの状況を示す言葉として浮かぶのは〝孤立〟です。（中略）受講者の九割は家族と暮らしていますが、必ずしも家族との関係が良好な人ばかりではありません。だれでも正社員になれ、だれもが結婚していた時代を生きた親世代は、なかなか若い層の就職難を理解しないことも多く、いっぽうで、家事や介護の担い手として都合よく娘を使い、就労の機会を奪っているケースも見られます。また、親やきょうだいから虐待を受けているのではないかという状況の人もいます。一八歳以上のシングル女性が、家族から受けている暴力（身体的暴力に限りません）は児童虐待にもドメスティック・バイオレンスにも当てはまらず、相談先・支援先がないことは課題のひとつです」

センターに通うには、衣食住などの生活条件がなければならないが、そうでない人もいる。家族の支援がないと、貧困に直結してしまう。たとえば、親と同居していても、交通費をもらえなくて通えないと訴える人、地方から出てきていて親の支援がなく、彼と別れた日から住むところに困った人などがいた。支援者に役所に同行してもらい、生活保護を受けた人もいた。それでもなんとかして働かなければと多くの女性たちはつぶやく。

6　男女共同参画センターの役割と地域連携

若い世代にも女性特有の困難があることを、これまで見てきた。男女共同参画センターで支援事業を行う私たちの強みは、①就労や自己尊重感の向上について、女性に特化した支援を蓄積してきた（専門性）、②地域の中で市民利用施設として一定の信用がある（信頼性）、③学校や職場ではない、評価や利害関係がなく自由に来られる場である（対等な安全性）、といった点にある。これらを基盤として、ライブラリや相談室、生活工房（キッチン）、健康スタジオ等を備えたセンターの総合機能を生かし、仲間に出会う安全な「場」を提供することはセンターの第一の役割である。

対象を「精神障害を持つ人」のように限定せず、困っているだれでもが来られる場を広く開いていけば、多様な課題をかかえた層にたどりついてもらうことができる。たとえば障害等で困難があっても自覚がない、医療が必要と思われても通院していない、そんな人々もやってくる。むしろ多くの女性は、まだ自分の問題を探し当てていないからこそ漠然とした不安を山のようにかかえている。私たちは医療・精神保健の専門家ではないので、参加者に対して可能な限り本人のあるがままを受け入れるが、明らかに家族の中の問題などで個別支援が必要と思われる場合は本人の了解を得て、センター内の相談員と連携をとる。また、若者サポートステーションなど本人の利用している支援機関のスタッフとケース検討会議をもち、センターの中でも複数の職員や職位の者が充分に話し合い、ひとりよがりな判断をしないよう努力してきた。困難な山場をかろうじて、乗りこえてきた。人が本来もつ力を信じ、安全で本人に役立つ支援には、自分の組織の内外に信頼できるチームをつくることが不可欠である。

さらに、広がりのある支援をつくりだすために、地域社会や各種メディア等に積極的に働きかけていくこと、サポーターを増やし人と人をつなぐ地域拠点になること、これがセンターのもっとも今日的な第二の役割だ。センターでの取組み、孤立する若い女性が人とのつながりや場を切実に必要としていること、などを地域で市民活動や表現活動、モノづくり、小さな事業を行う人々に伝えていく。そして支援機関に限らず地域の人々の助けを得て、本人も私たちスタッフも助かるセイフティネットを広げ、資源を増やしていかなければならない。

7　人とつながる「場」の可能性

二〇一三年、一六三人を対象に「ガールズ講座＆『めぐカフェ』就労体験修了者追跡調査」を行った（回答は六二人）。追跡調査結果によると、その後一度でも収入を得た人は六一％、調査時点で収入のある仕事や活動をしている人（物を作って販売や有償ボランティアも含む）は四七％であった。女性の働きづらさが加速する社会にあって、この数値は大きな成果ではあろう。しかし、成果測定というものに、私たちはこの間ずっと悩まされてきた。はたして「就労」することだけが成果なのか？

支援修了後にしたこと・役立ったことでは「支援機関に行って相談をした」に次いで、二番目が「障害者手帳を取得した」であった。「障害者就労の道が開けた」という回答もあった。福祉的支援以外に使える支援が少ないことは問題だが、現状では手帳取得後は障害年金も受け、障害者就労をして自活するケースが出てきている。二〇歳を超えるまで、親からも見守られず、自分の状況をみつめる機会を逸し孤立していた女性たちがガールズ講座をきっかけにさまざまな情報を得ていき、一定数の人が手帳をとるという選択をしている。これは情報教育の成果ともいえる。いっぽう、「自分は障害者の認定はもらえない。けれど、健常者との中間にいるそういう人が一番生きづらいからサポートしてほしい」という声もあった。

また、「悩む女性が多いことを知り、個人的な問題ではなく、社会的な問題として視野が広がった。適応できない自分に悩むのではなく、どのように自分を生かせるか、そのためにどうしたらよいか、と考え方が発展的になった」という声もあった。ここからは個人の行動の変化にとどまらず、考え方の枠組みが変化したことがうかがえる。

自立とは何だろうか。フルタイムで働く自立は絵に描いた餅になり、もはや一人ひとりがそれぞれもつ資源をパッチワークのように組み合わせて、人とのつながりを増やして、SOSを出しながらなんとかやっていけることが自立ではないだろうか。「働く女性のロールモデルが少ない。成功例だけではなく〝こういうふうに生きている〟という例を知りたい」というリアルな声に応える事例を、今後修了生とともに発信していきたい。

追跡調査の監修者である杉田真衣氏（金沢大学准教授）は次のように述べている（抜粋）。

「若者の中でも就業も結婚もしていない女性という、困難が幾重にも折り重なった存在である人たちは、その困難の深さに比して研究上も実践上もあまりにも対象とされてこなかった。横浜市が実施してきた事業は、こうした状況における先駆的な取り組みである。

本調査の結果においてとりわけ気になるのは、修了者たちが他の受講者と友人になれたこと、もしくはなれなかったことに言及していることである。なぜだろうか。

第一に、学校（時の）経験を問う質問項目の回答結果から、在学時に友人を作りにくい傾向にあったこと、彼女たちは、離学後も引き続き友人を作りづらい状況に置かれているからだと考えられる。第二に、社会において職場は人間関係を形成する主要な場の一つであり、就労が難しいという事態は、無収入・低収入や、本調査が明確にした健康診断の未受診のみならず、人間関係を築く機会の欠如につながっていることが推測される。第三に、就労できずにいる原因は自分にあると思わされがちな彼女たちにとって、同じ立場にある人は〝自分だけではない〟〝問題とされるべきは社会の構造のほう〟と気づかせてくれる重要な存在である。そうした人とつながり続けることが、彼女たちがこの社会を生きぬいていくために必要となっているからだと思われる。」

くりかえしになるが、私たちが行っているのは「場づくり」である。一人ひとり異なる困難を抱えた人々を同時に受け入れ、同じように悩むなかまの中で自分の生きづらさの根っこを掘り下げる時間と場をともにしてきた。まだまだ資源は足りず、地域の連携は発展途上にある。人をゆっくり育てられる職場、女性がまじめに働けば暮らせる最低賃金の制度など、社会が変わらなければ救われないことも多い。それでも、社会や人に対して深い絶望の底から出発せざるをえない若い女性たちが、人とのかかわりの中で、小さなあたたかい地面を得てそこに小さな芽を発見し、自分の力で変わっていく姿を見てきた。もっともっと具体的に人と人がかかわる場、安心して失敗できる「場」があちこちに増えていくことを願っている。

注

（1）植野ルナ（2015）「働きづらさに悩む若年無業女性〝ガールズ〟支援の現場から」自治体問題研究所編『住民と自治』六二二号。

コラム3　若年女性に広がる学歴間格差
——働き方、賃金、生活意識

小杉　礼子

1　非正規化の進展と女性の学歴

パートやアルバイトなど、正社員以外の形で働く人は増加し続けている。二〇一四年平均では雇用者の三七・四％にまで達し、さらに女性に限れば五六・七％と過半数を占める。「主婦パート」がその中心だが、この二〇年の間に若年層での非正規化が急激に進んだ。一五〜二四歳の女性（在学中を除く）の非正規比率は九〇年代初めには一〇％程度であったものが、最近では四〇％近くに達している。若い女性の雇用環境は大きく変わった。

非正規雇用者の比率は最終学歴によってかなり異なる。図表C3-1は、二五〜三四歳層について雇用者中の非正規雇用の比率を性別・学歴別に見たものである。この間、全体としては非正規雇用比率は高まった。男女の違いが大きいが、ここでは女性の間での学歴

図表 C3 - 1　25 ～ 34 歳男女の非正規雇用者比率*

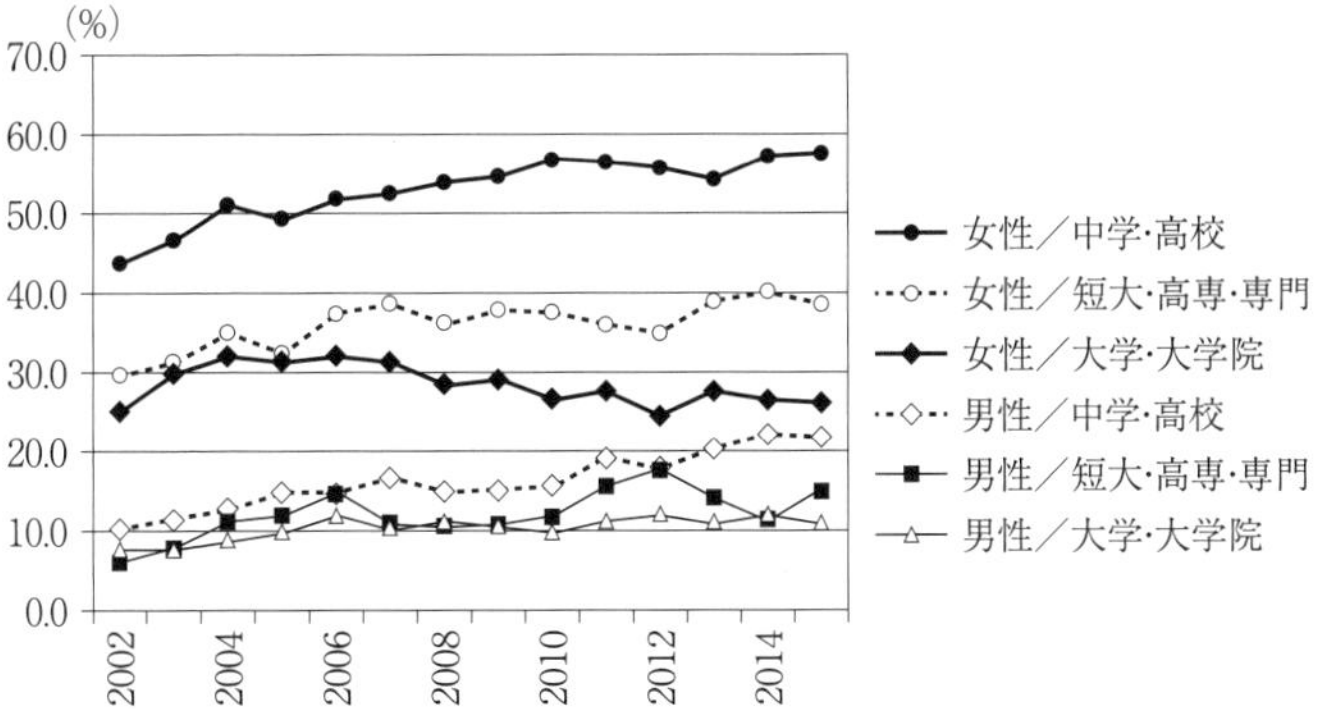

注：* 非正規雇用者はパート，アルバイト，契約社員，派遣社員など正社員以外の雇用形態で働く人を指し，ここでは役員を除く雇用者に占めるその比率を示している。2011 年は岩手，宮城，福島を除く。

出典：総務省統計局「労働力調査詳細集計（各年の 1-3 月）」

による違いに注目したい。高校までの学歴の女性と大学や短大・専門学校卒の女性との間には、二〇〇〇年代初めでも大きな違いがあった。その後の推移は、高卒までの学歴の人の場合、非正規比率は上昇し続け、現在では六〇%近くになっている。一方、大学・大学院卒の場合は、近年はむしろ低下に転じており、高卒以下の学歴の人の半分程度の水準となっている。雇用形態についての学歴間格差はかなり大きい。

よく知られているとおり、正社員と非正規の間の賃金格差は大きい。非正規の働き方では賃金上昇はほとんどないか、あってもごくわずかなことが多く、勤続すればするほどその差は大きくなる。職業能力開発機会が正社員に多く非正規には少ないことも結果としての賃金格差に影響しているだろう。働いても貧困に陥る可能性は、こうした非正規雇用に就くことが多い低学歴の女性で特に高まっている。

2　正社員の賃金、失業率にも学歴差

学歴による女性の賃金格差は、実は正社員の間でも広がっている。次の**図表C3‐2**は、高卒女性の賃金を一〇〇としたときの他の学歴の女性の賃金を指数で示したものである(1)。大学卒の場合も専門学校・短大卒の場合も、二〇一四年の減少はあるが、おおむね二〇〇〇年代には右肩上がりになっていることがわかる。高卒女性と高等教育卒業女性の間では、正社員の賃金においても差が広がっているといえよう。

図は示さないが、この間に男女間の賃金格差は徐々に縮小している。男性との賃金差が縮小する一方、学歴の違いによる女性間の差が広がる。二〇〇〇年以降、若い女性正社員の賃金はそうした方向で変化してきた。

このほかの労働市場状況を示す重要な指標としては、失業率がある。これも学歴差が大きい。**図表C3‐3**には、一五～三四歳の女性の完全失業率の推移を学歴別に示した。高校までの学歴の人と、大学や短大・専門学校卒業者との間には、明らかな差異がある。高卒までの学歴の女性は失業もしやすい。

図表C3-2　25～29歳　女性の学歴別賃金格差（高卒=100）

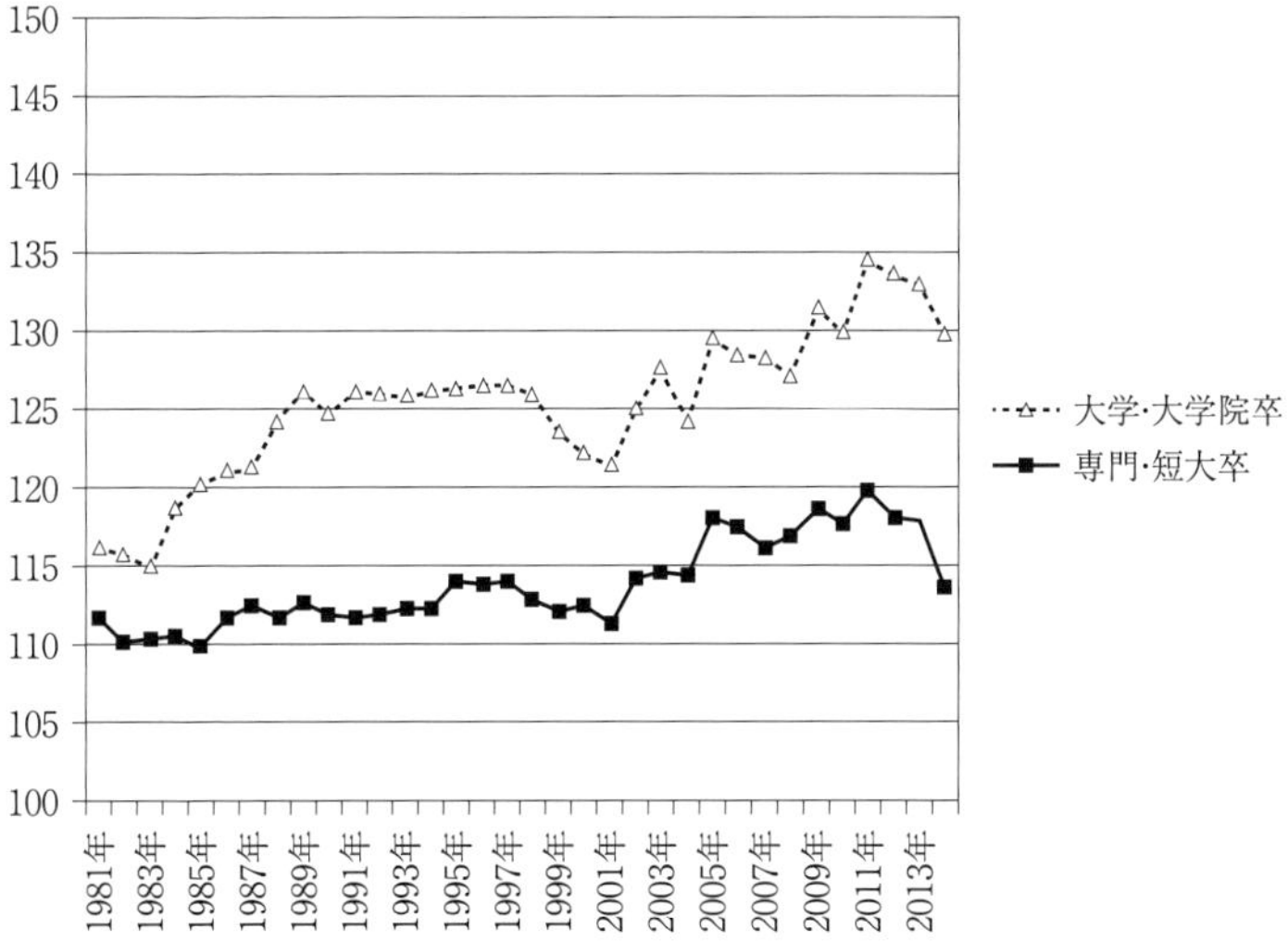

注：「一般労働者」に対して「決まって支給する現金給与額」による。なお，「一般労働者」は「常用雇用者」であって，短時間労働者（同じ事業所の他の労働者より所定勤務時間，又は所定労働日数が短い者）以外の者。「常用労働者」の定義は，雇用期限に定めがないか，1ヵ月を超える期間である者，あるいは，前2ヵ月にそれぞれ18日以上雇用された労働者。

出典：厚生労働省大臣官房統計情報部「賃金構造基本統計調査」

図表C3－3　15～34歳女性の学歴別完全失業率

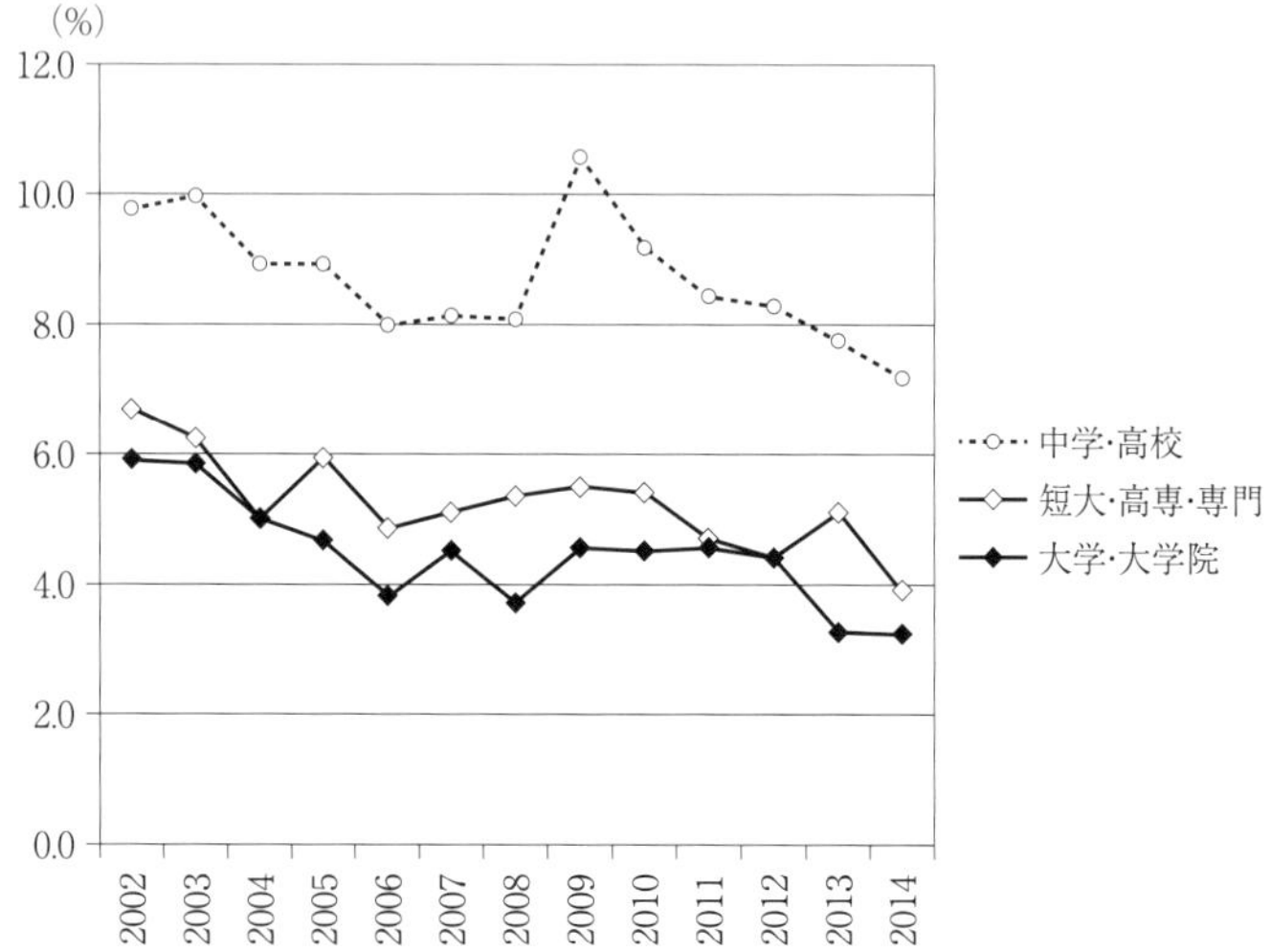

出典：総務省統計局「労働力調査詳細集計（年平均）」

もう一つ、ここで注目したいのはグラフの形である。二〇〇八年から二〇〇九年にかけて、中学・高卒女性にだけ急激な上昇がみられる。二〇〇八年のリーマンショック・世界金融危機による景気後退の影響だと思われる。一方、短大・高専・専門学校卒ではまったくこうした上昇は見られず、大学・大学院卒では小さな上昇にとどまっている。図は省略するが、男性でも高卒以下の低学歴層での上場幅が大きかった。

すなわち、この不況で大きな影響を受けたのは比較的低学歴の人たちであり、高等教育を卒業した女性たちはこの影響で失業することはあまりなかった。この背景には、高卒までの女性には非正規雇用者が多かったことから職を失いやすかったことが考えられるが、加えて、高学歴女性のほうが、仕事を辞めたとしても夫の収入で生活が支えられているなどの事情から、専業主婦になって職探しをしない選択をしやすかったという可能性もある。低学歴女性のほうがそうした選択がしにくく、失業者として労働市場にとどまり続けたという面もあろう。

3　日常生活の充実と専業主婦、主婦パート

労働や収入の側面からばかり考えてきたが、もちろん幸福とか生きがいとか、人生には他の価値がある。女性の場合、家庭生活を大事にしたいという思いから、専業主婦を選んだり、パートでの働き方を選んだりした人も多いだろう。パート労働については、融通が利きやすい働き方として評価する意見もある。

図表Ｃ３－４は、働き方によって、日常生活の中での充実感が異なるのかをみたものである。男性の場合は、非正規雇用では明らかに日常生活の充実感も低い傾向があるが、女性は単純ではない。最も生活に充実を感じる人が多いのは、働いていない専業主婦であり、次いで非正規雇用に就く既婚者、すなわち主婦パート層である。そして、それが最も低い

図表C3-4　日常生活の中での充実感（25～44歳）

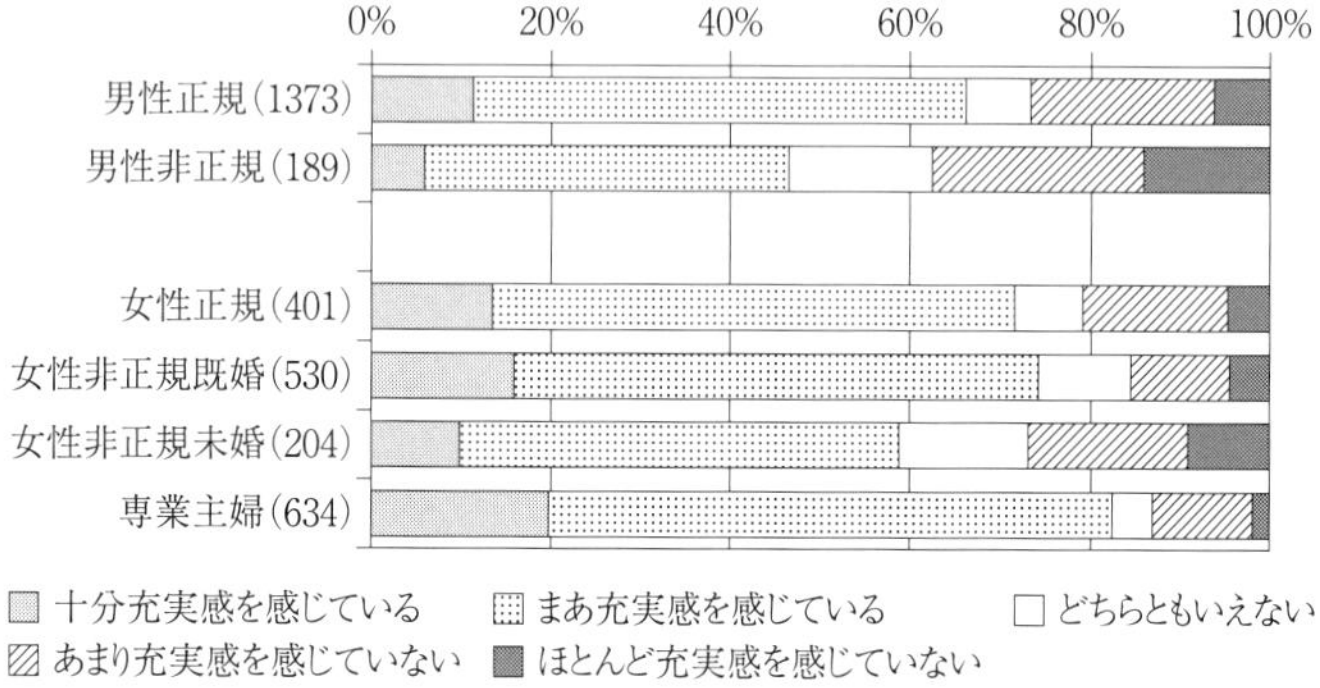

注：（　）内は対象数。
出典：労働政策研究・研修機構が2011年に実施した「第2回働くことと学ぶことについての調査」から筆者作成。政令指定都市および東京23区在住の25～44歳を対象に4000票回収で設計されエリアサンプリング調査。

のが、未婚の非正規雇用者である。

主婦パートではない若い女性の非正規化は、近年急速にすすんだ変化である。晩婚化、非婚化がすすめば、こうした低収入で、かつ、日常生活の中で充実感が得られない女性たちが増えていく。

この生活意識に本人の学歴は影響しているのだろうか。前節までの検討で、高卒までの学歴の若い女性は労働市場においてかなり不利な立場にあることが明らかになったが、さらにこの生活充実感が得られるかどうかにも、学歴の影響があるのだろうか。

図表C3-5は、図表C3-4と同じデータを、学歴別にさらに細か

図表 C3－5　働き方と最終学歴による日常生活の中での充実感の違い（25～44 歳）

	中学・高校卒	専門・短大・高専卒等	大学・大学院卒
女性正社員	0.48	0.71	0.69
女性非正規未婚*	0.12	0.31	0.67
女性非正規既婚	0.62	0.67	0.72
専業主婦	0.93	0.89	0.93

＊ P<.05 水準で有意

注：数値は「十分充実感を感じている」=2,「まあ充実感を感じている」=1,「どちらともいえない」=0,「あまり充実感を感じていない」＝－1,「ほとんど充実感を感じていない」=－2としたときの平均値，無回答は除外。

出典：図表 C3-4 に同じ。

く分解して検討したものである。ここでは、充実感を表注のとおり点数に直して、数値で示している。充実を感じる人が最も少なかった非正規未婚層だが、最終学歴によって分けてみると、大学・大学院卒は実は正社員や主婦パート層とあまり変わらない。明らかに他のどのグループより低いのが高卒までの非正規未婚層である。

同じように未婚で非正規で働いていても、学歴によってこれだけ生活上の充実感が異なるのはなぜか。これは、親の経済力の違いが大きく働いているのではないか。

図表C3－6は、違う調査からだが、若い男女の生家の豊かさの認識と学歴との関係をみたものである。本人の自己認識による数値ではあるが、高卒や高校中退・中卒の場合と大学・大学院卒では、生家の豊かさが異なることは明らかだろう。高校までで学校を離れた女性たちに

図表 C3－6　生家の経済的豊かさの認識

		男性	N	女性	N
高校中退・中卒	20～29歳	－0.34	56	－0.42	33
	30～39歳	－0.32	57	－0.23	39
高卒	20～29歳	－0.01	212	－0.06	158
	30～39歳	－0.17	236	－0.08	241
高等教育中退	20～29歳	0.04	74	0.26	46
	30～39歳	－0.02	51	0.04	25
専門・短大・高専卒	20～29歳	0.17	230	0.20	351
	30～39歳	0.12	219	0.41	400
大学・大学院卒	20～29歳	0.43	426	0.62	413
	30～39歳	0.59	452	0.60	251

注：「生家の経済的豊かさ」は本人の認識により，「豊かである」＝2点，「やや豊かである」＝1点，「わからない」＝0点，「あまり豊かでない」＝－1点，「豊かでない」＝－2点とした時の平均値。

出典：労働政策研究・研修機構が2011年に実施した「第3回ワークスタイル調査」および「30代のワークススタイル調査」から筆者作成。いずれも東京都内在住の20歳代，または30歳代を対象にそれぞれ2000票回収で設計されたエリアサンプリング調査。

は、多くの場合、生活を下支えしてくれるしっかりした親の家計がない。

4　貧困の連鎖としないために

女性の非正規雇用はもともと主婦パートが多く、性別役割分業観を背景に、当事者にとってもそこそこの納得感のある働き方だった面がある。日常生活の中での充実感について の調査結果は、これを裏付けるものだった。若い女性の非正規雇用について、若い男性のそれほどには社会問題だとされなかったのは、こうした背景があってのことだろう。しかし、やはり調査結果は、未婚の若い女性の非正規雇用者は主婦パート層とはまったく異なり、最も充実感の低いグループであることを示した。女性の非正規については、年齢や婚姻状況を含めた丁寧な議論が必要だ。

さらに、ここでは学歴という視点を入れて現状をみた。非正規雇用率も賃金も、高卒までの学歴の人と高等教育卒業者との差は拡大する傾向がみられた。生活の充実感についても、学歴による違いがあった。未婚の女性非正規雇用者の場合、高卒までの学歴の人でとりわけ日常生活の充実感は低かった。背景にあるのは、学歴に親の家計の影響が色濃くあることである。経済的に頼れる親も夫もいないとき、非正規雇用ではなかなか自立できるだけの収入は得られず、生活はぎりぎりの状態となり厳しくなる。

現在の日本の労働市場では、高等教育を卒業することが安定的な就業機会の獲得には重要である。これは、ここで示した多くのデータから明らかである。しかし、その教育は親の経済力に支えられなければ全うしにくく、さらに言えば、早く学校を離れる人たちの場合、学習意欲にも学力にも課題があることが少なくない。幼少期からの文化的背景や教育のあり方にも問題があろう。

そうした現実を踏まえると、まず、親の経済力や文化的背景に関わらず、高校教育を全うできるような個人によりそう支援体制を作ることが必要だし、労働市場の現実的認識を深めるキャリア教育も必要だ。職業教育や卒業時の就業支援も当然重要であり、これまで以上に力を入れていくべきだろう。

もちろん生活困窮状態にある人への福祉的なアプローチは早急に充実すべき対策である。それでも、貧困の連鎖としないためには、予備軍を確実に把握できる学校段階で打てる手を尽くすことが重要だ。

注

（1）図表C3‐2は「一般労働者」であり、定義は図の注に示した通り。必ずしも「正社員」ではないが、フルタイムで一定の雇用継続期間がある労働者である。

おわりに

小杉　礼子

日本学術会議と労働政策研究・研修機構の共催シンポジウムから

本書は、日本学術会議社会学委員会「社会変動と若者問題分科会」と、労働政策研究・研修機構が六年わたり共催してきたシンポジウムが基となっている。といっても、本書の筆者は、後半の五回目（二〇一三年）、六回目（二〇一四年）の登壇者に限られている。

第一回（二〇〇九年）のシンポジウムは「若者問題への接近—誰が自立の困難に直面しているのか」と題し、これまでの研究蓄積や施策の展開などを整理し、若者たちの社会的・職業的自立が困難になった背景を、労働、教育、家庭、福祉、地域、ジェンダーと多様な切り口から検討し、包括的な支援の必要性について検討するものであった。この時すでに、より社会的な排除状況にあるのは若年女性であるという認識は、分科会メンバーには共有されていた。

続く二回目から四回目までのシンポジウムにおいては、若者の自立を支えてきた社会装置としての学校や企業の実態と変化、政策的支援の方向性、あるいはその支援現場の実態と課題、さらに、若者自らが支援組織を立ち上げていく動きなどをフォローしてきた。そこでの議論に若年女性の問題は含まれていたものの、中心に意識されていたとは言い難い。女性のほうが社会的に排除されており自立が難しいことは共通認識でありながら、議論の中心からはするりと抜けていた。

第五回、第六回のシンポジウムは、このことへの反省に立って、若年女性の社会的排除と貧困化をテーマとした。本書は、そうした経緯の上に編まれたものである。

なぜ若年女性の問題は見えにくいのか

近年、若者の自立問題が社会的な注目を集めるようになったのは、雇用の問題が発端だといえるだろう。一九九〇年代始めの景気後退以降、若年者の非正規雇用率は上昇を続けたが、それが若者の自立プロセスを損なう問題として意識されるようになったのは、二〇〇〇年代に入るころからであろう。「フリーター」への語り口が、職業意識の欠如の問題でなく、若年非正規労働者の就業問題へと変化し、新卒時に正社員になれなかった若者の職業的自立の課題が議論されるようになった。

一九八〇年代の非正規労働は、その大半が主婦のパートタイマーであり、非正規労働の問題は女性労働の問題であった。日本の正規と非正規の間の賃金を始めとする労働諸条件の格差は当時から大きかったが、その縮小はなかなかすすまなかった。この格差の問題が大きく社会的な注目を集めたのは、若者が大量に流入してからである。そこでは、本書第一章で山田が言う「女性労働の家族依存モデル（女性が家族に包摂されることを前提に女性労働を組み立てるモデル）」が支配的であり、このレンズを通すことで、問題は若い男性に焦点化されることになった。
コラム2で本田が描く「戦後日本型循環モデル」における女性の位置づけも、多くの部分で山田の「女性労働の家族依存モデル」と重なる。この「戦後日本型循環モデル」とは教育・仕事・家庭という三つの社会領域の間にたがいに資源をつぎ込む強固な循環構造が成立する社会の在り方を意味するが、その中で女性は家族（父親、夫）の経済的庇護をうけることが前提とされ、稼得労働に就く場合も一時的、ないし補助的にとどまるというものである。本田は、すでにこのモデルは崩壊しているが人々の意識はこれに強く規定されており、それゆえ「下層化する若年女性」の発見は遅れたと指摘している。

第二章で江原が展開した説明には、女性の経済的自立の重要性を指摘してきた立場が色濃く反映されている。若い女性の非正規労働率が高いことや非正規労働者の賃金が低いことは事象としては知られていても、社会問題として認知されるには、その事象を問題として申し立てる「クレーム申し立て」が必要である。「女性労働の家族依存モデル」の立場からは、これらの事象は申し立てるような問題ではない。一方、「女性労働の家族依存モデル」と対立する「女性の経済的自立モデル」の立場からは申し立てがあってしかるべきである。

しかし、「女性の経済的自立モデル」を前提とすると、「多くの女性は男性に経済的に依存せざるを得ない」という強固な現実のまえに、そもそもモデル自体の妥当性が揺るがされる。それでもこの立場に立ちつづけるなら、実現の困難さを認めつつ「経済的自立」を目指す女性たちを応援することになるが、その言説は、その困難さの認識ゆえ抑制されがちになる。

　また、経済的自立を目指す女性たちを応援することは、「経済的に自立できない状況」に対して否定的な評価をすることになるが、この「状態」への否定的評価が、「人」に対してもなされているような意味のずらしも呼び寄せがちで、そうなると非正規女性労働者を否定的に評価しているかのように解釈されてしまうことになる。こうした中で「女性の経済的自立モデル」の立場からも有効な「クレーム申立て」ができず、「若年女性の貧困化」の社会問題化は成功しなかったというものである。

　社会的排除状況にある若い女性の存在を認識しながら、それを社会問題化できなかった。本書自体もその反省の上に立つ。

女性の間での格差の拡大

　近年の非正規雇用の増加は経済・社会構造の転換を背景にしたもので、他の先進諸国でも起こっている。山田はこの構造転換と女性の社会進出とのタイミングの問題が日本の女性労働の位置づけをあいまいにしているという。欧米の場合、女性解放運動が活発化したのは一九六〇年代後半であるが、この時点では雇用労働はフルタイムが一般的であった。すなわち、労働への包摂が可能だった時期に女性の労働による自立が目指されたわけである。ニューエコノミーの浸透による非正規労働の拡大はこの後に起こり、低賃金不安定労働の拡大に対する社会政策的対応はジェンダーの別なく展開された。

これに対して、日本では、男女雇用機会均等法の成立は一九八五年で、女性が正社員として働き続けることを目指す動きと非正規雇用の拡大が、九〇年代に同時に起きることになった。労働での包摂が難しくなる時期に労働での包摂を目指すという矛盾した状況に陥ったわけである。その結果、総合職正社員のように将来的にも自立可能な若年女性が増える一方で、不安定雇用で低収入の女性も増える。女性間の格差が拡大する。

コラム3で小杉は、女性間の格差が学歴を介して拡大していることを実証した。そして学歴には、親の経済力や文化的背景が反映するとして、世代間の貧困の連鎖を指摘する。

第三章で金井も女性間の格差拡大を指摘している。現政権の政策は、女性を経済活性化の一翼として雇用・労働に押し出す圧力となり、一部の高学歴キャリア志向の女性を押し上げる「追い風」となっているものの、女性の働き方が「家族依存労働」を前提とするという構造に変化がない中で、非正規雇用の女性との格差を拡大させるばかりである。男性の間でも格差が広がっていることから、カップル関係によってさらに所得格差は広がり、それはまた次世代の再生産コストの格差化を導き、格差社会の固定化が進んでいるという。

この格差の拡大の中での若い女性の貧困化の問題が本書のターゲットなのだが、金井は、貧困の問題と共に、キャリアも家庭の手に入れた一見「勝ち組」に見られる女性たちの状況にも目を向けるべきだという。女性の心身的な状況・兆候を、マスコミを通してのキャッチーな記号化されたコトバやSNSメディアで若い女性の側から発信される自称的な名乗りなどから「聴く」という研究手法で、現代社会に生きる女性の内面に迫ってきた金井に見えているのは、「勝ち組」女性たちの中にも広がる生き難さ、不安、メンタルヘルス系の様々な症状である。その背景にあるのは、現在の社会のありようがもたらす「労働と生むことの間の根源的な矛盾」であり、それを自助努力で乗り越えよと迫られる現状が「働くのが怖い、産むのが怖い」と彼女たちに言わせるのである。

彼女らの生き難さ感やアイデンティティ・クライシスは、下層化する女性たちと相通ずるものである。それは、日本型福祉のセイフティネットとしての機能が弱体する中での「根源的な矛盾」が若い女性たちにもたらしたものである。さらに金井は、「怖い」という感情の根に女性の戦力化政策への違和感を見る。それは「グローバル化した資本主義のポストコロニアルな帝国主義的欲望」に支配されることへの「かすかな抵抗の声」であり、これをどの深さで聞き取ることができるかに、フェミニズムが描くオルタナティブな社会の構想がかかっているという。

若年女性の貧困は自己責任か

女性の間での格差が広がる中で、貧困に陥るのはどこまで自己責任なのだろうか。コラム1で直井は中高年の未婚女性のインタヴューのなかで〈仕事を簡単にやめるなあ〉という感想をもらしている。最初は正社員であっても、転職、家業などの手伝い、親の介護などによってより不利な仕事に移動している実態をみると、最初の仕事が女性だからと限られたものであった故もあるが、男性であればそこで辞めなかったかもしれない。個人の行動や意識の実態調査からは、離職やその後の非正規雇用での就業には、強いられる背景もあるが、また個人の選択もそこに働いていることが見て取れる。さらに、小杉が引用した実態調査からは、専業主婦や主婦パート層の方が、正社員就業している女性よりもより日常生活の充実を感じている割合が高いという現状が浮かび上がる。多くの女性がみている世界は今も「女性労働の家族依存モデル」の中にあることがうかがわれる。

一方で、第四章以下で描かれるホームレスをはじめとする貧困の中にある女性たちの現実は、生活への満足感のある専業主婦や主婦パートの世界とは隔てられた場所にあるようにみえる。

しかし、第四章で丸山が指摘するように、この二つの相は「運」でつながれた表裏なのである。仕事を簡単にやめても、運がよければ、暴力をふるわない安定的な収入のある夫に出会っていたかもしれない。運がよければ、親は元気で早くから要介護状態にはならなかったかもしれないし、さらに運がよければ、豊かで思いやりのある両親のもとに生まれて、ましてや（第六章で遠藤が紹介するような）父親から性虐待を受けることもなかったであろう。

同じような境遇でも立ち上がれる人もいるのだから、個人に責任がないわけではないし、運が人生を左右することはどんな人にも、どんな社会にでもおこることだろう。ただ、「女性労働の家族依存モデル」の世界では、女性が貧困化するかどうかに「運」が及ぼす影響はことさら大きいのではないだろうか。

そこには社会構造次元の問題がある。江原が指摘するように、社会構造次元の問題を個人の選択の結果だと解釈するのでは、何の出口も見えない。社会構造の問題としての対処が求められているのである。

頼れない家族と孤立

「女性労働の家族依存モデル」においては、家族は女性を包摂し、生活を保障する存在であるはずだが、多くの貧困女性にとっての家族は頼れる存在ではない。丸山や第五章の山口が示した女性ホームレスの事例をみれば、彼女らにとっての生育家族は頼れる存在でないばかりでなく、時には虐待や暴力被害にあった場であった。遠藤が示したホットライン相談の統計は、性暴力被害を受けた一〇代、二〇代の女性が挙げる加害者の筆頭が父親であるという衝撃的な事実を突きつけている。

また、第七章で白水が紹介する女子生徒の事例では、家族は彼女がやっともてた将来への夢をあきらめさせる存在だった。家族の生計を支えるアルバイトと家族の世話のために、その生徒はまもなく学校を中退することになるが、彼女は「家族の役に立っている」ことに自分の存在意義を見出して中退を受け入れていく。そこには自立した労働者なれるような見通しはもちろんない。自分にかけるエネルギーがない状態だと白水はいう。親は、家族は、時には桎梏となる。

日本社会では、若年男性を含めて、若者の自立を支えるのはまず親だという考えが支配的である。その家族が支えとならず、むしろ搾取する存在となったとき、家族の外に支えを求められるのか。

山口は、家族福祉からこぼれおちていくと、同時に公的福祉からも遠ざかる傾向があると指摘する。山口の示す事例では、公的福祉の窓口で叱咤されたり、「四角い箱」である施設での決められたルールへの従属が難しかったりして、彼女たちが継続して支援を受けることはできていなかった。「援助に値しない生」という冷ややかな視線を福祉政策の中にも感じている。

一方で、寮付の就業機会はますます縮小して雇用条件は厳しくなり、企業福祉からも排除がすすむ。妊娠・出産という事態になれば、その間の生活の「つなぎ」がつかず、生活そのものが立ち行かなくなり、命の危機にもさらされる。そこにみられる貧困は、経済的な貧困ばかりでなく人間関係的な貧困もあり、そこからさまざまな困難が派生しているのだと、山口はいう。人間関係的な貧困は、男性の場合は孤立の形だが、女性の場合は関係にがんじがらめ、すなわち性の商品化の対象とされ、人身売買に近い強制労働のような様相を呈することもある。

遠藤の指摘するバーチャルな世界でのつながりもそうだ。インターネットやSNS、LINEといったコミュニケーションツールの世界の下でも、彼女たちは人間でなく「売り物になる道具」として扱われやすいという。

貧困化した若年女性は、性の商品化や暴力・搾取の対象とされやすく、彼女たちは仕事も居場所も選択肢がない。安全、安心な場所が物理的にも心理的にもない中で、未来が描けないでいるが、ただし、と山口が引用するのは「カブキ（歌舞伎町）は家だから、ホストは家族だから」というホームレス状態の女性の言葉である。ホストが声をかけてくれるのは営業だとわかっていても、心配して言葉をかけてもらえるのはこの場しかない。こういう孤立なのだ。

場づくり、繋がりづくり

白水は生活困窮家庭の多い地域で定時制高校と連携して就労・自立支援の事業を行っていた。進路が決まらない生徒たちを対象に、学校側には十分な情報のない、公共の職業訓練校や障害者枠での企業就労などを提案してきたが、卒業式を終えて振り返った時、進路決定をしたのは男子生徒ばかりであったという事実に気づく。かかわった女子生徒の多くは、緊急度の高いリスクを負っていて臨床心理士が対応したりしていたが、そのうち携帯がつながらなくなり、知らぬ間に学校を中退したりしていて、見失ってしまっていたのだ。「就労支援」だけでは彼女たちの状況には応えられない。

そこで、白水は、学校に依頼して校内に「居場所」を設け、校内を回って声かけをしたり、アルバイト情報を用意したりして、授業に出にくいような生徒たちが自然と寄れるように工夫した。様々な生徒がその居場所で過ごすようになった。ある女子生徒は、母子家庭で年の離れた弟妹がいるために、アルバイトで月一〇万以上稼いでそのすべてを家計に入れていた。家族から労働力や家計補助の役割を期待され、自尊感情が育たないまま困窮状態に置かれた女子生徒たちは、そのままの状態を受け入れ「役に立っている」ことに自分の存在意義を見出だしがちである。この居場所での接触の中で、その女子生徒から「本当は看護師になりたかった」という言葉を引出し、方向性が近いアルバイトを紹介すると、生徒に少しずつその気がみえてきたという。自分を出すことのできる居場所があり、応援してくれる大人と出会ったことで自分の将来を考えることがやっとできたのではないか。

第八章で小園が紹介している横浜市男女共同参画センターの事業も「場づくり」である。二〇〇九年に開始されたこの事業に参加したのは、主に二〇代から三〇代の女性で、「働きづらさに悩むあなたに」というコピー付の「ガールズ編しごと準備講座」に集まった人たちだ。同じような悩みを抱えた人が出会い、他の人の体験を聞き自分の体験を話す中で自己肯定感を取戻し、情報や仲間とつながって孤立から抜け出すプロセスをゆっくりと進んでいく、そんなプログラムである。さらに、事業開始二年目には「めぐカフェ」という就労体験のプログラムも開始する。時間を守る、あいさつするなどのソーシャルスキルの練習から、チームで働く体験をする。カフェは一般客が利用する場であるが、スタッフが見守る「中間的就労」になっている。

最近の傾向は、二〇歳前後のより若い人が増え、短期のアルバイトなどの経験しかなかったり、働いた経験のない人が増えている。そして、彼女たちの状況と示す言葉は「孤立」だという。九割は家族と同居だが、必ずしも良好な関係ではなく、家事や介護の手伝いに使われてきたり、親や兄弟からの虐待を受けたりしている可能性のある人もいるという。

この事業を経て何らかの就労につながった人は六割に達するが、小園は就労することだけが成果はではないとし、障害者手帳の取得など社会的資源につながる情報を得て行動できるようになったり、社会問題としての視野が広がったりしたという声も成果として取り上げる。そして「人とのつながりを増やして、SOSを出しながら何とかやっていけることが自立ではないか」と「こんな風に生きている」という例を発信することを今後の自らの課題としている。

次に必要なことは何か

安心できる、安全な場をつくる。認められ、心配され、応援されるような人とのつながりをつくる。遠藤、白水、小園の実践から、下層化に直面した若い女性に届く支援には、まずそうした特徴があることがわかる。こうした届く支援が継続できる社会環境を整えることがまず必要だろう。

そうした環境整備として期待されるのが、この四月に施行された生活困窮者自立支援制度である。同制度の設計に当たっては、生活困窮と社会的孤立を深く関係するものととらえ、「生活困窮者が孤立化し自分に価値を見出せないでいる限り、主体的な参加へ向かうことは難しい。一人一人が社会とのつながりを強め周囲から承認されているという実感を得ることができることは、自立に向けて足を踏み出すための条件である」という認識の上にたち、次のように包括的でかつ個別的な支援を行うべきとされた。

「尊厳ある自立に向けた支援は、心身の不調、知識や技能の欠落、家族の問題、家計の破綻、将来展望の喪失など、多様な問題群に包括的に対処するべきものである。いわゆる縦割り行政を超えて、地域において多様なサービスが連携し、できる限り一括して提供される条件が必要である。他方において、自立を困難にしている要因群は、その人ごとに異なったかたちで複合している。生活困窮者それぞれの事情や想いに寄り添いつつ、問題の打開を図る個別的な支援をおこなうべきであ

る」（社会保障審議会・生活困窮者の生活支援の在り方に関する特別部会 2013）

事業の実施主体は全国の福祉事務所設置自治体であるが、地域の社会福祉協議会やＮＰＯなどが事業の現場の多くを担うことになると思われる。そこにどれだけ若い女性に対する適切な配慮がなされるか不確定な要素はあるが、制度の理念が現場に浸透するなら、スティグマを貼るようなまなざしが伴うことはないだろう。制度の着実な定着を期待したい。

労働政策に関わっては、各章で非正規雇用の問題性が指摘された。非正規雇用の諸条件の改善や非正規から正規への転換経路の整備が図られるべきだが、その一つの道筋として、筆者は限定正社員といった新たな雇用区分の設定に可能性を感じている。雇用主側の視点に立っても非正規から正規への転換がしやすくなるし、また職務の範囲を明確にした雇用についてであれば、雇用期限の定めの有無や労働時間の長短を越えて、同一労働同一賃金の原則で議論することが可能になる。

家族形態ともかかわる部分では、夫婦共働き世帯モデルを基準にすべきだと思われる。この実現には、専業主婦がいることで成立するような長時間労働を是正することがまず必要である。男性の働き方を変えること先ではないか。

学校教育段階での対応も必要だ。貧困の連鎖を断つためには学校教育を全うすることが重要だ。白水が行ってきたような学校内での相談や他の社会的資源につなげる支援はすべての学校で行うべき施策だろう。スクールソーシャルワーカーの配置や地域サポートステーションなどの就労支援組織との連携が必要である。特に学校中退によって、社会関係から抜け落ちてしまうことないよう、労働行政と教育行政が連携して中退者支援の仕組みを作るべきだろう。

加えて、より広範な貧困問題への対応として、所得の再配分機能をどう高めるかも重要な点だろう。筆者としては、近年議論に上っている給付付き税額控除のような、個人のスティグマになりにくい仕組みを支持したい。

このほか、各章それぞれに政策的提言が盛り込まれている。ここではそのいちいちを紹介することはしないが、それぞれの筆者の思いを受け止めていただけるよう切に願う。

引用文献

社会保障審議会・生活困窮者の生活支援の在り方に関する特別部会（2013）「社会保障審議会・生活困窮者の生活支援の在り方に関する特別部会報告書」

執筆者紹介（執筆順）

宮本みち子（みやもと　みちこ）　＊編者［はじめに，序章］
山田昌弘（やまだ　まさひろ）　中央大学文学部教授［第一章］
江原由美子（えはら　ゆみこ）　首都大学東京都市教養学部教授［第二章］
金井淑子（かない　よしこ）　前 立正大学文学部教授［第三章］
直井道子（なおい　みちこ）　桜美林大学大学院老年学研究科特任教授，東京学芸大学名誉教授［コラム 1］
丸山里美（まるやま　さとみ）　立命館大学産業社会学部准教授［第四章］
山口恵子（やまぐち　けいこ）　東京学芸大学教育学部准教授［第五章］
本田由紀（ほんだ　ゆき）　東京大学大学院教育学研究科教授［コラム 2］
遠藤智子（えんどう　ともこ）　一般社団法人 社会的包摂サポートセンター事務局長［第六章］
白水崇真子（しろうず　すまこ）　一般社団法人 ライフデザイン･ラボ代表理事［第七章］
小園弥生（こぞの　やよい）　男女共同参画センター横浜南［第八章］
小杉礼子（こすぎ　れいこ）　＊編者［コラム 3，おわりに］

索　引

ア行

カ行

サ行

タ行

ナ行

ハ行

マ行

ヤ行

ラ行

ワ行

編著者略歴
小杉　礼子
独立行政法人 労働政策研究・研修機構特任フェロー
主著:『高校･大学の未就職者への支援』(共編著, 勁草書房, 2013),『非正規雇用のキャリア形成』(共編著, 勁草書房, 2011),『若者と初期キャリア』(勁草書房, 2010),『大学生の就職とキャリア』(共編著, 勁草書房, 2007),『キャリア教育と就業支援』(共編著, 勁草書房, 2006) ほか

宮本　みち子
放送大学教授・副学長
主著:『すべての若者が生きられる未来を』(岩波書店, 2015),『家族生活研究』(共編著, 放送大学教育振興会, 2015),『若者が無縁化する』(筑摩書房, 2012),『雇用流動化のなかの家族』(ミネルヴァ書房, 2008),『ポスト青年期と親子戦略』(勁草書房, 2004) ほか

下層化する女性たち　労働と家庭からの排除と貧困

2015年8月30日　第1版第1刷発行
2017年3月1日　第1版第5刷発行

編著者　小《こ》杉《すぎ》礼《れい》子《こ》
　　　　宮《みや》本《もと》みち子《こ》

発行者　井村寿人

発行所　株式会社　勁《けい》草《そう》書房

112-0005 東京都文京区水道2-1-1　振替 00150-2-175253
(編集) 電話 03-3815-5277／FAX 03-3814-6968
(営業) 電話 03-3814-6861／FAX 03-3814-6854
本文組版 プログレス・平文社・松岳社

ISBN978-4-326-65394-2　Printed in Japan

http://www.keisoshobo.co.jp